Pierluigi Romeo di Colloredo Mels

LE GUERRE DI CARLO D'ANGIÒ

Dalle battaglie di Benevento e Tagliacozzo alla guerra dei Vespri :
l'epopea dimenticata del più grande sovrano del Sud.

Pierluigi Romeo di Colloredo è archeologo professionista e storico militare; laureato e specializzato in Archeologia, collabora con la Soprintendenza Archeologica per il Lazio; autore di numerosi articoli scientifici e saggi storici, ha pubblicato, tra gli altri, *I Cavalieri della Croce Nera. L'Ordensbuch del 1264: Statuto, Regola e Storia militare dell'Ordine Teutonico*, Genova 2009 che comprende la prima traduzione in italiano della Regola e dello Statuto dell'Ordine Teutonico del 1264; *Et l'alifante battaglio coll'aquila. Sigismondo Pandolfo dei Malatesti e Federico da Montefeltro, vita parallela di due condottieri nell'Italia del XV secolo*, Roma 2009; *La battaglia dimenticata. Monte Celio, 12 aprile 1498*, Bergamo 2016; *Rodolfo di Colloredo, un Feldmaresciallo italiano nella Guerra dei Trent'Anni*, Bergamo 2017, *Dalla torre cade un suono di bronzo*, Bergamo 2018, *La battaglia di Montaperti* (con Mario Venturi, in due volumi), Bergamo 2019, *Anghiari 1440* (con Fabrizio Formica), Bergamo 2019.

STORIA

ISBN: 9788893273404   prima edizione Maggio 2019
SPS-051 - Le guerre di Carlo d'Angiò- Dalle battaglie di Benevento e Tagliacozzo alla guerra dei Vespri: l'epopea dimenticata del più grande sovrano del Sud
by Pierluigi Romeo di Colloredo Mels
Editor: **Luca Stefano Cristini Editore per i tipi di Soldiershop serie Storia-** Cover & Art Design: L. S. Cristini.

Questo Carlo fu savio, di sano consiglio, e prode in arme, e aspro, e molto temuto e ridottato da tutti i re del mondo, magnanimo e d'alti intendimenti, in fare ogni grande impresa sicuro, in ogni avversità fermo, e veritiere d'ogni sua promessa, poco parlante, e molto adoperante, e quasi non ridea se non poco, onesto com'uno religioso, e cattolico; aspro in giustizia, e di feroce riguardo; grande di persona e nerboruto, di colore ulivigno, e con grande naso, e parea bene maestà reale più che d'altro signore. Molto vegghiava e poco dormiva, e usava di dire che dormendo tanto tempo si perdea. Largo fu a' cavalieri d'arme, ma covidoso di aquistare terra, e signoria, e moneta, d'onde si venisse, per fornire le sue imprese e guerre.

(Giovanni Villani)

AVVERTENZA.

Citazioni ed illustrazioni sono state inserite per motivi di documentazione nel pieno rispetto del dettato dell'art. 70 della legge n.633/1941 *"Il riassunto, la citazione o la riproduzione di brani o di parti di opera, per scopi di critica, di discussione ed anche di insegnamento, sono liberi nei limiti giustificati da tali finalità e purché non costituiscano concorrenza all'utilizzazione economica dell'opera"*.
Tutte le immagini riprodotte sono di pubblico dominio ai sensi della succitata legge 633/1941 e successive modificazioni.

INDICE

PREMESSA …….. PAG. 5

CARLO I D'ANGIÒ. LA STRADA PER IL TRONO …….. PAG. 7

CARLO D'ANGIO' ARRIVA IN ITALIA …….. PAG. 15

MANFREDI DI HOHENSTAUFEN …….. PAG. 21

LA BATTAGLIA DI BENEVENTO, 26 FEBBRAIO 1266 …….. PAG. 29

L'ULTIMO HOHENSTAUFEN …….. PAG. 49

LA BATTAGLIA DI TAGLIACOZZO, 23 AGOSTO 1268 …….. PAG. 55

KAROLUS SICILIAE REX …….. PAG. 69

LA FINE DEI GHIBELLINI: la battaglia di Colle val d'Elsa, 1268 ….. PAG. 75

IL PIU' POTENTE SOVRANO D'EUROPA …….. PAG. 79

LA GUERRA DEI VESPRI, 1282 …….. PAG. 85

SCONFITTE SUL MARE …….. PAG. 95

OUTREMER: la politica mediterranea e balcanica angioina …….. PAG. 101

GLI ULTIMI ANNI DI REGNO …….. PAG. 107

GLI ALTRI ANGIO' …….. PAG. 111

CONCLUSIONI …….. PAG. 117

APPENDICE 1:
LE GUERRE DI
CARLO I NELLA *NUOVA CRONICA* DI GIOVANNI VILLANI …….. PAG. 137

APPENDICE 2:
ALBERO GENEALOGICO DELLA CASA D'ANGIO' …….. PAG. 157

BIBLIOGRAFIA …….. PAG. 159

PREMESSA.

Il protagonista di questo lavoro è un personaggio oggi dimenticato dagli italiani: Carlo I d'Angiò, re di Sicilia di qua e di là del faro, d'Albania e di Gerusalemme, principe di Acaia, conte di Provenza, del Maine, di Forcalquier e d'Anjou.
La sua fama è oscurata in Italia, soprattutto in quella meridionale, da quella di Federico II, che pure al di là dell'esaltazione piuttosto campanilistica dello *Stupor Mundi* non fu all'altezza dell'Angioino o del nonno Federico Barbarossa- non a caso il *Puer Apuliae* in Germania è pressoché dimenticato- e in Francia del troppo esaltato fratello, re Luigi IX, San Luigi dei Francesi, che pure fu assai inferiore a Carlo come politico e come militare.
In realtà Carlo I fu un grande sovrano, il cui potere si estendeva sino al Peloponneso ed alle isole ioniche, ai Balcani, all'Albania ed a Tunisi, considerato il re europeo più potente del suo tempo; personaggio contraddittorio, come si vedrà, pragmatico e spietato, amato ed odiato, sconta forse il fatto di esser considerato troppo francese per gli italiani- che preferirono esaltare i Vespri Siciliani come movimento di liberazione dai francesi invasori, anziché ricordare che portarono alla conquista aragonese- e troppo italiano per i francesi, cui gli storici tedeschi dal XIX sino al XX secolo non perdonarono la morte di Corradino di Hohenstaufen, riverberando in Carlo l'ostilità tra Germania e Francia[1].
Sul periodo angioino la documentazione coeva è imponente, proprio grazie al sistema di governo di Carlo, malgrado la distruzione di parte dell' Archivio angioino nei bombardamenti angloamericani del 1943[2]: eppure di rado c'è tanta lontananza tra le conoscenze dei medievisti e il pubblico non specialista.
In questo libro non abbiamo la pretesa di trattare esaustivamente le realizzazioni di Carlo I nei suoi molteplici campi di attività come sovrano di Sicilia, dall'amministrazione del regno, aall'erezione dei castelli e al mecenatismo, ma solo di tracciare un quadro delle guerre da lui combattute a partire dalla conquista del regno di Sicilia, culminata nella battaglia di Benevento del febbraio del 1266 in cui morì Manfredi di Hohenstaufen;

---

[1] Per esempio, si legga quanto scrive Ferdinand Gregorovius: *I valorosi tedeschi si batterono e caddero con bravura; e, simili agi antichi goti devoti alla morte, furono gli ultimi rappresentanti di quell'impero germanico ch era sceso nella tomba con Federico II.*
[2] L'archivio distrutto nel 1943, era costituito da 375 registri in pergamena e 3 in carta; da 4 registri frammentari detti "registri nuovi"; da 66 volumi in carta, intitolati "fascicoli"; da 37 volumi di atti in pergamena, originali, detti "arche in pergamena" e da 21 volumi di atti in carta, pure originali, detti "arche in carta". Dalla rovina si salvarono, oltre a qualche frammento, i repertori del Sicola, del Chiarito, del Borrelli e tre volumi dei *Notamenta* di Carlo de Lellis. Nel 1944 Riccardo Filangieri, soprintendente agli Archivi napoletani, si fece promotore della ricostruzione dell'archivio angioino tramite originali, copie, manoscritti, microfilm e fotocopie esistenti nell'ASN ed altrove, pubblicati o raccolti da studiosi italiani e stranieri di ogni tempo.I documenti e le notizie rinvenute vennero e vengono raggruppati nell'ordine e nelle serie dei registri, fascicoli ed arche, in pergamena ed in carta, secondo l'appartenenza. L'Accademia pontaniana, su proposta di Benedetto Croce, si assunse l'onere della pubblicazione. Il primo volume, *I registri della cancelleria angioina ricostruti da Riccardo Filangieri con la collaborazione degli archivisti napoletani*, vide la luce a Napoli nel 1949 (http://patrimonio.archiviodistatonapoli.it/asna-web/scheda/anagrafe/IT-ASNA-00017293/Ricostruzione-angioina-1265-1442-.html#n)

tratteremo poi la spedizione di Corradino di Svevia, la sconfitta a Tagliacozzo nell'agosto del 1268 e la decapitazione dello Svevo a Napoli, sino a giungere alle imprese angioine in Albania e nei Balcani, culminate nell'assedio vittorioso di Belgrado e le lotte contro il risorgente impero bizantino di Michele VIII Paleologo, contro il quale Carlo preparò un'imponente spedizione destinata alla conquista di Costantinopoli ed alla restaurazione dell'Impero Latino: piani frustrati dall'insurrezione siciliana del 1282- i Vespri- e dalla successiva, interminabile guerra che vide oltre l'assedio angioino di Messina e di Reggio, le umiliazioni angioine nelle battaglia navali condotte dall'ammiraglio aragonese, e soprattutto ghibellino, Ruggero di Lauria, che catturò persino l'erede al trono, Carlo principe di Salerno, il fututo Carlo II lo Zoppo, nelle acque di Castellammare.

L'inizio delle guerre di Carlo, può ancora inquadrarsi nell'ambito delle lotte fra guelfi e ghibellini, culminate nella vittoria di Manfredi e della ghibellina Siena contro la guelfa Firenze ed i suoi alleati a Montaperti nel 1260, nella più grande battaglia del Medio Evo italiano; dopo la morte di Manfredi la prospettiva diventa quella dinastica, con Carlo che riprende la politica accentratrice attuata in Francia del nonno Filippo Augusto e del padre Luigi VIII, concedendo i feudi meridionali ai suoi nobili provenzali e francesi, in modo da garantirsi una solidità interna mancata a Manfredi, e trasferendo - di fatto se non di nome, come farà il suo successore- la capitale da Palermo, inquieta e filo sveva, alla più piccola e controllabile Napoli (allora la città partenopea aveva 30.000 abitanti rispetto ai 300.000 della capitale siciliana): mossa profetica, che gli permise di salvare e conservare il regno al di qua del Faro, mentre se fosse rimasto a Palermo Carlo ed il suo regno sarebbero stati sicuramente travolti dalla tempesta del Vespro.

Questo libro, senza soverchie note a pié pagina, vuole essere un'introduzione alla conoscenza di un grande sovrano: per chi vorrà approfondire gli argomenti qui tracciati la bibliografia potrà indicare lavori di ben altro spessore.

Pierluigi Romeo di Colloredo Mels.

CARLO I D'ANGIO':
LA STRADA VERSO IL TRONO.

Carlo d'Angiò nacque alla fine di marzo del 1226 a Parigi, ultimo dei sette figli del re di Francia Luigi VIII e di Bianca di Castiglia, nipote di Enrico II Plantageneto; in forza di questa parentela, Luigi, invitato da molti baroni inglesi in urto col loro re, Giovanni Senzaterra, sbarcò in Inghilterra nel 1216, rivendicando l'eredità di quella corona, ma per la resistenza incontrata da parte del papa e dei fedeli del nuovo re d'Inghilterra, Enrico III, dovette tornare in Francia l'anno successivo. Luigi divenne re di Francia nel 1223 alla morte del padre Filippo Augusto: nel corso del suo breve regno riuscì a rafforzare la monarchia, a strappare ai Plantageneti alcuni dei maggiori centri del Poitou, estendendo a sud i confini francesi e partecipando attivamente alla lotta contro i catari. Un sovrano energico, dunque, conscio del ruolo centrale della monarchia francese, e divenne per questo esempio per i figli Luigi, il futuro Luigi IX, e soprattutto per Carlo, avviato ad un futuro di figlio cadetto ma destinato a divenire il sovrano più potente dell'Europa del XIII secolo.

Il futuro re di Sicilia venne battezzato dal cardinal legato Romano di Sant'Angelo, ricevette dapprima il nome di Stefano; solo più tardi esso fu mutato in quello di Carlo, un nome fino allora insolito per i Capetingi e chiaramente riferito alla discendenza, all'epoca messa frequentemente in rilievo, del padre dall'ultimo dei Carolingi, Carlo di Lorena, attraverso sua madre, figlia di Baldovino di Hainaut. Stefano-Carlo non ebbe modo di conoscere suo padre: a metà maggio del 1226 il re partì per la conquista della Francia meridionale e morì sette mesi più tardi, il 3 novembre 1226, dopo un breve periodo di regno. Secondo il testamento del re (giugno 1225) Carlo doveva essere avviato alla carriera ecclesiastica; ma la morte, nell'anno 1232, dei fratelli più grandi, Giovanni e Filippo Dagoberto, gli aprì la successione nei diritti di Giovanni, che comprendevano l'Angiò e il Maine, rendendolo erede di vasti possedimenti nella Francia centrale.

Nulla si sa della sua prima giovinezza né della sua educazione; certamente rimase fino a dieci anni con la madre, che attraverso i figli governò la Francia per circa trent'anni con grande energia. Nel 1237 l'undicenne fanciullo si trovava alla corte del fratello maggiore, il secondogenito Roberto d'Artois, che divenne allora maggiorenne; nel 1239 il tredicenne Carlo aveva già una sua piccola corte, possedeva un cavallo da caccia, disponeva di un cameriere e di altro personale, tra cui un maestro e un chierico. Indubbiamente egli si formò nell'atmosfera della corte di Francia del tempo, in cui guerre e tornei si univano all'amore per la poesia cortese e il canto: si pensi al ruolo dei trovatori quando Carlo sarà re di Sicilia. Ma al contrario del fratello maggiore, re Luigi IX, egli non interiorizzò mai le sollecitazioni religiose ricevute in questi anni giovanili.

Nel corso dell'anno 1239 egli superò una grave malattia e dal 1241 andò al seguito del fratello Alfonso, allora armato cavaliere e investito del Poitou; a quindici anni disponeva già di una corte piuttosto numerosa, con maresciallo, servitori e paggi. Nel 1242 seguì Luigi IX nella spedizione contro il conte della Marche, impegnandosi, così, per la prima volta in un'impresa militare. Per i tre anni seguenti non sappiamo nulla di lui; nel 1245-46 tuttavia gettò le basi della sua futura potenza in Europa sposando Beatrice, erede della Provenza. Raimondo Berengario V della casata dei conti di Barcellona, un ramo collaterale della casa regnante d'Aragona, dal 1209 signore di Provenza e di Forcalquier, aveva con molta abilità allargato l'area del suo potere, sposando nel 1234 la primogenita Margherita al re Luigi IX di Francia e nel 1236 la secondogenita Eleonora al re Enrico III d'Inghilterra.

Il 20 giugno 1238, aveva designato nel testamento la ultimogenita Beatrice quale erede universale in caso di sua morte senza discendenza maschile, mentre le prime due figlie avrebbero ricevuto un indennizzo in denaro. Questa disposizione rispondeva a un preciso calcolo politico: la Provenza avrebbe dovuto rimanere indipendente o al più unirsi a un paese affine del Sud, non del Nord.

Alla morte di Raimondo Berengario (avvenuta il 19 agosto del 1245) entrarono in vigore le sue disposizioni testamentarie ed ebbe inizio la gara dei pretendenti alla mano di Beatrice. Coltivava speranze in proposito Raimondo VII di Tolosa, il quale in passato aveva conteso a Raimondo Berengario il possesso della Provenza e il cui ultimo matrimonio con Margherita della Marche era stato dichiarato nullo da Innocenzo IV nel settembre 1245; Raimondo disponeva in Provenza di un forte seguito. Anche l'imperatore Federico II si era fatto avanti e cercava di concludere il matrimonio tra Beatrice e il proprio figlio Corrado. Il pericolo di quest'ultima eventualità spinse il papa, inizialmente contrario a una secondogenitura francese nella Francia meridionale come anche ad una signoria del poco sicuro Raimondo VII, ad appoggiare un piano indubbiamente ordito della regina madre Bianca di Castiglia: far sposare appunto Beatrice al suo ultimogenito Carlo. Il progetto fu avversato persino in seno alla corte di Francia: Luigi IX era contrario a un'ambiziosa politica espansionistica, mentre sua moglie Margherita, insoddisfatta del testamento paterno, pur non potendo contestarne la legittimità, cercava di ingerirsi nel problema del pagamento del denaro lasciatole. Alla fine di novembre del 1245 tuttavia Bianca sembra aver prevalso nel corso di un importante incontro avvenuto a Cluny tra il pontefice e il re di Francia: Innocenzo IV, che in quella occasione conobbe personalmente il giovane Carlo e che da allora in poi lo sostenne costantemente, diede il suo assenso, come anche Luigi, soprattutto perché il controllo della Provenza e delle sue città era importante per la crociata che si preparava. Il 28 dicembre 1245 il papa concesse al giovane principe la dispensa per il matrimonio con una parente in quarto grado. Le nozze vennero celebrate ad Aix il 31 gennaio dell'anno 1246.

Sin dall'inizio del suo governo il nuovo conte dovette affrontare in Provenza l'opposizione di un partito antifrancese che era forte soprattutto nelle città. Carlo fece molto presto vedere che avrebbe governato con energia. Già poco dopo le nozze nominò un siniscalco per la Provenza, che doveva sovrintendere alla giustizia e alle finanze e, durante l'assenza del conte, sarebbe stato suo luogotenente e comandante militare. A quest'ufficio, già rivelatosi utile al re di Francia, non nominò nobili provenzali, ma forestieri provenienti dagli antichi possedimenti della Corona francese che rimanevano in carica da due a quattro anni. Il giorno di Pentecoste (27 maggio) del 1246 Carlo fu creato cavaliere e nell'agosto successivo, a vent'anni compiuti, Luigi IX lo investì dei feudi ereditari dell'Angiò e del Maine. Il suo stemma furono da allora gigli d'oro in campo blu. Per lui era tuttavia più importante la Provenza, dove si erano sviluppate gravi lotte intestine.

Qui le principali città, quali Arles, Avignone e Marsiglia in piena ascesa economica per la progressiva espansione dei loro commerci, tendevano a costituirsi in liberi Comuni sull'esempio delle città dell'Italia centrosettentrionale: cercavano pertanto di sbarazzarsi della signoria vescovile e soprattutto di affermare la propria autonomia dall'autorità comitale. A tal fine queste avevano cercato il sostegno e l'amicizia di Barral des Baux, discendente da una delle più illustri casate di Provenza, il quale già precedentemente aveva stabilito stretti rapporti con i Comuni per conto di Raimondo VII. La rivolta dei Comuni era scoppiata poco prima della morte di Raimondo Berengario nell'agosto del 1245 ad Arles. Neppure l'omaggio feudale prestato da Barral des Baux a Beatrice appena entrata in possesso dell'eredità né i tentativi promossi da Carlo per stabilire buoni rapporti con le città migliorarono la situazione. Nell'aprile del 1247 Avignone, Arles e Marsiglia, sotto la guida di Barral des Baux, conclusero un'alleanza difensiva contro Carlo.

L'azione di Carlo in Provenza tesa a rafforzare l'autorità comitale fu, comunque, interrotta ben presto dalla crociata del 1248-50. Dopo la conquista dei luoghi santi da parte dei Kwārismi nel 1244 il pio re francese se ne era prefisso la riconquista come suo compito particolare. Carlo accolse l'invito del fratello nonostante la situazione esplosiva nei suoi domini. Aveva preso la croce nell'ottobre del 1245 a Parigi, ma i preparativi richiesero ancora tre anni. Luigi IX, Roberto e Carlo insieme con le mogli si imbarcarono ad Aigues-Mortes il 28 agosto 1248. Il 18 settembre sbarcarono a Cipro, dove Beatrice diede alla luce un figlio che dovette morire poco dopo. L'anno seguente la crociata si diresse contro il territorio-chiave dei musulmani, l'Egitto. Nel giugno del 1249 fu presa Damietta sul delta del Nilo; a fine novembre dopo l'arrivo dell'altro fratello di Carlo, Alfonso di Poitou, i crociati si diressero contro il Cairo. Presso Mansura Carlo si mise per la prima volta brillantemente in luce in combattimento. Anche negli scontri dei mesi seguenti (il 7 febbr. 1250 cadde Roberto d'Artois) presso Mansura Carlo ebbe più volte l'opportunità di mostrare il suo coraggio. Il 6 aprile 1250 Carlo e i suoi fratelli furono fatti prigionieri insieme con i resti dell'esercito crociato: furono tutti liberati un mese dopo dietro pagamento di un alto riscatto. Impressionato dai disordini scoppiati in Provenza durante la sua assenza e indebolito dalla malaria, Carlo propose il ritorno in Francia dei resti dell'esercito. Luigi IX decise di rimanere in Terrasanta, ma rimandò indietro entrambi i fratelli.

In Provenza Arles, Marsiglia e Avignone si erano ribellate sotto la guida di Barral des Baux. Nel 1250 tuttavia i ribelli avevano finito per accordarsi con Bianca di Castiglia e riconosciuto l'autorità comitale. Rientrato in Francia Carlo, dopo aver sistemato la situazione nell'Angiò, giunse nell'aprile 1251 in Provenza. Una dopo l'altra gli si sottomisero Arles e Avignone (la signoria di quest'ultima città spettava congiuntamente a Carlo ed Alfonso). Carlo pensò quindi a sottomettere Marsiglia che attaccò nell'agosto del 1251. Ma dopo la conclusione di un armistizio stipulato tra Carlo e Barral des Baux nel mese di ottobre seguente, la città rinunciò a un'ulteriore resistenza. Nell'atto di resa del 26 luglio 1252 fu sancito il diritto di Carlo a insediare due suoi funzionari nella città, cui fu tuttavia lasciata, diversamente che per Arles e Avignone, un'ampia autonomia amministrativa. La supremazia di Carlo in Provenza fu così momentaneamente rafforzata.

Nello stesso periodo papa Innocenzo IV cominciò a cercare un nuovo sovrano per il Regno di Sicilia. Forse già nella primavera del 1250, in occasione delle visite successive di Riccardo di Cornovaglia e di Carlo, il pontefice aveva mosso i primi passi al riguardo. Il problema divenne urgente solo nel 1252, quando il figlio di Federico II, Corrado IV, pretese nelle trattative con la Curia la dignità imperiale e il Regno di Sicilia, minacciando i domini della Chiesa. Innocenzo si rivolse nell'estate del 1252 a Riccardo di Cornovaglia e a Carlo, offrendo loro la corona di Sicilia: a questo scopo inviò in Inghilterra e Francia il notaio pontificio Alberto da Parma. Il 3 e 5 agosto il papa scrisse lettere di ugual tenore ai re Enrico III d'Inghilterra e Luigi IX di Francia, che era ancora in Terrasanta, nonché ad Alfonso di Poitou. Evidentemente Alberto doveva trattare per primo con Riccardo di Cornovaglia, il candidato più conveniente, scelto soprattutto per le speranze riposte dal papa negli ingenti mezzi finanziari inglesi; in caso di rifiuto, avrebbe dovuto offrire la corona a Carlo, mentre i relativi documenti sarebbero stati consegnati al destinatario solo in caso di necessità. L'emissario pontificio giunse in Inghilterra nel novembre del 1252. Non c'è modo di appurare se nel corso del viaggio avesse iniziato a trattare con Carlo. Poiché Riccardo richiedeva notevoli garanzie, per le quali fu necessario ricorrere ad Innocenzo IV, le trattative si trascinarono fino alla primavera del 1253. Dimostratosi il papa restio, Alberto interruppe il negoziato alla fine di aprile del 1253 e si recò presso Carlo. Le trattative con quest'ultimo, cominciate intorno alla metà di maggio, sembrarono procedere positivamente.

Il principe angioino avrebbe ottenuto in feudo dalla Chiesa l'intero Regno, a eccezione di Benevento. Il Regno non doveva mai più essere sottoposto all'Impero né legato ad esso con unione personale; le leggi antiecclesiastiche della dinastia sveva dovevano essere annullate, mentre i privilegi pontifici a favore della Sicilia sarebbero rimasti in vigore e l'elezione dei vescovi e dei religiosi doveva essere libera e sottratta all'approvazione regia; i possedimenti ecclesiastici alienati dovevano essere restituiti, così come dovevano tornare ai proprietari i beni di tutti i partigiani della Chiesa nel Regno, i quali ultimi avrebbero goduto da allora in poi del favore reale. Carlo avrebbe dovuto trovarsi entro il 1° novembre 1253 nell'Italia meridionale con un forte esercito. In discussione rimanevano il *privilegium fori*, l'esclusiva competenza giudiziaria della Chiesa sui religiosi, l'esenzione fiscale per il clero ed il finanziamento dell'impresa. Nonostante la nomina di Alberto a legato pontificio con tutti i relativi diritti (7 giugno 1253) Carlo continuò ad avere forti perplessità, alimentate soprattutto dai suoi consiglieri, sull'opportunità di accettare l'offerta: le trattative infine fallirono a causa della non ancora consolidata situazione in Provenza, degli alti oneri finanziari che la Francia si era accollata per la crociata ancora in atto e anche per i successi di Corrado IV nell'Italia meridionale.

Nel frattempo Carlo si inserì nella lotta in Fiandra, a fianco di Margherita di Fiandra, Guglielmo Dampierre contro Guglielmo d'Olanda, re dei Romani, e Giovanni d'Avesnes. La lotta si concluse nel luglio 1254 con l'arbitrato del re di Francia Luigi IX: Carlo, che per un breve periodo all'inizio dell'anno aveva occupato l'Hainaut, ricevette la somma di 160.000 tornesi.

Dopo aver lasciato per il momento cadere la sua candidatura al trono di Sicilia, Carlo aveva rafforzato il proprio dominio sulla Provenza, principalmente tramite il suo siniscalco e Barral des Baux. Per i Comuni gli anni 1253-56 rappresentarono un periodo di pace. Alcuni abusi contro istituzioni ecclesiastiche crearono tuttavia tensioni sia col nuovo papa Alessandro IV sia con re Luigi. Diversamente che sotto Innocenzo IV il principe angioino non godeva più del completo favore papale.

Nel 1254 la moglie di Carlo, Beatrice, diede alla luce un secondo figlio, il futuro Carlo II. In questi anni il principe risiedeva per lo più alla corte francese e nell'Angiò. Le successive vicende di Marsiglia lo spinsero però a intervenire personalmente in Provenza. Dopo il trattato del 1252 la città aveva rafforzato i suoi legami commerciali sia col Mediterraneo orientale, soprattutto con San Giovanni d'Acri, sia con la costa nordafricana da Alessandria a Ceuta, aumentando così la propria potenza economica. Allorché Carlo nell'anno 1255 stabilì più strette relazioni con Montpellier, rivale di Marsiglia nel commercio, in quest'ultima città si formò un partito che si proponeva l'abolizione delle clausole del trattato del 1252 e il ristabilimento della piena indipendenza comunale. Secondo quanto successivamente affermato da Carlo, la città aveva trattenuto rendite che spettavano al conte, si era rifiutata di seguire gli inviti di presentarsi davanti al tribunale comitale di Aix e aveva catturato navi cariche di grano a Tolone e Bouc, di proprietà di Carlo. Il conte allora prese contatto con il partito a lui favorevole a Marsiglia, che col suo consenso si sollevò a Pasqua del 1257 e presto riuscì a prendere il sopravvento. Così già all'inizio di giugno del 1257 fu concluso tra la città e Carlo un accordo in base al quale egli e sua moglie venivano confermati signori della città e titolari della giurisdizione e di tutte le entrate, comprese quelle provenienti dal Levante, mentre l'autonomia amministrativa veniva ulteriormente ristretta con l'insediamento di un vicario del conte: la libertà commerciale non veniva tuttavia limitata. Poco dopo il vescovo cedette al conte la propria parte della città. Il 9 luglio Carlo stipulò la pace anche con Montpellier, mentre al nord subito dopo il delfino Guido VII gli prestò omaggio per alcuni suoi feudi. Anche successivamente Carlo poté rafforzare, durante il suo soggiorno semestrale, la propria autorità in Provenza; all'inizio dell'anno 1258 gli si sottomisero anche i conti di Ventimiglia e la sua signoria lungo la Riviera si estese così verso oriente. Nell'estate del 1259 il principe angioino intervenne nell'Italia settentrionale, dove s'intromise in contese locali. Nel luglio gli si sottomise la città di Cuneo, seguita in novembre da Alba e Cherasco e in seguito da Savigliano, Bene e Comigliano; inoltre passarono dalla sua parte il conte di Biandrate e i marchesi di Saluzzo, Cravesane e Ceva. In queste città Carlo inviò ben presto propri funzionari. Per il momento tuttavia la sua espansione verso oriente si arrestò qui: ne impedivano ulteriori progressi a sud Genova e ad est il marchese Pallavicini, alleato del re di Sicilia Manfredi, ed i marchesi del Monferrato.

All'inizio del 1262 Carlo dovette però affrettarsi a tornare in Provenza perché a Marsiglia era scoppiata una nuova rivolta: i ribelli avevano espulso il vicario e gli altri funzionari di Carlo e avevano rifiutato i pagamenti dovuti in base all'accordo vigente. Ai rivoltosi si unirono Ugo, figlio di Bertrand des Baux, e Bonifacio di Castellane, valoroso guerriero e trovatore. I ribelli sembrano aver trovato appoggio in Aragona, e non tanto presso il re Giacomo I, la cui figlia Isabella aveva sposato l'erede al trono di Francia Filippo, quanto presso gli infanti Pietro e Giacomo II. Pietro, che vent'anni dopo avrebbe posto fine al dominio di Carlo sulla Sicilia, sposò la figlia di Manfredi, Costanza. Nella stessa occasione Giacomo II prese possesso dei possedimenti in Linguadoca. Già in marzo, Barral des Baux riuscì ad attirare dalla parte di Carlo Bertrand des Baux, padre di Ugo, ma Carlo poté pensare ad attaccare direttamente Marsiglia soltanto nell'estate del 1262, quando giunsero i necessari rinforzi dalla Francia. A questo scopo concluse il 21 luglio 1262 ad Aix un accordo (ratificato l'11 agosto dello stesso anno) con Genova, alla quale cedeva sulla Riviera Ventimiglia, Roccabruna e Monaco, conservando tuttavia nell'interno, sulla strada di Tenda, Castilion e Briga per facilitare l'accesso ai suoi possedimenti piemontesi. Tra le due parti venne anche stipulato un patto di mutua assistenza, che peraltro non era valido in caso di guerra di Genova contro Francia e Aragona e del conte contro re Manfredi. Quest'ultimo punto si riferiva chiaramente alle nuove trattative intavolate da Carlo col Papato a proposito del Regno di Sicilia.

Alla morte di Alessandro IV era salito al soglio pontificio Urbano IV (29 agosto 1261), nativo di Troyes e legato alla casa regnante francese. A questa si rivolse per cacciare gli Svevi dal Regno. In un primo momento offrì a Luigi IX la corona siciliana per il figlio più piccolo: di fronte al rifiuto del re - che non voleva contestare i diritti ereditari di Corradino e di Edmondo d'Inghilterra - il pontefice incaricò (23 marzo 1262) il notaio Alberto di Parma di fare la medesima proposta a Carlo. Il notaio cercò di superare gli scrupoli del re francese prospettandogli la conquista dell'Italia meridionale da parte del fratello minore come uno strumento utile alla crociata che il monarca intendeva promuovere in seguito alla caduta dell'Impero latino di Costantinopoli e alla decisa avanzata musulmana contro gli Stati cristiani d'Oriente. Comunque, prima di accettare, Carlo volle consolidare la propria autorità in Provenza. Riconquistata Castellane, raggiunse nel novembre 1262, grazie anche alla mediazione di Giacomo d'Aragona, un nuovo accordo con Marsiglia che ripeteva sostanzialmente i termini di quello del 1257. Ai ribelli, con l'eccezione di Bonifacio di Castellane e di Ugo des Baux, fu assicurata l'impunità; nessun nuovo tributo venne imposto sulla comunità; tuttavia furono abbattute le fortificazioni cittadine e venne elevato a 1.000 il numero dei soldati,che Marsiglia era tenuta a mettere a disposizione di Carlo in caso di guerra.

Risolti i conflitti in Provenza, Carlo fu in grado di aprire trattative con la Curia per la spedizione nell'Italia meridionale.

Urbano IV e il successore Clemente IV erano fermamente decisi a servirsi del principe angioino per eliminare Manfredi, ma, non sottovalutando il pericolo di una sua espansione, intendevano porgli precise e rigide condizioni. Le trattative durarono a lungo, come dimostrano i circa cento documenti dei due papi riguardanti la questione e precedenti la stipula definitiva dell'accordo. Nel quadro complessivo della politica europea l'impresa si presentava audace e difficile. Il 5 giugno 1263 il papa inviò l'arcivescovo di Cosenza Bartolomeo in Francia ed Inghilterra per ottenere - se necessario anche col denaro - il consenso di quei monarchi. Alla stessa corte di Francia sussistevano notevoli resistenze: re Luigi esitava, la regina Margherita odiava Carlo al punto da costringere l'erede al trono Filippo a giurare di non allearsi con lo zio (Urbano IV sciolse formalmente il principe da questo giuramento il 6 luglio). In Inghilterra Enrico III accampava pretese per il figlio Edmondo in virtù degli accordi con Innocenzo IV e Alessandro IV. Il 28 luglio 1263 il papa negò a Edmondo, in maniera formalmente cortese ma sostanzialmente decisa, qualsiasi diritto sul Regno, non avendo adempiuto alle condizioni previste dagli accordi. Né c'era da pensare del resto a un attacco inglese in Italia meridionale, nel momento in cui maggiormente infuriava la guerra dei baroni contro Enrico III. Per quel che riguarda le trattative con Carlo (le relative istruzioni per Alberto erano partite nel giugno del 1263), sorsero difficoltà circa il tributo annuo da pagare alla Chiesa, che Urbano voleva fissare in 10.000 once d'oro, cui si sarebbe aggiunto un pagamento *una tantum* di 50.000 sterline dopo la conquista. La Chiesa intendeva conservare la sovranità feudale ed esigeva da Carlo la prestazione dell'omaggio.

Un'altra condizione, la cessione alla Chiesa di un'importante parte del Regno comprendente Fondi, Sora, San Germano, Nola, Capua, Napoli e Sorrento, fu fatta successivamente cadere dal papa, che invece mantenne la richiesta per Benevento. Fu discusso anche il problema della successione di Carlo: il papa concesse che in mancanza di legittimi eredi di Carlo il trono sarebbe passato in prima istanza ad Alfonso di Poitou, quindi al secondogenito del re di Francia, ma non ai loro eredi. Il papa tenne duro sulla libertà della Chiesa nel Regno di Sicilia: il sovrano non avrebbe dovuto influenzare le elezioni ecclesiastiche né esercitare sui religiosi i propri diritti giurisdizionali o fiscali. Fu vietata l'unione personale dell'Impero romano col Regno di Sicilia; Carlo non avrebbe potuto accettare l'elezione a re di Germania né puntare a insignorirsi dell'Italia settentrionale e della Toscana, e gli era anche interdetta l'assunzione di cariche nello Stato della Chiesa. Un anno dopo l'entrata in vigore dell'accordo Carlo doveva lasciare la Provenza con almeno 1.000 cavalieri e 300 lance e tre mesi più tardi entrare nel Regno. Finché il papa l'avesse desiderato, Carlo avrebbe poi dovuto mettere a disposizione della Chiesa nei suoi possedimenti italiani 300 cavalieri per tre mesi all'anno. Il papa si impegnava a sostenere l'impresa col versamento triennaledi un decimo di tutte le entrate della Chiesa in Francia, Provenza, Borgogna, e a bandire la crociata contro Manfredi. Un nuovo episodio si inserì, poi, nello svolgimento delle trattative. Nella città di Roma l'oligarchia dominante, divisa da gravi lotte interne, si era accordata nel 1261 per trasformare in vitalizia la carica di senatore. Il partito filosvevo scelse allora Manfredi, mentre la fazione avversa gli preferiva Riccardo di Cornovaglia. Nessuno dei due partiti riuscì a prevalere sull'altro; e, mentre si andava profilando la candidatura di Giacomo I d'Aragona, e di suo figlio Pietro, genero di Manfredi, nell'agosto del 1263 Carlo fu eletto senatore. I particolari di questa scelta non sono chiari. L'iniziativa venne dal cardinale Riccardo Annibaldi, la cui famiglia era filosveva; anche Guy Fouquois, il futuro pontefice Clemente IV, altro amico della casa reale di Francia, potrebbe essere intervenuto nella vicenda. è difficile dire se e quanto Carlo abbia brigato per farsi eleggere. Diversi motivi dovettero essere alla base della scelta: in primo luogo il partito antisvevo desiderava un senatore autorevole, capace di eliminare definitivamente i partigiani di Manfredi; poi un principe potente, che trattava col papa sul suo futuro ruolo di re di Sicilia, sembrava assicurare un periodo di calma e di pace; infine i mercanti romani erano interessati ai mercati di Provenza e Sicilia. Urbano IV però rimase sorpreso della notizia, anche perché una delle condizioni delle trattative era appunto che Carlo non avrebbe assunto cariche nei domini della Chiesa. Inoltre la Curia aveva sempre rifiutato il principio dell'attribuzione a vita della carica di senatore. Ma poi il papa decise di non opporsi, nella speranza che l'elezione inducesse Carlo a concludere le trattative per il conferimento del Regno: rinunciò quindi alla condizione che Carlo non avrebbe dovuto ricoprire cariche nelle terre della Chiesa, anche se continuò ad osteggiare la durata vitalizia dell'ufficio senatoriale. Ad Alberto da Parma il papa inviò istruzioni in proposito l'11 agosto 1263. Da allora in poi Carlo si servì della carica conferitagli e da lui accettata come mezzo di pressione nel prosieguo delle trattative: tenendo intenzionalmente in sospeso la questione della durata della sua carica di senatore riuscì a strappare al pontefice ulteriori concessioni. Prima del 25 dicembre 1263, nel concistoro, la maggioranza dei cardinali decise che Carlo avrebbe potuto sì prendere impegni a lunga scadenza nei confronti dei Romani, ma doveva rinunciare al suo ufficio trascorsi cinque anni, e se i Romani avessero insistito sulla assunzione a vita della carica, avrebbe dovuto promettere di rinunciarvi in qualsiasi momento il papa glielo avesse imposto.

Le trattative procedettero a rilento tra la fine del 1263 e la primavera del 1264: erano ancora in discussione l'ammontare del tributo da pagare al papa e la condizione che i sudditi del Regno avrebbero dovuto giurare ogni dieci anni di negare l'obbedienza al re se la Chiesa gli avesse tolto la signoria, un giuramento che re Luigi IX considerava oltraggioso. Sorsero difficoltà anche sui problemi della successione e delle prestazioni militari.

Nel frattempo, siamo all'inizio del 1264, venne scoperta a Marsiglia una congiura, promossa da Ugo des Baux e Alberto di Lavagna, e mirante all'unione con l'Aragona. Mentre entrambi i principali responsabili riuscirono a fuggire, alcuni congiurati di minore importanza furono condannati a morte e decapitati. Pare fosse la prima volta che Carlo, mostratosi in precedenza moderato, deliberava di condannare a morte i ribelli.

Le trattative riguardanti la Sicilia proseguirono anche nel 1264; il cardinale francese Simon de Brion, in qualità di legato pontificio, tentò di eliminare gli ultimi ostacoli. Nell'aprile dell'anno 1264 Carlo inviò con truppe a Roma, come suo vicario, Giacomo Cantelmo. I sostenitori di Manfredi guidati da Pietro da Vico si ritirarono allora a Sutri, ma ne furono scacciati dal Cantelino, che condusse però in seguito una guerra sfortunata, nonostante i sussidi del papa, contro i rinforzi di Manfredi e finì per trovarsi in una situazione particolarmente difficile.

Nel frattempo Carlo preparava la sua spedizione al Sud, che nell'autunno del 1264 avrebbe dovuto prendere il via per terra, attraverso l'Italia settentrionale e centrale, e per mare. Il marchese Guglielmo del Monferrato assicurò il libero passaggio sul suo territorio con un trattato concluso il 14 maggio 1264. La morte di Urbano IV (2 ottobre 1264) comportò un ulteriore ritardo che Carlo utilizzò per assicurarsi il passaggio nell'Italia settentrionale. Insieme con il marchese di Saluzzo, nel gennaio 1265 anche le città di Milano, Bergamo, Como, Novara e Lodi, e in marzo Brescia, si dichiararono pronte a sostenere Carlo e le sue truppe durante il passaggio in Italia settentrionale. Il nuovo papa Clemente IV, eletto il 5 febbraio 1265, era originario della Linguadoca, legato ad Alfonso di Poitou ed a Luigi IX, e ciò garantiva una favorevole prosecuzione delle trattative con Carlo. Il pontefice accettò i risultati fino allora raggiunti nel negoziato, limitando tuttavia a tre anni la durata della senatoria di Carlo a Roma. Simon de Brion condusse in porto le trattative il 30 aprile.

CARLO IN ITALIA.

Maladetta sie tu, antica lupa,
che più di tutte l'altre bestie hai preda
per la tua fame sanza fine cupa! ...

(*Purg.*, XX, 9-12)

La vittoria di Montaperti sembrò aprire a Manfredi la strada per la conquista dell'intera Italia centrale, sebbene i forti legami economici tra la sconfitta fazione popolare a Firenze e il papato non consentissero ai nobili ghibellini e ai rappresentanti regi di esercitare un franco potere sulla città fiorentina. Pareva solo questione di tempo prima che il re di Sicilia, il quale continuò a estendere la sua influenza tramite una serie di alleanze anche fuori dall'Italia, si avventasse perfino sui territori pontifici. Non fu quindi un caso se, alla morte di Alessandro IV, nel 1261, la curia papale elevò al soglio pontificio un francese, che prese il nome di Urbano IV.
Il nuovo papa era della tempra di Innocenzo IV, un vero e proprio sovrano temporale fermamente deciso ad adottare ogni mezzo per impedire agli Svevi di portare a compimento le aspirazioni all'unità italiana sotto lo scettro germanico che aveva coltivato Federico II, cui Manfredi non faceva mistero di mirare. Ma rispetto a Innocenzo, Urbano poteva vantare stretti legami con la corona francese e spingere con decisione in direzione di un coinvolgimento transalpino negli affari italiani. Tornò pertanto alla ribalta la candidatura di Carlo d'Angiò al trono siciliano, ma il papa morì prima che le trattative fossero concluse. La riprova di come ormai la politica papale fosse indirizzata al conseguimento dell'obiettivo si ebbe comunque con la nomina del successore, un altro francese, per giunta ex cancelliere del re Luigi IX, Guy Fouquois, ovvero Clemente IV; subito dopo la sua ascesa al pontificato, nell'aprile 1265, questi stipulò infatti l'accordo con il sovrano il 30 aprile 1265.
La Chiesa avrebbe mantenuta la sovranità feudale sul regno di Sicilia. Inoltre la città ed il ducato di Benevento sarebbe rimasta sotto il controllo pontificio.
Il papa ottenne che il sovrano non avrebbe influenzato le elezioni dei vescovi né esercitare sui religiosi i propri diritti giurisdizionali e fiscali. Il tributo annuo spettante alla Chiesa venne fissato in 8.000 once d'oro; dopo la conquista del Regno avrebbe dovuto poi versare *una tantum* 50.000 sterline, una somma che avrebbe però potuto essere ridotta dopo il felice esito dell'impresa. Carlo avrebbe mandato ogni tre anni un cavallo bianco al papa, la chinea in segno di vassallaggio, usanza che sarebbe continuata sino al regno di Ferdinando IV di Borbone.
Una volta l'anno il re di Sicilia avrebbe inviato nei territori italiani della Chiesa un rinforzo di 300 cavalieri o, in alternativa, navi da guerra; il reame di Sicilia sarebbe stato indivisibile. Carlo non avrebbe doveuto accettare o cercare di ottenere l'elezione a imperatore romano, re di Germania, signore della Lombardia, della Toscana o di altri territori. Se la successione fosse toccata a una donna in mancanza di eredi maschi, costei non avrebbe potuto sposare un titolare delle cariche suddette. Ovviamente veniva proibito ogni attacco ai territori pontifici e tutti i beni sottratti alla Chiesa sarebbero stati restituiti.

Luigi IX re di Francia, fratello maggiore di Carlo d'Angiò.
Miniatura dalla Bibbia di S. Luigi, XIII secolo, Parigi, Musée du Louvre.

Carlo d'Angiò, si impegnò a corrispondere al papa e alla Chiesa cifre ingenti, benefici, esenzioni, forniture militari. Tuttavia, la sua impresa fu fatta passare per una crociata, e ciò gli consentì di fruire del sostegno economico della corona e del clero francese, nonché dei banchieri toscani – che avevano tutto da perdere nel fallimento del loro maggiore debitore, ovvero il papato – e militare di quanti furono indotti a farsi crociati per conquistarsi in Italia quelle prede che era ormai improbabile conseguire in Oriente.

Si assolvano ladri, briganti, stregoni, incendiari, sacerdoti concubinari, purché partecipino all'impresa dando danari e uomini a Carlo, scriveva a un cardinale Clemente IV. In ogni caso, la moglie di Carlo d'Angiò, Beatrice, impegnò i suoi gioielli per trovare il denaro necessario.

Per soccorrere in breve tempo i Provenzali che occupavano Roma, ed erano seriamente minacciati da Manfredi, Carlo preferì la via marittima: con circa 40 navi e 1.500 uomini, ma quasi senza cavalli, salpò il 14 maggio 1265, per essere a Roma il giorno di Pentecoste, il 24 maggio. Manfredi, che stava radunando le sue forze, tentò di impedirne il passaggio. Fu bloccata la foce del Tevere a Ostia, ma le flotte sveva e pisana non poterono attaccare a causa delle avverse condizioni atmosferiche. Così le navi di Carlo apparvero il 21 maggio davanti ad Ostia e approdarono liberamente. Pietro da Vico e i filosvevi Annibaldi e Orsini si ritirarono; i Romani accolsero con grandi onori il conte di Provenza a S. Paolo fuori le Mura e lo accompagnarono al palazzo di S. Pietro, dove gli porsero il saluto quattro cardinali inviati dal papa.

Manfredi tentò invano di sollevare i Romani contro Carlo inviando loro una lettera in cui, in relazione alle loro precedenti richieste, concedeva il ristabilimento della Repubblica romana e il diritto all'elezione ed incoronazione dell'imperatore. Nel complesso egli e i suoi sostenitori ghibellini presero troppo alla leggera il pericolo proveniente dagli Angioini. Nei mesi seguenti Carlo poté così rafforzare il suo potere nelle terre della Chiesa senza essere disturbato da nessun attacco da parte di Manfredi. Ciò che più angustiava Carlo erano i crescenti problemi finanziari, cui si aggiungevano le resistenze del S. Collegio a impegnare i beni della Chiesa in favore dell'Angiò, operazione che rese inoltre meno del previsto, tanto che alla fine del 1265 Clemente IV dovette impegnare perfino il tesoro della Chiesa.

Mentre Manfredi mutava i suoi progetti da offensivi in difensivi, Carlo e il papa trattavano con Genova, Pisa e il marchese Pallavicini per il transito delle truppe angioine. Conclusesi senza esito queste trattative, si studiò la possibilità di seguire la via di nord-est: in agosto Carlo stipulò un accordo con Obizzo d'Este e Luigi di San Bonifazio, mentre fu bandita la crociata nella Marca di Ancona. Così l'esercito di Carlo poté mettersi in movimento da Alba in novembre e, passando senza grandi difficoltà attraverso Vercelli, Novara, Milano, Mantova, Bologna, Faenza, la Marca di Ancona e il ducato di Spoleto, giunse a Roma tra gli ultimi giorni del 1265 e i primi del 1266.

Carlo seppe trarre dalla sua parte i romani e perfino i più accesi ghibellini, come il prefetto Pietro di Vico, che era stato rappresentante di Manfredi nell'Urbe, passarono dalla sua parte; in breve, tutto si sistemò anche col papa, in nome degli interessi comuni.

Mentre Manfredi mutava i suoi progetti da offensivi in difensivi, Carlo e il papa trattavano con Genova, Pisa e il marchese Pallavicini, signore di Cremona e di Brescia, per il transito delle truppe angioine. Conclusesi senza esito queste trattative, si studiò la possibilità di seguire la via di nord-est: in agosto Carlo stipulò un accordo con Obizzo d'Este e Luigi di San Bonifazio, mentre fu bandita la crociata nella Marca di Ancona. Così l'esercito di Carlo poté mettersi in movimento da Alba in novembre e, passando senza grandi difficoltà attraverso Vercelli, Novara, Milano, Mantova, Bologna, Faenza, la Marca di Ancona e il ducato di Spoleto, giunse a Roma tra gli ultimi giorni del 1265 e i primi del 1266, approfittando di un inverno assai clemente, visto dai guelfi come un segno del favore divino. Come scrive Salimbene de Adam, che merita di essere citato nel suo latino maccheronico e ben comprensibile:

Et accidit grande miraculum (...) non fuit frigus nec gelu nec glacies nec lutum nec pluvia, sed via pulcherrima, secura et soavis, ac si esset mensis Maii. Et hoc a Domino fiebat, quia in succurum veniebat Ecclesie et in exterminium illius maledicti Manfredi[3].

Prima dell'arrivo di Carlo, Manfredi aveva fatto alla Curia ancora una proposta per un'intesa che però era stata respinta dal papa. Senza risultati rimase anche un tentativo di Manfredi di ottenere ancora una volta il favore dei Romani. In un manifesto fortemente retorico del 24 maggio li incitava a scacciare Carlo come vicario e prometteva la restaurazione della Repubblica e il diritto di elezione e incoronazione dell'imperatore, negando ogni pretesa ecclesiastica a parteciparvi. Reclamò per sé la corona imperiale, come discendente di imperatori.

Nel giugno 1265 Manfredi prese altre iniziative militari: organizzò una Dieta a Benevento e mobilitò le sue truppe. In luglio mosse contro Roma passando per Carsoli, ma dovette fermarsi davanti a Tivoli, che non riuscì a conquistare. In agosto interruppe a sorpresa la concomitante spedizione nel Ducato di Spoleto e tornò in Puglia. Ora Manfredi passò alle azioni di difesa: fece presidiare i confini del Regno, preparare i castelli alla difesa e reclutare mercenari in Germania e nel bacino del Mediterraneo. Ma la fedeltà dei suoi sudditi e dei suoi alleati, nonostante il grande impiego di mezzi, cominciava a sgretolarsi.

La strategia difensiva di Manfredi prevedeva evidentemente di ritardare l'avanzata di Carlo e logorare le sue forze in marcia attraverso il territorio di confine scarso di risorse a causa dell'inverno, e quindi sconfiggerlo in uno scontro decisivo.

Manfredi non si rese conto del pericolo che lentamente, e lentamente provvide ad allestire adeguate difese, senza appurare quanto i suoi baroni fossero disposti a idifenderlo in uno scontro frontale con una potenza straniera. La presenza di Carlo a Roma sembrò favorirlo, tanto che se ne compiacque al punto di considerarlo come un uccello rinchiuso in gabbia; ma non aveva fatto i conti con l'abilità diplomatica dell'Angiò, che in breve tempo riuscì a sottrargli tutti gli appoggi di cui godeva nell'Urbe. Non ebbero pertanto alcun esito i suoi tentativi di convincere i romani a sostenerlo, dapprima con le parole, mediante una lettera in cui dichiarava apertamente di aspirare alla corona imperiale e di considerarne depositari i romani, poi con la forza militare.

Alla testa di un esercito, Manfredi si spinse infatti negli Abruzzi minacciando Roma da est, e inducendo Carlo, che pure disponeva ancora di scarsi effettivi, a uscire dalla città per affrontarlo. Ma nonostante che gli Angioini lo attendessero a Tivoli, il re siciliano si rese conto che nessuno lo avrebbe appoggiato e finì per ritirarsi, ritenendo Tivoli inespugnabile. Come nota il Runciman, una simile ritirata non giovò al suo prestigio, facendogli perdere altro sostegno.

Manfredi, tuttavia, non si diede particolarmente da fare per ripetere il tentativo, probabilmente ritenendo che la faccenda si sarebbe risolta, dopo tutto, in una bolla di sapone. In fin dei conti, perfino nel Medioevo non capitava tutti i giorni che un principe di secondo piano disponesse dei mezzi per andarsi a prendere, per giunta con la sanzione

---

[3] Cit. in D. Balestracci, *La battaglia di Montaperti*, Roma-Bari 2017, n.269.

papale, un regno tra i più grandi d'Europa.
E inoltre, le notizie su Carlo lo davano squattrinato, a stento in grado di mantenere il proprio seguito durante la permanenza a Roma; non risultava pertanto un avversario credibile, anche se in parte la sua era una strategia concordata con il papa per ottenere denaro.
Il pretendente, intanto, era solo apparentemente passivo.
Attendeva, è vero, ma solo che la situazione in Italia settentrionale divenisse più favorevole al partito guelfo, grazie alla rete di alleanze che si preoccupava di tessere, e al cambiamento di fronte di Milano, in mano ai Torriani, che formò una nuova lega contro il Pelavicino. Carlo dispensò favori e aiuti dovunque, guadagnandosi sostegno in Piemonte, la neutralità di Genova e l'appoggio degli Estensi di Ferrara.
Solo dopo l'esaurimento della fase diplomatica ebbe inizio quella militare. L'esercito, radunato a Lione nel mese di ottobre, valicò nel novembre 1265 il Colle di Tenda e scese in Italia attestandosi ad Alba dove, col supporto dei guelfi italiani, tra i quali il marchese del Monferrato Guglielmo Spadalunga, si radunò un'armata di 20.000 fanti, 6000 cavalieri e 600 balestrieri a cavallo; i nobili della Provenza partecipavano in massa alla crociata ma al comando dell'armata c'era un vescovo, Guido di Mello, presule di Auxerre. Gli Angioini proseguirono toccando Asti e soffiando al Pelavicino Vercelli; poi si spostarono a Milano, seminando il terrore tra Piemonte e Lombardia e attaccando Brescia, che devastarono dopo averla trovata vuota, poiché

Tale fu il terrore che invase gli abitanti che non sapevano più che fare, molti si diedero alla campagna, nascondendosi nei boschi, altri con mogli e bambini andarono a cercar rifugio perfino nei cimiteri fra le tombe,

come scrive il cronista Jacopo Malvecio nel suo *Chronicon Brixianum ab origine urbis ad annum usque 1332*.
L'unico concreto tentativo di arrestare l'avanzata angioina, Manfredi lo fece inviando nel Settentrione Giordano d'Anglano, il vincitore di Montaperti, il quale si unì al Pelavicino e a Buoso di Dovara, signore di Cremona, per affrontare i francesi a Soncino sull'Oglio; ma non se ne fece nulla, forse per il tradimento di Buoso da Dovara, come sostiene Dante basandosi sul resoconto del Villani. Né ebbe miglior esito un altro tentativo ghibellino a Montichiari, frustrato dall'intervento di rinforzi da Mantova. Gli Angioini ebbero così modo di raggiungere Bologna e di passare nella marca anconetana, territori della Chiesa, dove non incontrarono resistenza e dove limitarono gli eccessi che avevano contraddistinto alcune fasi della loro campagna. Percorsa la via Flaminia attraverso gli Appennini e toccate Spoleto e Terni, l'esercito guelfo giunse a Roma a metà gennaio 1266, senza ulteriori frizioni con i ghibellini.
Pochi giorni prima, il 6 gennaio 1266, Carlo e la moglie Beatrice erano stati incoronati in San Giovanni in Laterano re e regina di Sicilia *al di qua e al di là del Faro* dai cardinali Rodolfo Caprara, vescovo di Albano, Ancherio Pantaleone, cardinale del titolo di S. Prassede, Riccardo Annibaldeschi del titolo di S. Angelo, Goffredo di Alatri del titolo di S. Giorgio al Velabro, e Matteo Orsini del titolo di S. Maria in *Porticu*: era stato scelto per la cerimonia il giorno simbolico della festa dell'Epifania, in cui si celebravano i Tre Re, i Magi, considerati protettori dei monarchi.
L'incoronazione avvenne al cospetto d' *immenso popolo*, che animò la festa con *varie allegrezze e con giuochi*.
Carlo nello stesso tempo prestò il giuramento di ligio omaggio alla Santa Chiesa Romana

per il reame dell'una e dell'altra Sicilia, di cui era stato investito dal pontefice, ed a memoria di quel giorno solenne deliberò di donare 50 once di oro annue al Capitolo Vaticano, e fece battere moneta, primo gesto di autorità sovrana.

Intanto, nell'Urbe tutto era pronto per l'invasione del regno di Sicilia.

Carlo I incoronato re di Sicilia il 2 gennaio 1266

MANFREDI DI HOHENSTAUFEN.

Io mi volsi ver' lui e guardail fiso:
biondo era e bello e di gentile aspetto,
ma l'un de' cigli un colpo avea diviso.

(*Purgatorio*, III , 106-109)

Ma chi era il re di Sicilia, l'erede del grande Federico II, lo *Stupor mundi*?
Manfredi di Hohenstaufen nacque nel 1232, figlio naturale dell'imperatore Federico II; l'identificazione della madre con Bianca, figlia della marchesa Bianca Lancia, è frutto di una tradizione posteriore, non unanimemente accettata. Federico II, che aveva già avuto da lei la figlia Costanza, la sposò, probabilmente nel 1248, legittimando così Manfredi, anche se la Curia non riconobbe mai questa legittimazione.
Manfredi ricevette un'educazione accurata e dai colti esponenti della corte paterna fu istruito in teologia e filosofia. Nella sua giovinezza, sotto il nome di Manfredi Lancia, godette di una certa libertà di movimento e tra il 1245 e il 1247 studiò alle Università di Parigi e di Bologna.
In quel periodo egli sembra essere stato fatto prigioniero dal marchese Azzo VII d'Este e avere stretto amicizia col cardinale Ottaviano degli Ubaldini.
Nel febbraio 1248 sfuggì, con Federico II, alla grave sconfitta di Vittoria contro i parmigiani. A fine dicembre 1248 (o all'inizio del 1249) sposò Beatrice, figlia del conte Amedeo IV di Savoia, marchesa di Saluzzo, vedova, con la quale era fidanzato già dal 21 aprile 1247. L'alleanza matrimoniale imperiale con i potenti conti di Savoia - che tramite le loro nipoti, le *quatre reine* della casa dei conti di Provenza, erano imparentati con le corti d'Inghilterra e di Francia - costituì un elemento importante della politica imperiale in Italia.

Manfredi fu investito della Lombardia occidentale e del Regno di Arles e la sua signoria costituì quindi un anello di congiunzione tra l'Italia e l'Impero tedesco, che era sotto il dominio del suo fratellastro Corrado IV. Tommaso di Savoia assunse il vicariato generale per la Lombardia occidentale, il Piemonte e la Savoia e quindi la reggenza per Manfredi.
All'insediamento di Manfredi non si arrivò mai perché egli accompagnò l'imperatore nel suo viaggio di ritorno verso la Puglia. Il 13 dicembre 1250 Manfredi fu presente, a Castel Fiorentino, all'improvvisa morte di Federico II che egli comunicò subito a Corrado IV; fece poi trasportare il defunto a Palermo per la solenne sepoltura nel duomo il 25 febbraio 1251.
Secondo il testamento dell'imperatore Manfredi si trovava al terzo posto per la successione nel Regno di Sicilia, dopo i suoi fratelli Corrado IV ed Enrico e i loro eredi. Per concessione imperiale, confermata dal testamento di Federico II, Manfredi ricevette il Principato di Taranto e le contee di Tricarico, Montescaglioso e Gravina, dalla fonte del Bradano presso il castello di Lagopesole sino a Polignano a Mare e da lì sino a Porta Roseti (Roseto Capo Spulico) e anche la signoria di Monte Sant'Angelo, tradizionalmente assegnata alle regine di Sicilia. Egli era quindi il barone più potente nel Regno e disponeva di feudi strategici per il dominio della Puglia, divenuta sotto Federico II regione centrale del Regno. L'imperatore, inoltre, aveva nominato Manfredi, in assenza di Corrado IV, reggente (*balius*) in Italia e nel Regno di Sicilia.

La morte di Federico provocò tumulti nel Regno di Sicilia, gravato economicamente da pesanti oneri; i ribelli furono sostenuti da papa Innocenzo IV con privilegi. Il diciottenne Manfredi assunse allora la reggenza con inattesa energia; lasciò al fratello Enrico l'amministrazione della Sicilia e della Calabria, mentre egli stesso, col marchese Bertoldo di Hohenburg, represse i tumulti in Puglia. Non ebbe però successo in Terra di Lavoro, contro Capua e Napoli. Nell'estate 1251 intraprese trattative con Innocenzo IV, che però non portarono a nulla.

Nell'autunno 1251 Manfredi tornò in Puglia per organizzare la traversata di suo fratello Corrado IV, che ai primi di gennaio 1252 fu accolto a Siponto con onori regali. I due allora sottomisero definitivamente il Regno: Capua e Napoli capitolarono, i conti di Caserta e Aquino si arresero. I rapporti tra Corrado e Manfredi peggiorarono però rapidamente, probabilmente a causa di attriti con gli ambiziosi Lancia, parenti di Manfredi, che Corrado IV espropriò dei beni e bandì dal Regno. Quando essi si rifugiarono presso la sorella di Manfredi, Costanza, moglie dell'imperatore di Nicea Giovanni Vatatzes, egli pretese che venissero scacciati. La posizione di Manfredi fu indebolita dalla revoca dell'*Honor* di Monte Sant'Angelo e dal ridimensionamento del Principato di Taranto, mentre Corrado favoriva Bertoldo di Hohenburg e i suoi tedeschi. Per questo molti baroni locali spinsero Manfredi a opporsi al fratello. Quando Corrado morì improvvisamente presso Lavello il 21 maggio 1254 alla vigilia della sua campagna in Italia, corse voce che Manfredi, che si trovava presso di lui, lo avesse fatto avvelenare.

Prima di morire, Corrado IV aveva nominato reggente per suo figlio Corradino non Manfredi, bensì Bertoldo di Hohenburg, ma Manfredi costrinse quest'ultimo in breve tempo a cedergli la reggenza; sotto la pressione dei suoi seguaci, però, dovette trovare un accordo con Innocenzo IV. Il 27 settembre 1254 il papa, in quanto signore feudale del Regno, confermò Manfredi come principe di Taranto, dandogli la contea di Montescaglioso in cambio di Andria, e gli assegnò il vicariato del Regno, esclusi gli Abruzzi, la Terra di Lavoro e l'isola di Sicilia; in luogo delle rendite del Regno Manfredi ricevette solo un modesto appannaggio annuo. Egli, tuttavia, vide tutelata la sua posizione come reggente e il suo diritto alla successione al trono dopo Corradino. Anche per il papa questo risultato fu un compromesso, perché dovette accettare la posizione dell'odiato Svevo.

Quando Innocenzo IV l'11 ottobre 1254 giunse nel Regno, a Ceprano, per tenere una Dieta a Capua, Manfredi funse da *strator* e prestò anche il giuramento di fedeltà. I rapporti tra i due peggiorarono presto perché il papa, in quanto signore feudale del Regno, ne avocò a sé il governo e con la diretta concessione di innumerevoli privilegi indebolì la posizione del suo vicario. Questo ferì l'orgoglio di Manfredi che, come Svevo, recava anche sul sigillo le sue origini imperiali (*Friderici filius*, *Regesta Imperii*, V, 1, 4635, dicembre 1250) e reclamava la preminenza sulla nobiltà del Regno. Si giunse alla rottura quando i seguaci di Manfredi - certamente con la sua approvazione - uccisero, fra Teano e Capua, Borrello d'Anglona, con il quale Manfredi aveva una contesa sulla contea di Lesina, e che lo aveva offeso. Anziché discolparsi personalmente davanti al tribunale del papa, Manfredi fuggì e, con una avventurosa cavalcata attraverso l'Appennino, il 2 novembre raggiunse Lucera inseguito dai suoi nemici. I Saraceni, fedeli amici di suo padre, lo accolsero con entusiasmo e gli consegnarono il tesoro reale. In possesso di quella cittadella sveva e delle sue temibili truppe, egli conquistò Foggia il 2 dicembre e costrinse i suoi nemici, il legato papale e Bertoldo di Hohenburg, a ritirarsi dalla Capitanata.

Innocenzo IV morì a Napoli il 7 dicembre e - mentre il suo debole successore Alessandro IV il 25 marzo 1255 lanciava la scomunica contro Manfredi, i suoi parenti e i suoi seguaci e si adoperava inutilmente per riattivare la candidatura al trono di Edmondo d'Inghilterra - Corradino, il 25 aprile 1255, riconobbe come proprio reggente Manfredi che proseguì la sottomissione del Regno. Nell'accordo del 20 agosto 1255 egli costrinse il legato Ottaviano degli Ubaldini e Bertoldo di Hohenburg ad abbandonare definitivamente la Puglia con il loro esercito crociato. Le truppe di Manfredi scacciarono nel 1255 il governatore della Sicilia e della Calabria, Pietro Ruffo, conte di Catanzaro, che si era schierato dalla parte del papa. Il magnate siciliano Enrico de Abate nel 1256 conquistò Palermo e prese prigioniero il capo delle truppe pontificie, Rufino. Manfredi aveva così in suo potere la maggior parte del Regno.

Già il 2 febbraio 1256 nella Dieta di Barletta Manfredi poté regolare i conti con i suoi nemici: Pietro Ruffo, fuggito in esilio, fu condannato a morte e ucciso nel 1257 a Terracina per ordine di Manfredi; suo nipote Giordano Ruffo fu accecato e morì per le ferite; Bertoldo di Hohenburg, che si era arreso a Manfredi, fu condannato al carcere a vita e comunque morì poco dopo. Del rigore di Manfredi furono vittime anche Marino da Eboli con suo figlio Riccardo, Domenico Francesco, Tommaso da Oria, Ruggero di Morra - che fu accecato - e altri. La fama di Manfredi divenne pertanto così inquietante che nel 1257 Riccardo di Cornovaglia mise in guardia dagli assassini di Manfredi non solo la Curia, ma anche la corte inglese, con le quali Manfredi manteneva rapporti. A Barletta Manfredi ricompensò, inoltre, parenti e alleati: Galvano Lancia divenne gran maresciallo e conte del Principato di Salerno, suo fratello Federico Lancia ebbe confermata la contea di Squillace e divenne vicario per la Sicilia e la Calabria. Nei mesi successivi caddero anche le ultime resistenze al dominio di Manfredi. Nel 1257 naufragò definitivamente la candidatura inglese al trono, che comportava costi troppo elevati.

All'inizio del 1258 Manfredi intraprese il grande viaggio verso la Sicilia che nel 1257 aveva dovuto interrompere, forse a causa di una malattia. In quel tempo si diffuse la voce che Corradino era morto; Manfredi, secondo la diffusa opinione all'origine di tale voce, ne approfittò per realizzare le sue aspirazioni al trono. L'incoronazione di Manfredi a re di Sicilia ebbe luogo domenica 11 agosto 1258, nel duomo di Palermo. Con la scelta della chiesa - tradizionale sede delle incoronazioni e anche luogo di sepoltura dei sovrani di Sicilia - Manfredi dimostrò la continuità e la legittimità del suo regno anche con una cerimonia di tipo tradizionale. La sacra unzione di Manfredi, ancora colpito da scomunica, fu compiuta dall'arcivescovo Rainaldo di Agrigento che celebrò anche la messa dell'incoronazione; fu incoronato dagli arcivescovi Cesario di Salerno, Anselmo di Acerenza e Benvenuto di Monreale, assistenti furono l'arcivescovo di Sorrento e l'abate Riccardo di Montecassino. Tutti questi furono scomunicati dal papa il 10 aprile 1259, come anche i più stretti consiglieri di Manfredi, il conte Riccardo di Caserta, Tommaso d'Aquino conte di Acerra, Federico e Galvano Lancia. Poiché non tutti i nobili e gli ecclesiastici avevano risposto alla chiamata all'incoronazione e molti anche a Palermo cercarono di sottrarsi alla partecipazione, fu chiaro che, nonostante il giuramento di fedeltà e i sigilli apposti all'atto di incoronazione, Manfredi per una vasta cerchia era un usurpatore sicché il Regno era diviso.

Dopo la definitiva rottura col papa e con Corradino, Manfredi per rafforzare il suo potere in Italia intensificò il sostegno che già da tempo accordava ai ghibellini. Rinnovò i suoi buoni rapporti con Brancaleone Andalò, nel maggio 1257 nuovamente eletto senatore di Roma; Siena e i ghibellini fiorentini esiliati ricevettero il suo aiuto e, nel luglio 1258, Manfredi appoggiò il tentativo di colpo di Stato ghibellino a Firenze di Ottaviano degli Ubaldini. Nel 1258 inviò truppe in Toscana e alla fine dell'anno Giordano d'Anglano, suo cugino, vicario generale della Toscana, si insediò a Siena. Dal 1257 Manfredi sostenne militarmente con successo Fermo e Jesi. Nel 1258 stanziò truppe a Piacenza, a disposizione del suo parente Ubertino de Andito, e rafforzò gli antichi rapporti col marchese Oberto Pelavicino che nel 1258 confermò vicario generale imperiale in Lombardia.

Le repubbliche marinare di Genova (luglio 1257) e Venezia (settembre) strinsero con Manfredi accordi con i quali assicuravano il loro aiuto in cambio di numerosi privilegi commerciali e nuovi insediamenti nel Regno; Venezia gli restituì gioielli del valore di 25.000 lire d'argento che Bertoldo di Hohenburg aveva depositato lì e Genova gli consegnò un trono che a suo tempo Federico II aveva lasciato in pegno. Manfredi entrò così in possesso di preziose insegne del potere. Il capolavoro diplomatico che gli permise di accordarsi contemporaneamente con le due città rivali gli costò però il sostegno di Pisa.

Manfredi fu anche patrono della grande lega ghibellina dell'Italia settentrionale realizzata l'11 giugno 1259 tra nobili e Comuni da Pelavicino che in settembre sconfisse il nemico di Manfredi, Ezzelino da Romano, morto poi per le ferite. Il 4 settembre 1260, grazie alle truppe di Manfredi, Siena inflisse ai guelfi fiorentini a Montaperti una sconfitta così dura che essi dovettero abbandonare la città ai loro nemici ghibellini. Conseguentemente anche in Toscana si formò una lega ghibellina. La Marca di Ancona era ancora ampiamente nelle mani degli Svevi. Roma manteneva buoni rapporti con Manfredi anche dopo la morte di Brancaleone; nell'estate 1260 seguaci di Manfredi uccisero a Roma gli inviati di Corradino presso la Curia, che intendevano contestare la posizione di Manfredi. Il loro capo fu ricompensato per questo con la contea di Catanzaro. Alla fine del 1260 Manfredi fu finalmente eletto dai suoi seguaci senatore di Roma, ma non riuscì comunque a prendere possesso della città.

Nel Regno di Sicilia Manfredi governò con rinforzata autorità. Già nell'autunno 1258 durante un'assemblea a Barletta, in forza del diritto personale, egli procedette alla concessione di numerosi feudi. Alla Dieta di Foggia dell'aprile 1259 stabilì nuove leggi e riformò l'amministrazione che, pur rimanendo fedele ai principî stabiliti da Federico II, fu modernizzata e resa più severa nei dettagli. Così fu regolamentato *ex novo* l'obbligo da parte dei funzionari di tenere libri contabili e presentare rendiconti da consegnare all'ufficio del maestro razionale allora appositamente creato. Furono allora richiesti i resoconti contabili che non erano stati presentati. Con la riforma dell'amministrazione finanziaria i camerari divennero in tutto il Regno "secreti", con ridotte competenze giurisdizionali. In pari tempo si iniziò una parziale verifica della titolarità dei feudi e degli obblighi connessi. Furono compilati un nuovo ordinamento della Cancelleria e nuovi regolamenti per i funzionari. L'archivio della corte fu portato a Melfi. Il consiglio dei *familiares* fu legato più strettamente al governo.

Manfredi promosse anche lo sviluppo economico; su richiesta del suo familiare Giovanni da Procida concesse a Salerno il privilegio di tenere una fiera e di ampliare il porto. Diede impulso anche allo sviluppo di Palermo e di altre città. Nonostante l'impegno per l'efficienza e il controllo, Manfredi si sforzò di mantenere la continuità con i suoi predecessori: i privilegi concessi da suo padre furono confermati, tutelati i diritti ereditari, anche ecclesiastici; corruzione e abusi furono eliminati, per quanto era possibile. A garanzia della continuità Manfredi conservò i leali e fidati collaboratori di suo padre, ai quali aggiunse i suoi parenti materni che, nonostante l'avidità, non erano privi di competenza ed esperienza. Accanto ai Lancia si trovavano elementi locali, come i Maletta, i Capece, i Filangieri, i Dragona, i Rebursa.

Con l'unione tra grandi feudi e alte cariche i seguaci e parenti di Manfredi favorirono il processo di feudalizzazione e oligarchizzazione del Regno. Gli stessi nemici di Manfredi dovettero riconoscere - nonostante le lamentele per la pesante pressione fiscale - che egli governò il Regno con giustizia e mantenne la pace interna.

Fu inoltre incoraggiata la continuazione della brillante cultura di corte: le grandiose feste in occasione delle Diete avevano funzione non solo di divertimento, ma anche di integrazione tra la popolazione del Regno. Lo stesso Manfredi si dedicò alla poesia lirica e alla musica, come anche suo zio Galvano Lancia e a corte, tra gli altri poeti d'occasione, soggiornarono anche numerosi artisti tedeschi. Fin dalla giovinezza Manfredi,fu appassionato di caccia. Lagopesole e gli altri castelli pugliesi erano i luoghi preferiti per questo intrattenimento regale.

Manfredi eguagliò Federico II anche per l'interesse per la scienza. Rielaborò l'opera di Federico *De arte venandi cum avibus* aggiungendo integrazioni personali, non certo di grande importanza, perché evidentemente tempo e mezzi non bastavano per la prosecuzione delle ricerche ornitologiche con l'ampiezza di un tempo. Le integrazioni di Manfredi sono edite nel *De arte venandi cum avibus*, di Federico II, a cura di C.A Willemsen, pubblicato a Lipsia nel 1942.

Nel 1255, nel corso di una malattia che mise a rischio la sua vita, tradusse dall'ebraico lo scritto pseudoaristotelico *Liber de pomo*. Come Federico II, Manfredi ebbe fama di poliglotta ma rimane questione aperta, per esempio, quanto conoscesse l'arabo, visto che per i suoi rapporti con i Saraceni di Lucera nel 1254 ebbe comunque bisogno di un interprete. I suoi interessi erano estesi e comprendevano, oltre la matematica e le scienze naturali, anche la filosofia, la teologia, l'astronomia e, non ultima, l'astrologia.

Il desiderio di sapere lo spinse nel 1261 a una disputa col dotto Pietro di Ibernia sulla questione della finalità della natura. Nel 1258 o 1259 egli fece riaprire l'Università di Napoli. Presso la corte erano attivi traduttori come Bartolomeo da Messina, che tradusse molte opere soprattutto aristoteliche e pseudoaristoteliche, tra cui un trattato di ippiatria, e Stefano da Messina che tradusse lo scritto astronomico *Centiloquium Hermetis*. Dai fondi della biblioteca di corte, accresciuti in questo modo, l'Università di Parigi e forse anche quella di Bologna ricevettero libri in dono.

L'opera storiografica del cosiddetto Niccolò de Jamsilla (la cronaca dalla ascesa di Manfredi sino al 1258), nasce anch'essa nell'ambito della cultura di corte. Djemal ed-Din, ambasciatore del sultano egiziano, rimase così impressionato della cultura di Manfredi che giunse a dedicargli un suo trattatello di logica.

Dopo la Dieta di Foggia del 1259 Manfredi assoggettò con una breve campagna militare estiva la città dell'Aquila, come sempre ribelle, e nell'estate 1260 Erice che, dopo l'uccisione del capitano generale di Sicilia Federico Maletta, parente di Manfredi, si era ribellata con l'aiuto del papa. Il Regno era così pacificato. Le città che si erano ribellate agli Svevi ai tempi della reggenza - per avere, con privilegi papali, maggiore autonomia e tasse più basse - si sottomisero adesso al re; gli strati sociali più elevati di queste città colsero l'occasione per una ascesa sociale con l'acquisizione di cariche amministrative e di *status* nobiliare, come i Rufolo e i Della Marra. I vescovi e abati che erano rimasti nel Regno per la maggior parte accordarono alla fine il loro sostegno a Manfredi, anche se non sempre di loro spontanea volontà, ma spesso per opportunismo e con la segreta preoccupazione di sanzioni papali.

Fra il 1249 e il 1257 morì Beatrice, moglie di Manfredi, che nel 1249 gli aveva dato la figlia Costanza. Egli sposò quindi Elena, figlia di Michele degli Angeli, despota dell'Epiro, probabilmente all'inizio del 1258, in quanto Elena fu incoronata certamente insieme con lui; portò in dote Corfù, Durazzo, Avlona e Butrinto sulla costa orientale dell'Adriatico, che Manfredi aveva già occupato. Dal matrimonio nacquero Beatrice, Enrico, Federico e Azzolino. Manfredi ebbe anche una figlia naturale, Flordelis. La figlia Costanza il 13 giugno 1262 sposò l'erede al trono aragonese Pietro; le nozze erano state concordate tra Manfredi e Giacomo I d'Aragona il 28 luglio 1260, nonostante le proteste del papa.

Con questi matrimoni Manfredi aveva esteso la sua politica dall'Italia al Mediterraneo che, dopo la separazione del Regno dall'Impero, era diventato il campo di azione favorito della politica siciliana. Nel 1259 Manfredi sostenne il suocero nella guerra contro il nuovo signore di Nicea, Michele VIII Paleologo, ma i suoi 400 cavalieri non poterono impedire la disfatta del despota a Pelagonia. Questo cambiamento di alleanza significò la rottura con l'antico alleato e Michele VIII nel 1262 rimandò in Sicilia la sorella di Manfredi, Costanza, vedova del suo predecessore.

Manfredi ebbe buoni rapporti col mondo arabo: con gli *Assassini* in Siria e con l'Egitto, anche dopo il colpo di Stato dei Mamelucchi. L'emiro di Tunisi continuò a pagare il tributo. Ai successi di Manfredi la Curia aveva ben poco da opporre, e quando il 25 maggio 1261 Alessandro IV morì a Viterbo Manfredi era al culmine della sua potenza.

Il suo successore Urbano IV, eletto il 29 agosto, si propose di definire i rapporti nel Regno di Sicilia con l'esclusione di Manfredi, prima della realizzazione della crociata. Manfredi nell'autunno propose al papa negoziati che furono rifiutati nonostante la mediazione dell'imperatore latino di Costantinopoli Baldovino II che, dopo la sua cacciata, si era avvicinato a Manfredi. Il 6 aprile 1262 Manfredi venne convocato per il 1 agosto dal papa per essere sottoposto a un processo per eresia davanti alla Curia. Manfredi reagì il 18 giugno con l'offerta di versare una tantum alla Curia, per il suo riconoscimento come re, l'enorme somma di 300.000 onze d'oro e 10.000 onze d'oro l'anno come tributo feudale, ma ottenne solo un rinvio del processo all'11 novembre. Questo gli diede comunque il tempo, dopo la partenza di sua figlia Costanza il 28 aprile per il matrimonio in Aragona, per combattere in Sicilia la rivolta di Giovanni de Coclearia. Questo eremita dell'Etna si spacciava per Federico II ed era sostenuto dal marchese di Catanzaro Pietro II Ruffo e da Urbano IV. Manfredi catturò il falso Federico e lo fece impiccare a Catania nell'estate 1262. Nel frattempo il papa dal marzo 1262 era in trattative col conte Carlo d'Angiò, fratello del re di Francia Luigi IX, per l'investitura feudale del Regno di Sicilia. Luigi IX, che aveva già rifiutato questa offerta per uno dei suoi figli, era contrario al progetto per motivi sia giuridici, sia pratici: riteneva dubbio il modo di procedere del papa e sperava evidentemente nel sostegno di Manfredi per la crociata. Egli, come Giacomo d'Aragona, fece pressione su Urbano IV per costringerlo a intraprendere trattative con Manfredi il quale alla fine di novembre 1262 giunse a Orvieto. Le trattative però naufragarono subito per l'inaccettabile e irrealizzabile richiesta del papa di far tornare gli esiliati e restituire loro i beni espropriati. Manfredi tornò in Puglia e il 29 marzo 1263 il papa gli rinnovò la scomunica.

Luigi IX alla fine fece cadere l'opposizione alle trattative di suo fratello perché la Curia sostenne - mentendo - che Manfredi era responsabile del fallimento delle trattative. Al papa servirono ancora due anni di dura lotta perché Carlo d'Angiò sottoscrivesse l'accordo per la sua investitura del Regno di Sicilia: divenne allora inevitabile che la questione del trono siciliano fosse decisa sul campo.

Le scarse fonti in proposito non registrano nulla a proposito dell'attività di Manfredi in quel critico anno 1263: mentre le sue truppe nelle Marche difendevano la loro posizione, sembra che egli abbia proseguito la sua azione di governo. All'inizio di agosto fallì la sua candidatura all'ufficio di senatore di Roma; i Romani scelsero Carlo d'Angiò, a cui procurarono un'importante testa di ponte che egli fece dapprima governare da un vicario. In novembre Manfredi fondò, ai piedi del Gargano, Manfredonia, al posto dell'insalubre Siponto.

In vista dell'incombente arrivo di Carlo d'Angiò, nel 1264 Manfredi prese energiche misure a difesa del suo dominio. In primavera con la flotta diede il suo sostegno a Marsiglia che si era ribellata, senza successo, a Carlo. In aprile convocò una Dieta a Napoli. Per verificare gli obblighi feudali e passare in rassegna la disponibilità militare della nobiltà fu stabilito un nuovo catalogo dei feudi. Allo stesso tempo Manfredi aprì l'offensiva contro Roma e Orvieto, dove risiedeva il papa, e anche contro Perugia, operazioni che furono un totale disastro. L'offensiva contro Roma rimase bloccata nel sud della Campagna. La spedizione contro Orvieto attraverso il Ducato di Spoleto fallì perché il comandante Percivalle Doria annegò nella Nera e le truppe pontificie costrinsero il suo esercito, ormai senza guida, a ripiegare verso Rieti.

Solo la guerricciola condotta da Pietro di Vico, con soldati tedeschi, nel nord della *Campagna* portò a Manfredi qualche successo. Egli si limitò quindi a protestare, nel luglio, contro le trattative della Curia con Carlo d'Angiò e la calunniosa predicazione della crociata. Urbano IV però non si sentiva più sicuro a Orvieto e si affrettò a Perugia, dove giunse già ammalato e dove morì il 2 ottobre.

Manfredi ordinò nuovamente un'intensa vigilanza sulle vie di comunicazione terrestri e marittime per Roma.

Si è detto come Carlo sbarcasse a Ostia con una piccola flotta, senza che le forze navali di Manfredi riuscissero a intercettarlo, ed entrasse in Roma il 20 o il 21 maggio 1265.

Nell'inverno giunse anche il suo esercito, senza che i ghibellini, che stavano abbandonando Manfredi, ne ostacolassero seriamente la marcia.

Il 6 gennaio 1266 Carlo fu incoronato re di Sicilia e il 20 gennaio si mise in marcia per conquistare il Regno.

Adesso anche Manfredi si mosse per dare battaglia all'usurpatore e difendere il proprio regno.

Stemma del regno di Sicilia sotto la Casa di Svevia, con l'aquila sveva in campo d'argento- nello stemma imperiale l'aquila era in campo d'oro.

LA BATTAGLIA DI BENEVENTO, 26 FEBBRAIO 1266.

"Venus est le iors ce nos avons tant desiré"

(Carlo d'Angiò, in G. Villani, *Nuova Cronica*, VIII, VIII)

Solo la presenza di un esercito francese in Italia aveva indotto Manfredi ad attivarsi e a provvedere alla difesa del suo regno. A partire dal dicembre 1265 – ma sempre troppo tardi –, aveva fatto arrivare rinforzi dalla Germania, assoldato mercenari, radunato i contingenti saraceni e promosso la leva feudale, la più infida, quest'ultima, per via dello scarso entusiasmo che dimostravano nei suoi confronti i baroni normanni.

All'inizio del 1266 Manfredi rafforzò in modo consistente le guarnigioni nelle cittadelle di Rocca d'Arce e San Germano e si acquartierò a Capua, fortificata da poco, con un esercito di 5000 cavalieri e 10.000 saraceni in totale. Lo scopo dello Svevo era di bloccare la più importante strada di ingresso nel Regno, difendendo allo stesso tempo anche l'importante porto di Napoli e tenendo sotto controllo l'irrequieta Terra di Lavoro.

Il sovrano provvide inoltre a rinforzare le guarnigioni del confine settentrionale, che lungo il Liri era presidiato da un folto numero di castelli; in particolare, come detto, concentrò le difese su Rocca d'Arce e San Germano, che affidò rispettivamente al cognato, il conte di Caserta Riccardo, e a Giordano d'Anglano.Manfredi, attese l'invasione a Capua.

Infine, diede disposizione al proprio nipote, Corrado d'Antiochia, che agiva nelle Marche e negli Abruzzi, di raggiungerlo a sud con tutte le forze a disposizione.

Tuttavia, sebbene Carlo d'Angiò fosse rimasto a Roma per lungo tempo, la campagna vera e propria degli Angioini era durata appena un trimestre, accorciando i tempi a disposizione di Manfredi per fronteggiare l'invasione; i rinforzi dei comuni ghibellini delle Marche non giunsero mai a Manfredi. Carlo, infatti, era consapevole di non poter sprecare le proprie risorse per mantenere l'esercito inattivo a Roma, e non perse tempo quando se lo ritrovò a disposizione.

Senza attendere l'arrivo della buona stagione, Carlo partì il 20 gennaio, mentre i cardinali che avevano partecipato alla sua incoronazione in Campidoglio ottemperavano a tutte le procedure previste per una crociata, impartendo l'assoluzione ai soldati; il cerimoniale terminò quando il condottiero uscì dalle mura della città lungo la via Latina, ricevendo la benedizione e il bacio dei prelati, che si inginocchiarono al suo cospetto; il conte Guido Guerra dei Guidi, *Capitaneus pro Ecclesia* innalzava il gonfalone della Chiesa accanto alle insegne di Francia e di Provenza.

Accompagnavano Carlo due cardinali nella qualità di legati apostolici, Ottaviano e Riccardo Annibaldeschi del titolo di S. Angelo. Giunti al confine del regno di Napoli, a Colonnella, oggi Colonnella Patrascia, il cardinale Ottaviano si fermò e rivolto a Carlo esclamò: *Di qua in avanti è il tuo Regno*; benedettolo col segno della croce soggiunse: *Vai con Dio*, e ritornò a Roma, mentre il cardinale Annibaldeschi segui Carlo per predicare la crociata contro lo scomunicato Manfredi, nemico di Santa Romana Chiesa.

L'esercito angioino percorse la via Latina, ma anziché proseguire verso Capua, toccò Anagni e Frosinone, prima di giungere a Ceprano sul Liri, che segnava la frontiera tra gli stati del papa ed il regno di Sicilia. Carlo non trovò nessuno a presiedere il ponte sul fiume, la cui vigilanza ricadeva sotto la responsabilità di Riccardo di Caserta, e potè così entrare negli Abruzzi senza colpo ferire; né trovarono difficoltà a entrare nella Rocca d'Arce. Rimprovererà Dante:

A Ceperan, là dove fu bugiardo
Ciascun Pugliese[4].

Appena più complessa si rivelò la conquista di San Germano dove il conte Gerardo d'Anglano, il vincitore di Montaperti, aveva schierati 6000 uomini. Gli Angioini rimasero davanti alle mura della fortezza per qualche giorno, in attesa dell'arrivo delle macchine da assedio da Roma; ma poi il 10 uno squadrone di cavalieri ghibellini, uscito dalla roccaforte per abbeverare i cavalli, offrì l'occasione per uno scontro, che si trascinò entro le mura a causa di una porta dimenticata aperta.
Gli Angioini che riuscirono a entrare furono ricevuti da una pioggia di dardi, ma uno di loro riuscì a raggiungere gli spalti, issandovi la bandiera gigliata, ciò che provocò il crollo del morale dei difensori, alcuni dei quali aprirono tutte le porte per favorire la fuga, permettendo l'ingresso del resto dell'esercito di Carlo;.coloro che tentarono di resistere vennero massacrati.
La conquista di San Germano fruttò a Carlo un cospicuo bottino, e si accompagnò alla rapida occupazione di ben 32 roccheforti che avrebbero dovuto rappresentare la cintura difensiva su cui faceva affidamento Manfredi per guadagnar tempo; la loro caduta permise al suo antagonista di assumere il controllo di gran parte della Terra di Lavoro, corrispondente alla parte più settentrionale del regno. La marcia francese continuò spedita verso il Volturno, poi virò verso l'interno, per aggirare lo sbarramento di Manfredi a Capua. Carlo optò infatti per la penetrazione attraverso la zona montuosa del Sannio, passando per Alife e Telese, ma fu anticipato dall'avversario, che lo seppe in tempo e si mosse alla volta di Benevento, per sbarrargli la strada una volta sceso dalle montagne.
La strategia di Manfredi, ormai, era saltata.
Il dispositivo difensivo di frontiera non aveva retto, favorendo la rapidità di movimento di Carlo e privando il re di Sicilia del tempo necessario a procurarsi altre truppe. Egli avrebbe potuto attestarsi ancor più a sud, in attesa degli altri rinforzi che gli dovevano giungere dalla Puglia e dalle Marche; ma ogni ulteriore arretramento sarebbe costato al re svevo altre porzioni di regno e la stessa Napoli, che non intendeva perdere. Sebbene fosse sovrano di un regno che avrebbe potuto assicurargli un esercito ben più imponente, paradossalmente Manfredi era obbligato ad affrontare la battaglia decisiva con un esercito pari a quello di un avventuriero, e perfino inferiore in effettivi a quanto Firenze era stata in grado di schierare a Montaperti sei anni prima. Tutto sommato, la spinosa situazione in cui si era venuto a trovare era dovuta tanto alla brillante strategia angioina quanto alla sua inerzia.
Gli invasori arrivarono in prossimità di Benevento il 25 febbraio, stremati, con parte delle salmerie e delle bestie da soma perdute lungo i passi innevati: isolati in quella terra nemica, scrive Gregorovius, non restava loro altra scelta che vincere o morire. Avvistarono l'esercito svevo attestato a nord della città, dietro il fiume Calore, in una località chiamata Grandella, o Santa Maria della Gandella. Probabilmente il re di Sicilia aveva ragione di considerare inaffidabili le proprie truppe, oppure riteneva di poter approfittare della

---

[4]*Inf.*, XXVIII, 16-17.

stanchezza degli avversari; fatto sta che non provò neanche ad attendere che il nemico attaccasse la sua vantaggiosa posizione, né lasciò trascorrere altro tempo per ricevere i rinforzi attesi o per lasciare che l'esercito avversario fosse decimato dalla fame.

Il giorno seguente, infatti, Manfredi iniziò ad attraversare il Calore sul solo ponte esistente in quel punto, il ponte Valentino, un manufatto angusto che permetteva il passaggio di poche truppe alla volta, rendendo le operazioni molto lente e sfilacciando l'armata[5]. Una volta sulla sponda opposta, dove si schieravano a battaglia, i suoi perdevano anche il vantaggio della posizione, trasferendosi su un terreno che, risalendo gradualmente verso le pendici montane, conferiva un ulteriore vantaggio alla cavalleria avversaria.

Il sovrano svevo schierò d'avanguardia i suoi arcieri saraceni, poi dispose tre linee successive di cavalleria, la prima costituita da 1200 tedeschi e affidata a Giordano d'Anglano, la seconda da un migliaio di mercenari lombardi e toscani, oltre a qualche centinaio di saraceni, al comando di Galvano Lancia conte di Salerno e di Bartolomeo Semplice, e la terza da oltre un migliaio di leve feudali siciliane, sotto il suo diretto comando. Il suo stato maggiore, che cavalcava al suo fianco ma non godeva della sua piena fiducia in tutti gli elementi, era composto dagli infidi cognati Riccardo di Caserta e Tommaso d'Acerra, oltre che dal suo camerlengo Manfredi Maletta e dal suo amico Tebaldo Annibaldi.

Così scrive il Villani nella *Nuova Cronica*:

Come lo re Manfredi andò a Benivento, e come ordinò sue schiere per combattere col re Carlo.

Lo re Manfredi intesa la novella della perdita di San Germano, e tornandone la sua gente sconfitti, fu molto isbigottito, e prese suo consiglio quello ch'avesse a·ffare, il quale fu consigliato per lo conte Calvagno, e per lo conte Giordano, e per lo conte Bartolomeo, e per lo conte camerlingo, e per gli altri suoi baroni ch'egli con tutto suo podere si ritraesse alla città di Benivento per forte luogo, e per avere la signoria di prendere la battaglia a sua posta, e per ritrarsi inverso Puglia, se bisognasse, e ancora per contradiare il passo al re Carlo, imperciò che per altra via non potea entrare in Principato e a Napoli, né passare in Puglia se non per la via di Benivento; e così fu fatto. Lo re Carlo sentendo l'andata di Manfredi a Benivento, incontanente si partì da San Germano, per seguirlo con sua oste, e non tenne il cammino diritto di Capova, e per Terra di Lavoro, imperciò che al ponte di Capova non avrebbe potuto passare, per la fortezza ch'è in su il fiume delle torri del ponte, e il fiume è grosso; ma si mise a passare il fiume del Voltorno presso a Tuliverno, ove si può guadare, e tenne per la contrada d'Alifi, e per aspri cammini delle montagne di beneventana, e sanza soggiorno, e con grande disagio di muneta e di vittuaglia, giunse all'ora di mezzogiorno a piè di Benivento, alla valle d'incontro alla città, per ispazio di lungi di due miglia alla riva del fiume di Calore, che corre a piè di Benivento. Lo re Manfredi veggendo apparire l'oste del re Carlo, avuto suo consiglio, prese partito del combattere, e d'uscire fuori a campo con sua cavalleria, per assalire la gente del re Carlo anzi che si riposassono; ma in ciò prese mal partito, che se fosse atteso uno o due giorni, lo re Carlo e sua oste erano morti e presi sanza colpo di spada, per difalta di vivanda per

---

[5]La citazione del nome del passaggio sul Calore presso il quale si svolse la battaglia di Benevento compare solamente negli *Annales Siculi*, indicato come "ponte Valentino": *Et postmodum idem comes* [di Provenza, ossia Carlo: il cronista, di parte sveva, non chiama mai l'Angiò *rex*] *cum exercitu suo venit apud pontem Valentinum in partibus Beneventi.*

loro e per gli loro cavagli; ché 'l giorno dinanzi che giugnessono a piè di Benevento, per nicessità di vittuaglia, molti di sua oste convenne vivesse di cavoli, e' loro cavagli di torsi, sanza altro pane, o biada per gli cavagli, e la moneta per dispendere era loro fallita. Ancora era la gente e forza del re Manfredi molto sparta, che messer Currado d'Antioccia era in Abruzzi con gente, il conte Federigo era in Calavra, il conte di Ventimiglia era in Cicilia: che se avesse alquanto atteso crescevano le sue forze; ma a cui Iddio vuole male gli toglie il senno. Manfredi uscito di Benevento con sua gente, passò il ponte ch'è sopra il detto fiume di Calore, nel piano ove si dice Santa Maria della Grandella, il luogo detto la pietra a Roseto; ivi fece tre battaglie overo schiere: l'una fu di Tedeschi di cui si rifidava molto, e erano bene MCC cavalieri, ond'era capitano il conte Calvagno; la seconda era di Toscani e Lombardi, e anche Tedeschi, in numero di M cavalieri, la quale guidava il conte Giordano; la terza fu de' Pugliesi co' Saracini di Nocera, la quale guidava lo re Manfredi, la quale era di MCCCC cavalieri, sanza i pedoni e gli arcieri saracini ch'erano in grande quantità.

Il venerdì, dalle alture di Capraria dove l'esercito angioino si era accampato, Carlo ebbe l'ulteriore vantaggio di poter osservare la disposizione nemica e agire di conseguenza.
Si vedeva da quell'altura la campagna bagnata dai fiumi Calore e Sabato, ed in essa si scorgevano le lunghe file di fanti, e gli squadroni di pesante cavalleria tedesca, e i saraceni di Lucera schierati in ordine di battaglia. Entrambe le parti avevano urgenti motivi di affrettare la battaglia. Mancanza intollerabile di tutto il necessario stimolava le truppe di Carlo; in mezzo alla terra nemica, non rimaneva ad esse altra scelta che vincere o morire. Manfredi poi vedeva innanzi a sé il nemico fiaccato dalle lunghe marce, affamato, mal equipaggiato; ma intorno aveva anche facce di traditori, e di dietro le Puglie che già si ribellavano. Parecchi conti abbandonavano in segreto le sue file; altri rifiutavano il vassallaggio dovuto, sotto pretesto che dovevano andare a sorvegliare i loro castelli, altri aspettavano il momento della lotta per vendere il loro re. Anch'egli dunque doveva vincere o morire.
Nella notte del giovedì si erano uniti a Manfredi ottocento cavalieri tedeschi; sicché, rianimato, il re convocò al consiglio di guerra i suoi generali. Intorno a sé aveva i conti della famiglia dei Lancia, che alla sua corte tenevano i massimi onori; erano fratelli o congiunti di sua madre Bianca, e si chiamavano Galvano, Giordano, il vincitore di Montaperti, Federico, Bartolomeo e Manfredi Malecta; il sovrano aveva convocato anche alcuni cavalieri ghibellini di Firenze e il nobile romano Teobaldo degli Annibaldi.
Il consiglio di guerra era contrario ad attaccare, e propose a Manfredi, cui spettava comunque l'ultima parola, di evitare di dar battaglia fino a che fossero giunti ulteriori rinforzi, perché Corrado di Antiochia, nipote di Manfredi, si trovava ancora negli Abruzzi, ed altre truppe dovevano arrivare dal sud. Se si fosse adottata questa decisione, l'esercito di Carlo sarebbe stato indebolito dalla fame e forse costretto alla ritirata; ma il tempo incalzava, forse anche era di sprone a Manfredi l'onore cavalleresco e specialmente non gli conveniva fidarsi più dei traditori neanche un giorno solo. Manfredi pertanto decise di dare battaglia; e questa fu opera dettata dalla disperazione tanto per Carlo quanto per lui. Il suo astrologo aveva fatto l'oroscopo, e assicurato che l'ora era fausta.
L'esercito angioino inquadrava seicento cavalieri, feudatari minori provenienti dalla campagna, sejeants, cavalieri non nobili ma veterani, ed erano circa 2.400; così Carlo poteva disporre di tremila cavalieri, oltre a circa 9000 tra fanti e *ribaldi* (ausiliari a piedi) cui andavano aggiunti circa un migliaio di guelfi italiani, tra cui 400 fuorusciti fiorentini

capeggiati da Guido Guerra, *Capitaneus pro Ecclesia*, e qualche migliaio di *pedites* romani, per un totale di circa quindicimila uomini.

Manfredi disponeva, da parte sua, di quattromila cavalieri, in buona parte tedeschi ma anche pugliesi e siciliani, oltre a ghibellini toscani agli ordini del conte d'Anglano ed a diecimila saraceni di Lucera.[6] .

Carlo d'Angiò schierò le sue truppe su tre linee. La prima, protetta da una formazione di fanterianella quale i balestrieri avevano la preponderanza numerica, per controbilanciare l'azione degli arcieri saracen, era composta di 900 cavalieri provenzali, al comando del maresciallo di Francia Ugo di Mirepoix e di Filippo di Monfort. La seconda schiera, agli ordini dello stesso Carlo, di Guido di Monfort e di Guillalme Estendart, era formata da 1000 uomini tra francesi provenzali e romani e dai circa 400 cavalieri guelfi di Toscana, al comando del conte Guido Guerra dei Guidi; la terza linea, di 700 combattenti fiamminghi o provenienti dalla Francia settentrionale, venne affidata al conestabile Giles Le Brun e a Roberto di Fiandra, cui affidò il delicato compito di aggirare il nemico e piombargli addosso sul fianco; pare comunque che i cavalieri fossero direttamente supportati dai fanti, che forse si portavano sui rispettivi cavalli, con il compito di finire i ghibellini feriti. .

Come il re Carlo ordinò sue schiere per combattere col re Manfredi.

Lo re Carlo veggendo Manfredi e sua gente venuti a campo per combattere, ebbe suo consiglio di prendere la battaglia il giorno o d'indugiarla. Gli più de' suoi baroni consigliarono del soggiorno infino a la mattina vegnente, per riposare i cavagli dell'affanno avuto per lo forte cammino, e messer Gilio il Bruno conastabole di Francia disse il contrario, e che indugiando, i nimici prenderanno cuore e ardire, e a·lloro potea al tutto fallire la vivanda, e che se altri dell'oste no·lla volesse la battaglia, egli solo col suo signore Ruberto di Fiandra e con sua gente si metterebbe alla ventura del combattere, avendo fidanza in Dio d'avere la vittoria contra' nemici di santa Chiesa. Veggendo ciò il re Carlo, s'attenne e prese il suo consiglio, e per la grande volontà ch'avea del combattere, disse con alta voce a' suoi cavalieri: "Venus est le iors ce nos avons tant desiré"; e fece sonare le trombe, e comandò ch'ogni uomo s'armasse e apparecchiasse per andare alla battaglia, e così in poca d'ora fu fatto. E ordinò, sì come i suoi nemici, a petto di loro tre schiere principali: la prima schiera era de' Franceschi in quantità di M cavalieri, ond'erano capitani messer Filippo di Monforte e 'l maliscalco di Mirapesce; la seconda lo re Carlo col conte Guido di Monforte, e con molti de' suoi baroni e cavalieri della reina, e co' baroni e cavalieri di Proenza, e Romani, e Campagnini, ch'erano intorno di VIIIIc cavalieri, e le 'nsegne reali portava messer Guiglielmo lo Stendardo, uomo di grande valore; la terza fu guidatore Ruberto conte di Fiandra col suo maestro Gilio maliscalco di Francia, con Fiamminghi, e Bramanzoni, e Annoieri, e Piccardi, in numero di VIIc cavalieri. E di fuori di queste schiere furono gli usciti guelfi di Firenze con tutti gl'Italiani, e furono più di CCCC cavalieri, de' quali molti di loro delle maggiori case di Firenze si feciono cavalieri per mano del re Carlo in su il cominciare della battaglia; e di questa gente, Guelfi di Firenze e di Toscana, era capitano il conte Guido Guerra, e la 'nsegna di loro portava in quella battaglia messer Currado da Montemagno di Pistoia. E veggendo il re Manfredi fatte le schiere, domandò della schiera quarta che gente erano, i quali comparivano molto bene inn-arme e in cavagli e in arredi e sopransegne; fugli detto

---

[6] G. Esposito, *Le guerre dei Comuni contro l'Impero 1176- 1266,* Gorizia, 2018 pp. 122 segg.

ch'erano la parte guelfa usciti di Firenze e dell'altre terre di Toscana. Allora si dolfe Manfredi dicendo: "Ov'è l'aiuto ch'io hoe dalla parte ghibellina, ch'io ho cotanto servita, e messo in loro cotanto tesoro?", e disse: "Quella gente", cioè la schiera de' Guelfi, "non possono oggi perdere"; e ciò venne a dire, s'egli avesse vittoria ch'egli sarebbe amico de' Guelfi di Firenze, veggendogli sì fedeli al loro signore e a·lloro parte, e nemico de' Ghibellini.

Il vescovo di Auxerre concesse la benedizione e la remissione dei peccati ai soldati, *perocch'essi combatteano in servizio di santa Chiesa.*
I guelfi fiorentini, desiderosi di vendicare la sconfitta di Montaperti, formarono una quarta divisione, sotto la guida del conte Guido Guerra dei Guidi; si dice che

Quando, forti di quattrocento cavalieri, si spinsero innanzi nel campo, coruschi di ricche armature, montati su magnifici destrieri e con splendide insegne, Manfredi chiedesse ai suoi seguaci donde venisse quella bellissima truppa; ed avendogli taluno risposto, essere i Guelfi di Firenze, sospirando esclamò: Ah! Dove sono i miei ghibellini, pei quali feci tanto, e nei quali avevo riposto così grande speranza?[7]

Leggenda, perché di ghibellini toscani ve ne erano, come Pier Asino degli Uberti, fratello di Farinata.

Ordinate le schiere de' due re nel piano della Grandella per lo modo detto dinanzi, e ciascuno de' detti signori amonita la sua gente di ben fare, e dato il nome per lo re Carlo a' suoi, "Mongioia, cavalieri", e per lo re Manfredi a' suoi, "Soavia, cavalieri", il vescovo d'Alsurro, siccome legato del papa, asolvette e benedisse tutti quelli dell'oste del re Carlo, perdonando colpa e pena, però ch'essi combatteano in servigio di santa Chiesa.

A quanto pare, il re svevo non aveva ancora finito di schierare le proprie truppe quando gli arcieri saraceni, senza attendere i suoi ordini, attaccarono battaglia scattando in avanti e lasciandosi dietro i tedeschi, forse i soli, con loro, ad aver già attraversato completamente il fiume. Gli arabi furono tuttavia abbastanza efficaci da sbaragliare la fanteria avanzata degli Angioini. Racconta Saba Malaspina:

Come al solito i saraceni, prima di venire alle mani, estraggono i dardi dalle faretre, e saettando improvvisamente trafiggono innumerevoli ribaldi, e le frecce lanciate […] feriscono inaspettate e irrimediabili, come folgore sulla terra. E mentre più rapidamente vengono scoccate, si conficcano violente in diverse parti dei corpi; piantandosi a due a due ora in testa, ora in viso, appaiono come corna; e infisse nel petto o tra le scapole simulano rami secchi o estensioni di escrescenze estranee; innumerevoli corpi ribaldi ricevono rami di questa natura e moltissimi vengono abbattuti.

Nonostante ciò, i saraceni si trovarono pressoché isolati di fronte alla reazione dei 900 cavalieri provenzali della prima linea avversaria, che al grido di *Montjoie Saint Denis!* li spazzò via, *come passeri quando il nibbio piomba improvviso dal cielo*, prima che arrivasse la cavalleria tedesca guidata da Giordano d'Anglano.

---

[7] F. Gregorovius, *Storia di Roma nel Medioevo*, tr.it. Bologna, 1988, vol. V, p. 453.

Quest'ultima si mosse troppo tardi per dar manforte agli arcieri, ma arrivò al contatto con i francesi ancora in formazione compatta, respingendone l'assalto, al grido di *Suaben!*. Quando i guelfi iniziarono a cedere, la seconda linea angioina subentrò a dar manforte alla prima, *e grande pezza durò che non si sapea chi avesse il migliore*, scrive Villani.

E ciò fatto, si cominciò l'aspra battaglia tra le prime due schiere de' Tedeschi e de' Franceschi, e fu sì forte l'asalto de' Tedeschi, che malamente menavano la schiera de' Franceschi, e assai gli feciono rinculare adietro, e presono campo.
E 'l buono re Carlo veggendo i suoi così malmenare, non tenne l'ordine della battaglia di difendersi colla seconda schiera, avisandosi che se la prima schiera de' Franceschi ove avea tutta sua fidanza fosse rotta, piccola speranza di salute attendea dell'altre; incontanente colla sua schiera si mise al soccorso della schiera de' Franceschi contro a quella de' Tedeschi; e come gli usciti di Firenze e loro schiera vidono lo re Carlo fedire alla battaglia, si misono appresso francamente, e feciono maravigliose cose d'arme il giorno, seguendo sempre la persona del re Carlo; e simile fece il buono Gilio il Bruno conastabile di Francia con Ruberto di Fiandra con sua schiera, e da l'altra parte fedì il conte Giordano colla sua schiera, onde la battaglia fu aspra e dura, e grande pezza durò, che non si sapea chi avesse il migliore; però che gli Tedeschi per loro virtude e forza colpendo di loro spade, molto danneggiavano i Franceschi.

Vedendo ripiegare i propri cavalieri, Manfredi ordinò di far avanzare i tedeschi che indossavano la corazza a piastre, e che sembravano irresistibili; fino a quando, però, i francesi non si resero conto che l'armatura tedesca lasciava indifesa l'ascella quando si alzava il braccio spadato, nell'atto di colpire.
Man mano che lo scontro si faceva più accanito, i francesi si resero conto di poter colpire gli avversari sotto le ascelle, l'unico punto che il pesante armamento dei tedeschi non arrivava a proteggere, quando essi alzavano le braccia per menare fendenti con le loro lunghe spade. Fu dunque in quel punto che arrivarono i colpi delle corte daghe angioine.

Ma subitamente si levò uno grande grido tra lle schiere de' Franceschi, chi che 'l si cominciasse, dicendo: "Agli stocchi, agli stocchi, a fedire i cavagli!"; e così fu fatto, per la qual cosa in piccola d'ora i Tedeschi furono molto malmenati e molto abattuti, e quasi inn isconfitta volti.

Il contingente di Galvano Lancia, i cui italiani e saraceni avevano trovato difficoltà a passare il ponte, arrivò troppo tardi sul campo, perdendo il contatto con i tedeschi.
D'altronde, quando il Lancia si trovò al di là del Calore, fece appena in tempo a schierare le proprie fila in formazione da battaglia, prima di ricevere la carica sul fianco da parte della terza linea di cavalleria francese. Vistisi perduti, gli italiani si affrettarono a svincolarsi dal combattimento, optando per la fuga prima ancora di combattere col nemico. Manfredi era forse ancora al di là del Calore, ma non si diede per vinto e ordinò al contingente di cui era al comando di caricare; ma nessuno credeva più, ormai, alla possibilità di una vittoria, e in breve il re si ritrovò quasi senza più soldati, che si diedero alla fuga a loro volta. Anche i suoi cognati lo abbandonarono, lasciando Manfredi con i soli saraceni e la sua guardia del corpo; almeno Riccardo, d'altronde, aveva aderito al partito angioino fin dall'inizio della campagna, favorendo l'entrata di Carlo nel regno, ed era rimasto accanto al cognato solo per sorvegliarne le mosse.

Come Manfredi, dalla collina su cui era salito per osservare lo svolgersi del combattimento, vide le sue truppe vacillare e cedere, fece entrare in battaglia la terza schiera formata dai vassalli pugliesi e siciliani. Fu un grave errore: Manfredi avrebbe dovuto tenere una riserva di cavalieri tedeschi coi quali decidere la battaglia: i siciliani, invece di affrontare gli angioini, disertarono il campo di battaglia; e perfino Tommaso d'Aquino, conte di Acerra, cognato di Manfredi, si diede vilmente alla fuga, ed altri baroni ne imitarono l'esempio, barricandosi dentro Benevento o rifugiandosi negli Abruzzi. Quando il re vide che tutto era finito, volle morire in battaglia piuttosto che sopravvivere all'onta della sconfitta.

I pochi nobili rimastigli intorno lo consigliarono di riparare in Puglia, o di fuggire in Epiro per aspettarvi giorni migliori, alla corte del suocero. Ma egli rifiutò con sdegno, e ordinò al suo scudiero di recargli l'elmo.

E mentre se lo poneva in capo, cadde l'aquila d'argento che lo adornava, ed esclamò: *Ecce signum Domini!*, e senza insegna regia si scagliò verso i guelfi cercando la morte, seguito dall'amico Teobaldo degli Annibaldi, che voleva farsi uccidere con il proprio sovrano.

Il re caricò i nemici, ma il suo cavallo venne trafitto da un soldato guelfo il cui nome rimase sconosciuto, che gli piantò la lancia nell'occhio destro; il cavallo dello Svevo, ferito, si drizzò sulle zampe posteriori e crollò morto.

Manfredi finì a terra, dove giacque insieme agli altri caduti e feriti, ed ebbe la gola tagliata da un *ribaldo*; prima di morire avrebbe gridato: *Ecco, ecco, così perdo la Sicilia!*:

Ibique quidam armatus partis Ecclesie, scrive Andrea Ungaro, *de cuius persona et nomine ignoratur, cum in oculo destrarium suum lancea infixisset, lesus equus, anteriore sui parte in sublime levata, posterioribus pedibus se dimisit. Sicque sessore cadente, ribaldi pedites Manfredi quondam principis gulam veluti cuiusdam inter alios prostratos miserabiliter absciderunt, Manfrido clamante voce altissima et dicente 'Ecce, ecce, Siciliam sic amitto!'* [8]

Questa la narrazione di Giovanni Villani:

Lo re Manfredi, lo quale con sua schiera de' Pugliesi stava al soccorso dell'oste, veggendo gli suoi che non poteano durare la battaglia, sì confortò la sua gente della sua schiera, che 'l seguissono alla battaglia, da' quali fu male inteso, però che la maggiore parte de' baroni pugliesi e del Regno, in tra gli altri il conte camerlingo, e quello della Cerra, e quello di Caserta e altri, o per viltà di cuore, o veggendo a loro avere il peggiore, e chi disse per tradimento, come genti infedeli e vaghi di nuovo signore, si fallirono a Manfredi, abandonandolo e fuggendosi chi verso Abruzzi e chi verso la città di Benevento. Manfredi rimaso con pochi, fece come valente signore, che innanzi volle in battaglia morire re, che fuggire con vergogna; e mettendosi l'elmo, una aquila d'argento ch'egli avea ivi su per cimiera gli cadde in su l'arcione dinanzi. E egli ciò veggendo isbigottì molto, e disse a' baroni che gli erano dal lato in latino: "Hoc est signum Dei, però che questa cimiera appiccai io colle mie mani in tal modo che non dovea potere cadere". Ma però non lasciò, ma come valente signore prese cuore, e incontanente si mise alla battaglia, non con sopransegne reali per non esser conosciuto per lo re, ma come un altro barone, lui fedendo francamente nel mezzo della battaglia. Ma però i suoi poco duraro, che già erano in volta: incontanente furono sconfitti, e lo re Manfredi morto in mezzo de' nemici, dissesi per uno

---

[8] LXIX.1, citato in Iorio, p. 67

scudiere francesco, ma non si seppe il certo.

I francesi, nel frattempo, si affrettarono a bloccare il ponte verso il quale sciamavano i fuggitivi, né le acque agitate del Calore offrirono ai siciliani possibilità di fuga; solo in 600 cavalieri su 3600 guadagnarono la salvezza, e tra quanti vennero fatti prigionieri vi fu anche Giordano d'Anglano.
In molti rimasero comunque sul terreno, se Carlo d'Angiò, nello scrivere il giorno seguente al papa, pur ignorando ancora la sorte del suo nemico svevo, poteva affermare

Facta est itaque in ipso campo tanta strages, quod celant campum oculis superacientia corpora occisorum.

A quanto pare però, anche i francesi subirono numerose perdite:

In quella battaglia ebbe gran mortalità d'una parte e d'altra, ma troppo più della gente di Manfredi. E fuggendo del campo verso Benevento, cacciati da quegli dell'oste del re Carlo, infino nella terra, che·ssi facea già notte, gli seguirono, e presono la città di Benevento, e quegli che fuggieno. Molti de' baroni caporali del re Manfredi rimasono presi: intra gli altri furono presi il conte Giordano, e messer Piero Asini degli Uberti, i quali il re Carlo mandò in pregione in Proenza, e di là d'aspra morte in carcere gli fece morire. Gli altri baroni pugliesi e tedeschi ritenne in pregione in diversi luoghi nel Regno. E pochi dì apresso la moglie del detto Manfredi e' figliuoli e la suora, i quali erano in Nocera [sic per Lucera] de' Saracini in Puglia, furono renduti presi al re Carlo, i quali poi morirono in sua pregione.

Scrive Ferdinad Gregorovius nella sua monumentale *Geschichte der Stadt Rom in Mittelalter* :

La celebre battaglia di Benevento fu combattuta con appena venticinquemila uomini dalle due parti. La lunga e formidabile guerra fra la Chiesa e l'impero, fra romani e germanici, fu definita sopra un angusto campo di battaglia, in poche ore e con pochi combattenti, ed invero l'ora che fosse decisa era scoccata. I francesi pugnavano con corte spade; i tedeschi secondo l'antico costume, con lunghi spadoni. I colpi di punta e di taglio, della scuola romana, la vinsero sull'antica arte germanica d battagliare, come era avvenuto a Civita nell'undecimo secolo. I cavalieri di Carlo portavano in groppa fantaccini, e quando i cavalieri tedeschi precipitavano dalle loro cavalcature trafitte, quei fanti si lasciavano scivolare già di sella e li uccidevano a colpi di mazza. Così perì la legione del prode Giordano; e sebbene Galvano e Bartolomeo tenessero duro per un pezzo, anche questo fu inutile. I valorosi tedeschi si batterono e caddero con bravura; e, simili agi antichi goti devoti alla morte, furono gli ultimi rappresentanti di quell'impero germanico ch'era sceso nella tomba con Federico II.

Carlo non volle che si procedesse alla sepoltura dei caduti fino a quando non fosse stato rinvenuto il cadavere del re. I corpi rimasero pertanto a migliaia sul terreno per due giorni, fino a quando Manfredi non fu ritrovato. A tale proposito, racconta il Villani:

E pochi dì apresso la moglie del detto Manfredi e' figliuoli e la suora, i quali erano in

Nocera de' Saracini in Puglia, furono renduti presi al re Carlo, i quali poi morirono in sua pregione. E bene venne a Manfredi e a sue rede la maladizione d'Iddio, e assai chiaro si mostrò il giudizio d'Iddio in lui, perch'era scomunicato e nimico e persecutore di santa Chiesa. Nella sua fine, di Manfredi si cercò più di tre giorni, che non si ritrovava, e non si sapea se fosse morto, o preso, o scampato, perché nonn-avea avuto a la battaglia indosso armi reali. Alla fine per uno ribaldo di sua gente fu riconosciuto per più insegne di sua persona in mezzo il campo ove fu la battaglia. E trovato il suo corpo per lo detto ribaldo, il mise traverso in su uno asino, vegnendo gridando: "Chi acatta Manfredi, chi acatta Manfredi?"; il quale ribaldo da uno barone del re fu battuto.

Carlo si assicurò di far sapere al pontefice che, sconsigliato dalla prudenza dei suoi e dal buonsenso per la stanchezza delle truppe ma, evidentemente, confidando nell'aiuto divino, volle ingaggiare comunque battaglia appena fu a contatto col nemico

Sicque factum est quod die Veneris XXVI mensis februarii... viarum et passuum difficultatibus...superatis, ad quendam montem perveni [...] Propter quod ego, licet equos commilitonum meorum pro malitia et magnitudine itineris cognoscerem plurimum fatigatos, ...instructis tamen meis... copiis, ex adverso ad pugnam processi.

Il risultato era stato, secondo il moderato ma bel resoconto di re Carlo, straordinario e le perdite del nemico ingentissime, visto che il campo di battaglia era coperto di cadaveri agli occhi di chi poteva osservare la scena (*Facta est itaque in ipso campo tanta strages, quod celant campum oculis superacientia corpora occisorum*).
Né vi fu scampo per chi tentò la fuga:

Nec tamen omnes fugientes fuge remedium salvos fecit, quia maior pars fugientium in gladio nostrorum...eo copiosus ceciderit.

Per non parlare, poi, del grande numero di prigionieri e, soprattutto dell'altissimo rango di molti di costoro: Giordano d'Anglano, Bartolomeo Lancia, il capo del partito ghibellino di Firenze, Pier Asino degli Uberti:

Magnum ergo numerum captivorum ad carcerem nostrum huiusmodi bellicus eventus adduxit, inter quos Iordanus et Bartholomeus [...] nec non Pierasinus de Florentia, perfidissimus Gibelline factionis auctor.

La riserva più grande che riguardava la sorte di Manfredi, cioè la sua sicura morte sul campo, venne sciolta qualche giorno dopo con la seconda lettera che annunciava la cattura del conte Riccardo di Caserta. Fatto importante, questo, perché il nobile in questione, insieme a Giordano d'Anglano e Bartolomeo Lancia (già nelle mani del re) ebbero il compito di identificare con assoluta certezza il cadavere di Manfredi stante la grande familiarità che ebbero con lui in vita ritrovato due giorni dopo la battaglia in mezzo agli altri corpi, e di certo non venduto da un *ribaldo* come si dice nella leggenda accreditata dalla succitata cronaca di Giovanni Villani, ma nudo perché certamente spogliato dagli "sciacalli" che infestavano i cambi di battaglia dopo la fine dei combattimenti.
Come Carlo stesso scrisse al papa:

Per accertarmi della voce sempre più diffusa che Manfredi fosse morto nella battaglia, feci eseguire ricerche fra i cadaveri rimasti sul campo, tanto più che nessuna nuova era pervenuta che egli avesse trovato scampo. E domenica 28 il suo corpo fu trovato spoglio fra i morti. Per non cadere in errore sopra cosa di tanta importanza mostrai il cadavere al mio fedele Riccardo di Caserta e a Giordano e a Bartolomeo (cosiddetti conti), ai loro fratelli e ad altri che avevano avuto personale conoscenza con Manfredi; tutti lo riconobbero e dichiararono che quella era certamente la salma di Manfredi[9].

Dopodiché, il nuovo sovrano, rispondendo alle sue inclinazioni di pietà umana e cristiana, diede disposizioni per l'onorevole sepoltura del suo pur sempre scomunicato avversario e, quindi, con onori esclusivamente militari:

Ispirato da naturale sentimento feci dare sepoltura al morto con i dovuti onori, senza funzioni religiose[10].

Giordano d'Anglano, cugino di Manfredi ed uno dei pochi che gli rimase fedele fino in fondo – fu mandato in prigione in Provenza e decapitato l'anno seguente dopo un tentativo di fuga che gli era costato una mano –, affranto dal dolore, abbia pregato il vincitore di dare al corpo un'onorata sepoltura; *Si feisse je volontiers, s'il non fust scomunié*, rispose Carlo, secondo il Villani, che aggiunge:

...Recato il corpo di Manfredi dinanzi al re, fece venire tutti i baroni ch'erano presi, e domandato ciascuno s'egli era Manfredi, tutti temorosamente dissono di sì. Quando venne il conte Giordano sì si diede delle mani nel volto piagnendo e gridando: "Omè, omè, signore mio!"; onde molto ne fu commendato da' Franceschi, e per alquanti de' baroni del re fu pregato che gli facesse fare onore alla seppultura. Rispuose il re: "Si feisse ie volontiers, s'il non fust scomunié"; ma imperciò ch'era scomunicato, non volle il re Carlo che fosse recato in luogo sacro; ma appiè del ponte di Benevento fu soppellito, e sopra la sua fossa per ciascuno dell'oste gittata una pietra, onde si fece grande mora di sassi. Ma per alcuni si disse che poi per mandato del papa il vescovo di Cosenza il trasse di quella sepultura, e mandollo fuori del Regno, ch'era terra di Chiesa, e fu sepolto lungo il fiume del Verde a' confini del Regno e di Campagna: questo però nonn-affermiamo.

Manfredi venne dunque inumato sotto una *motta d'onore*, cioè un tumulo realizzato con sassi deposti da ogni singolo cavaliere nei pressi del ponte di Benevento.
Il corpo del re sconfitto non rimase lì a lungo; poco dopo, l'arcivescovo di Cosenza lo fece esumare e seppellire sul Liri, oltre i confini del regno:

Ma per alcuni si disse che poi per mandato del papa il vescovo di Cosenza il trasse di quella sepultura, e mandollo fuori del Regno, ch'era terra di Chiesa, e fu sepolto lungo il

---

[9] *...Investigare feci in campo corpora mortuorum, [...] Contigit quod die dominica XXVIII mensis februarii corpus eius inventus est nudum inter cadavera peremptorum [...] Richardo Comiti Casertano...nec non Iordano et Bartolomeo dictis Comitibus et fratribus eorum aliisque etiam qui eum familiariter... tractaverunt, dum vivebat, ostendi feci; qui recognoscentes ipsum, predictum esse olim Manfridum preter omnem dubium affirmabant.*
[10] *Ego itaque, naturali pietate inductus, corpus ipsum cum quadam honorificentia sepulture, non tamen ecclesiastice, tradi feci*

fiume del Verde a' confini del Regno e di Campagna: questo però nonn-affermiamo.

Come scrisse Dante,

*Se 'l pastor di Cosenza, che a la caccia
di me fu messo per Clemente allora,
avesse in Dio ben letta questa faccia,*

*l'ossa del corpo mio sarìeno ancora
in co del ponte presso a Benivento,
sotto la guardia de la grave mora.*

*Or le bagna la pioggia e move 'l vento
di fuor dal Regno, quasi lungo il Verde,
dov'e' le trasmutò a lume spento.*

Carlo ritornerà a parlare dello scontro di Benevento e di Manfredi solo in via incidentale in altre tre occasioni (senza, tuttavia, indulgere in alcun particolare): questo avviene in due documenti del 22 marzo 1266 relativi alla requisizione di beni a partigiani di Manfredi e di cavalli e bestiame già appartenuti al defunto svevo. Il terzo documento è quello che fu redatto, con la stessa tempestività del resoconto beneventano, all'indomani della Battaglia di Tagliacozzo contro Corradino di Svevia. Il re, nel narrare al papa della vittoria ottenuta anche sull'ultimo rampollo degli Hohenstaufen, rievoca i fasti dello scontro di due anni prima senza direttamente nominare Manfredi, ma sottintendendolo incluso nel novero dei nemici della Chiesa:

Facta est itaque hostium tanta strages, quod illa que in campo Beneventano de aliis Ecclesie persequtoribus facta fuit huius respectu valde modica reputatur.

Anche in questo caso Carlo mantiene un profilo basso, quasi distaccato, essenziale nelle descrizioni e disposto solo in poche occasioni a ritornare sui fatti; e quando lo fa, è in modo indiretto, burocratico, tutto sommato di modestia cavalleresca. È in questo, che il re si dimostra il miglior testimone di quell'ambiente di tornei, tenzoni, storie eroiche, insomma "civiltà cortese" che proprio nella stirpe angioina ebbe il miglior terreno di coltura: dagli esordi della famiglia nei fasti del XII secolo, alla grottesca decadenza del Trecento sotto la regina Giovanna.
Ulteriori particolari per la conoscenza degli eventi del 26 febbraio 1266 e della campagna precedente, si ritrovano anche in due cronache di "parte guelfa", quella del francescano Salimbene de Adam o da Parma e quella di Andrea Ungaro (o d'Ungheria). Anche se si tratta di un'opera corposa, di ambiente ecclesiastico e filo-angioino (se con questo termine si vuole intendere lo schieramento trasversale che in Italia sosteneva la politica della monarchia meridionale franco-provenzale), la cronaca di Salimbene sebbene non dedichi grande spazio al nostro argomento ha il merito di inserire qualche ulteriore particolare al quadro in ricostruzione, come, per esempio, l'aggiunta agli alleati di Manfredi del Marchese di Monferrato, di un certo Arabulo nipote del cardinale Ruscardi, e del marchese di Siponto che era anche un nipote di Uberto Pelavicino. Non manca, anche nel lavoro di Salimbene, il riferimento alla presa di Ceprano con la conseguente entrata in San Germano

delle truppe caroline, segno, questo, che l'evento fu clamoroso, strategicamente parlando, considerato che compare in tutte le fonti nelle quali si sottolinea la straordinarietà delle strutture difensive che caratterizzavano la zona. Qui, tuttavia, Salimbene evidenzia il nesso diretto tra la caduta di Ceprano e l'abbandono di Capua da parte di Manfredi. Verso quest'ultimo dimostra di avere una grande antipatia ma, molto probabilmente, solo per il suo conflitto con la Chiesa; in fondo, quello che traspare dalla Cronaca di Salimbene, è la sua intenzione di fare una storia del movimento francescano, mentre la politica gli interessa solo incidentalmente.
Quando è quasi costretto a farlo, nel narrare i fatti del 1266 è sferzante:

Questo Corrado non ebbe mai l'Impero [...]. *A lui successe Manfredi, suo fratello, ma figlio di un'altra donna di Federico, che era nipote del marchese Lanza, sposata da Federico quando egli era sul punto di morte. Questi non ebbe mai l'Impero, ma solo il titolo di Principe da quelli che erano amici di suo padre; e tenne molti anni la Signoria in Calabria, in Sicilia e in Puglia dopo la morte del padre e del fratello. A lui tentò succedere Corradino, figlio di Corrado, figlio di Federico ex-Imperatore, ma tanto Manfredi che Corradino furono tratti a morte da Carlo, fratello del Re di Francia»65*. Interessante qualche antefatto più originale e meno noto che Salimbene ci propone prima di narrare (poco) dello scontro di Benevento; ma questo brano risulta ancora più interessante, perché il nostro cronista riferisce di essere stato vero e proprio testimone oculare di alcuni degli eventi che tratta: «*Poscia fu mandato dal Papa, come Legato, un certo Cappellano, che coscrisse soldati da ogni città in aiuto di Re Carlo contro Manfredi figlio di Federico. E pronti mandarono i Lombardi e i Romagnoli buona quantità di armati, che nella battaglia combattuta da Carlo e dall'esercito Francese riportarono vittoria contro Manfredi.*
Essendo quel Legato venuto a Faenza per la levata di soldati, convocò i frati Minori e i Predicatori in una sala, ove era il Vescovo di Faenza co' suoi canonici; ed io pure fui presente [...] *Disse vituperi di Manfredi, e in nostra presenza lo diffamò in molte maniere. Poi soggiunse che lo esercito Francese veniva marciando a grandi giornate; e disse vero, come vidi io co' miei occhi nella vicina festa del Natale di Cristo.*

Ed ora la battaglia di Benevento secondo Salimbene: niente enfasi, niente lode al vincitori, ma stigmatizzazione di Manfredi quasi a giustificare l'azione angioina contro lui e i suoi empi comportamenti (tra i quali la diceria sulla sua responsabilità nella morte del fratellastro Corrado IV, cui Salimbene mostra di prestar fede):

E corsero in Puglia contro Manfredi [...] *e lo uccisero e spogliarono di quanto aveva, l'anno 1266, verso Pasqua* [...] *E questo avveniva per disposizione di Dio, perché accorrevano in aiuto della Chiesa, ed a sterminio di quel maledetto Manfredi, che per le sue iniquità fu ben degno di tal fine. Ed erano veramente moltissime, come se ne diceva, e aveva perfino fatto uccidere suo fratello Corrado.*

la fonte più ricca di particolari sulla battaglia è quella di Andrea Ungaro.
Ungaro dà alla sua opera una sequenza logica, una trama vera e propria, un tessuto analitico e coerente che ne fanno un'opera letteraria più che una semplice cronaca. E non ne risente la qualità a causa della sua verve anti-sveva: l'analisi è lucida – benchè partigiana – e ricchissima di particolari, aneddoti interessanti e unici. Qui si fondono notizie originali e altre notissime come, ad esempio, la cronica penuria di mezzi, armi, vettovagliamento di

cui soffriva l'armata carolina; tutti i cronisti e gli annali ne parlano. E se sono di simpatie guelfe, sembra quasi che la cosa venga sottolineata per richiamare l'idea di una vittoria coadiuvata dall'intervento divino che vede in Carlo un campione motivato, impegnato in un'azione ritenuta al servizio di Dio e della Chiesa, con il sovrano angioino pronto all'azione e sempre il primo a dare l'esempio in coraggio, determinazione e valore in ogni scontro armato e non solo in quello finale di Benevento.

La marcia trionfale del principe angioino verso la conquista del regno di Sicilia cominciava (dopo una prima quanto vana resistenza ghibellina da parte dei vercellesi), con la presa del castello di Vignarello, nei pressi di Novara, cui seguiva il tentativo di reazione del feudatario filo-manfredino – il conte Pelavicino, appunto – il quale, con l'aiuto di collegati bresciani, tentò di sbarrare il passo alle truppe d'oltralpe senza successo e addirittura con l'ulteriore perdita del castello di Capriolo. Non si segnalano altri fatti d'arme di rilievo, anche perché, oramai, l'esercito carolino era giunto nella più amica terra Toscana e poté, agevolmente, passare in quella di San Pietro fino all'Urbe, dove per Carlo si preparava la nomina a senatore e l'investitura a re di Sicilia per lui e la consorte Beatrice di Provenza.

Conclusasi la fondamentale quanto trionfale tappa romana, Carlo, attraversato l'agro meridionale della Città Eterna, giungeva nel regno di Sicilia dove era immediatamente impegnato nelle scaramucce con le quali riuscì ad impossessarsi della fortezza d'Arce che gli apriva le porte per le più importanti occupazioni di fortificazioni e dei centri abitati di san Germano e Rocca Ianula (non citato, quest'ultimo, in altre fonti).

Con la presa anche di Montecassino, il controllo carolino del basso Lazio e dell'alta Campania era assicurato; ora il re avrebbe potuto puntare direttamente alla conquista di tutta la Liburia ma – forse ragionando sul fatto che si sarebbe lasciato scoperto il fronte orientale decise di assicurarsi almeno il controllo di parte del Sannio obbligando alla resa Alife e Telese prima di puntare su una Capua pronta, però, ad offrire una maggiore resistenza della quale, tuttavia, inaspettatamente Carlo avrà ragione facilmente stante il rapido ritiro di Manfredi che aveva appena appreso la notizia della caduta della linea difensiva settentrionale. La Descripcio offre, di questo episodio relativo alla presa di una importante capitale federiciana, ben più ampio spazio delle precedenti imprese portate a termine da Carlo.

La caduta di Capua, facilitata dalla fuga precipitosa di Manfredi, e degli altri territori settentrionali e del Sannio occidentale, poneva gomito a gomito i due contendenti e, certo, diede loro la consapevolezza dell'imminenza dello scontro fatale. Per tale ragione, Andrea Ungaro riportava le *arringhe* dei due avversari alle loro truppe, che costituiscono uno dei punti più interessanti e, ovviamente, originali dell'intera sua fatica letteraria. La partigianeria di Andrea appare evidente anche se i toni nei confronti di Manfredi non sono velenosi come ci si potrebbe aspettare; ma i dati che vengono forniti almeno dal punto di vista emotivo e psicologico dei personaggi, sono fondamentali e suggestivi. Vediamo cosa lo svevo disse alle sue truppe in un momento saliente della sua arringa:

Sappiate, signori che state qui con me, che io oggi non posso che essere felice. Divido infatti la mia sorte tra due possibilità: oggi, o vincerò o morirò [...] nessuno pensi che oltre queste due eventualità ce ne possa essere una terza, cioè essere preso vivo. Voi, parenti miei, che non combattete per un regno, e quindi eviterete volentieri la morte [...] vedrò prima che io muoia, o anche in spirito dopo la morte, che sarete uccisi turpemente o trascinati e rinchiusi, non immeritatamente, in una prigionia tale, nella quale possiate piangere con Geremia che 'meglio capitò agli uccisi di spada, che agli uccisi per fame'.

In fondo, le negatività sottolineate da Andrea per Manfredi, sono solo "nervature" e non sembra ci sia astio nei suoi confronti ma esclusivamente la considerazione di un suo parlare "laico", per così dire, di astrologi, profezie, e vaticinazioni di sventure che egli stesso preconizza per la fedelissima Benevento e che si sarebbero puntualmente concretizzate dopo lo scontro. Lo svevo non nomina mai Dio, facendo solo un cenno superficiale alla Chiesa e, come visto, a Geremia, un modo come un altro, questo, per sottolineare, da parte del cronista, la vasta cultura biblica dello svevo cui, però, non corrispondeva altrettanta religiosa devozione.

Tutt'altra storia, ovviamente, per la "trascrizione" del discorso di Carlo; in esso abbondano citazioni dello Spirito del Signore, della santa Chiesa (e non solo *madre Chiesa* come aveva detto Manfredi); Dio è citato cinque volte, Cristo due, e la Chiesa nove volte insieme a invocazioni per San Paolo e San Giovanni, mentre resta significativa questa affermazione da Andrea attribuita a Carlo:

E dopo che i nostri nobilissimi antenati hanno compiuto opere di tal genere illustri nel mondo per la fede, per la quale il giusto vive, sebbene siamo tutti peccatori – in molte cose, infatti, abbiamo peccato – ricordiamoci tuttavia di quella lucidissima parola: 'i santi vinsero i regni per mezzo della fede […] Se noi saremo forti nella fede, Dio benedetto darà certamente virtù e valore al suo popolo'

. A questo punto, ci si prepara allo scontro. Alcuni fedeli di Carlo, come visto in concordia anche con le altre fonti, sconsiglierebbero l'attacco immediato poiché le truppe sono stanche ma Carlo, fiducioso nell'aiuto divino, ritiene che proprio quello sia il momento giusto.

Ora Andrea elenca le forze in campo non per mera descrizione numerica, quanto per tramandare ai posteri quell'inferiorità delle truppe di Carlo che ancor più rese gloriosa la santa impresa, per poi passare ai nomi dei partecipanti (gloria per alcuni e ignominia per altri, con qualche nome sino ad ora mai comparso). Qualche piccola annotazione di tipo strategico e poi via ad elencare gli schieramenti. La prima schiera angioina è composta da provenzali guidati dal marescalcus Giovanni di Brayselve, Guido marescalcus di Mirepoix, Filippo di Montfort, Guglielmo di Prunelè, Giovanni di Maiolio, Gravasio di Magdune.

Nella seconda schiera militano francesi del nord – sudditi più diretti di Carlo – che, quindi, la comanda di persona. Lo affiancano il vescovo di Auxerre, il vescovo Guido di Mello, Ugo ed Enrico di Sully, Pietro ciambellano di Francia e non meglio definiti membri del nobile casato dei Beaumont. La terza schiera, annoverava, per il grosso dei suoi componenti, sudditi delle Fiandre comandati da Roberto di Fiandra e Giovanni di Soissons. Nelle ultime due schiere erano uomini del Périgueux (per la prima) e combattenti italiani di Roma, Campania, Lombardia e Toscana (per la seconda).

Riguardo la descrizione dell'esercito manfredino, Andrea pare più avaro di informazioni; ci fa sapere solo che la prima schiera sveva era guidata da Giordano (d'Anglano) conte di Manopello, alla testa di combattenti tedeschi.

Tedeschi, saraceni e pugliesi formavano la seconda schiera manfredina, guidata da Bartolomeo e Galvano Lancia[88]. La terza schiera non è indicata da Andrea in base alla nazionalità ma relativamente allo status dei suoi componenti: conti, marchesi e feudatari degli svevi comandati da Manfredi in prima persona.

Ora, l'incanto e il fascino dei toni epici con cui si descrive lo scontro, aumentano il valore estetico dell'opera di Andrea.

Ecco le modalità della battaglia una volta scoperto il punto debole dei tedeschi con l'ascella indifesa, descritte minuziosamente:

Et sicut torniamentum percuciendo, non eciam infringendo, iuxta solitum exercetur, sic Theotonici sociique docti ab eis gladiis suis longioribus, securibus atque clavis percuciendo prelium exercebant, distantes ab adversariis spacio longitudinis gladiorum, sed nostri Gallici velut se agiliter infigentes, aut velut caro cum ungue se suis hostibus unientes, ex brevibus spatis suis eorum latera perfodebant ut vita demerent corde tacto.

E poi la letizia incontenibile dei combattenti vittoriosi definiti (con un termine d'avanguardia per quei tempi) *crociati* da Andrea:

Et sciatis, quod in die belli omnes nostri erant crucesignati bone ac lete voluntatis, sicut ipsi inter se et se tam ante prelium commissum quam eciam post quondam quasi celitus immissam iocunditatis graciam conferebant.

Di grande interesse, poi, anche la parte in cui Andrea riporta integralmente (con pochissime varianti) la due lettere che Carlo I inviò al papa all'indomani della vittoria e che già sono state prese in considerazione.

Vi si trovano persino riflessioni personali dell'autore, non prima che lo stesso Carlo (nella versione riportata da Andrea) abbia fatto chiarezza sulla fine di Manfredi, di cui l'Ungaro fornisce particolari cruenti:

Ibique quidam armatus partis Ecclesie, de cuius persona et nomine ignoratur, cum in oculo destrarium suum lancea infixisset, lesus equus, anteriore sui parte in sublime levata, posterioribus pedibus se dimisit. Sicque sessore cadente, ribaldi pedites Manfredi quondam principis gulam veluti cuiusdam inter alios prostratos miserabiliter absciderunt, Manfrido clamante voce altissima et dicente 'Ecce, ecce, Siciliam sic amitto!'

Conclusasi la battaglia, vi è il riconoscimento del cadavere di Manfredi, episodio in cui viene citato anche un testimone di parte angioina che aveva conosciuto Manfredi, e cioè Riccardo conte di Caserta.

Andrea, poi, non omette di ricordare, senza particolare enfasi ma con onestà, la oramai famosa disposizione di Carlo I sulle onorevoli esequie per Manfredi96. La battaglia di Benevento, insomma, cambia un po' il mondo di allora: Carlo è conscio e grato a Dio per il compimento di una missione che prima di tutto lui considera spirituale e non solo politica (prova ne sia la fondazione dell'abbazia cistercense di Realvalle a Scafati, nei pressi di Salerno, che il sovrano realizzò come ex-voto, e che nel tempo dotò e arricchì per riconoscenza della vittoria del 1266.

Ripeterà il gesto con la fondazione dell'abbazia di Scurcola, in Abruzzo, quando il ringraziamento andrà a Dio per la definitiva disfatta sveva a spese di Corradino nel 1268). Nei successivi nove capitoli, Andrea fornirà ancora particolari sulle vicende degli esordi del nuovo Regno, con la narrazione della battaglia di Tagliacozzo e la caduta di Lucera saracena. E c'è spazio persino per momenti escatologi e mistici, come quelli descritti nei cinque signa divini che vengono ad ammaestrare i nemici di Dio e della Chiesa e cioè la vittoria nell'ora della crocifissione, la rotta sveva in territorio ecclesiastico, l'ombra della nuvola che coprì i raggi abbacinanti sfavorevoli agli Angioini, il sole stesso che tornò ad illuminare il campo dopo la loro vittoria e, infine, il destino di Manfredi[11].

La scomparsa di Manfredi, oltre a consegnare il regno siciliano all'Angiò senza ulteriori combattimenti né tentativi di resistenza – Carlo poté entrare a Napoli il 7 marzo –, determinò un generale rovesciamento di fronte lungo tutta la penisola, dove i guelfi recuperarono posizioni e influenza. A Firenze i ghibellini dovettero andarsene, e nel Settentrione Pelavicino, ormai privo di alleati – solo Pavia e Verona rimasero francamente ghibelline –, venne messo in condizione di non nuocere ed estromesso dal potere.

La battaglia di Benevento non fu un evento isolato, ma la conclusione di una guerra in corso da un anno, che portò rapidamente le armi dell'Angiò nel Regno. La Chiesa lo aveva largamente finanziato. Aveva individuato in lui, fratello del re di Francia Luigi IX, l'uomo in grado di cacciare la Casa di Svevia dal suo ultimo fortilizio, che era appunto il Regno di Sicilia.

Era un disegno maturato nella Curia romana fin dai tempi di Federico II e perseguito con inflessibile tenacia, vantando la sovranità feudale della Chiesa sul Regno e il congiunto diritto di designarne e investirne i sovrani.

Manfredi non era stato riconosciuto dal papa. Era uno dei varii figli naturali di Federico II. Alla morte del padre nel 1250 aveva retto il Regno per il fratello Corrado IV, e, morto questi nel 1254, aveva usurpato nel 1258 il trono al di lui figlio, il futuro Corradino. Governò il Regno in quei pochi anni tenendosi, per lo più, sulla stessa linea del padre, ma, certo, senza potersi molto rafforzare come sovrano di un Paese così difficile. Per di più, in Italia le cose andavano a favore dei guelfi fautori della Chiesa e avversari degli Svevi, benché la contrapposizione tra guelfi e ghibellini si piegasse fin troppo spesso alle pratiche convenienze degli uni e degli altri.

Si comprende, perciò, che Manfredi preferisse aspettare Carlo nel Regno. A Benevento egli affrontò Carlo con forze più o meno pari per l'arma strategica del tempo, ossia la cavalleria pesante sveva e franco- provenzale (circa 4.000 cavalieri per parte), ma con forze nettamente inferiori per i preziosi complementi di fanteria, arcieri, balestrieri etc.

La ricostruzione di Grillo conferma il noto svolgimento della battaglia, che spinse a un certo punto Manfredi a un attacco risolutivo per prevenire il logoramento delle sue forze per la tattica messa in atto da Carlo. Questo attacco fallì. Carlo, contro l'uso del tempo, si era costituito una riserva strategica per i momenti decisivi. Inoltre, una parte dei maggiori baroni meridionali, come Tommaso d'Aquino conte di Acerra e Riccardo Sanseverino conte di Cosenza, non seguì il re e lasciò il campo di battaglia. La sconfitta di Manfredi fu totale e sanguinosa ed egli stesso finì col perdere la vita.

La strada verso la conquista del Regno era ormai aperta per gli Angioini.

A Carlo rimaneva ora poco tempo per consolidare la situazione nel Regno. Ancora più difficile della vittoria su Manfredi era il compito di prendere saldamente in mano il paese solo superficialmente conquistato. Gli fu molto utile quindi Jozzelino della Marra, il maestro razionale di Manfredi che insieme col tesoro dello Stato gli consegnò l'archivio degli uffici finanziari di Manfredi e fu confermato nella carica. Registri e atti risalenti al tempo di Federico II poterono venire in mano di Carlo solo dopo la caduta di Lucera nell'autunno 1269. Carlo mantenne in larga misura gli istituti amministrativi svevi, sia perché era il modo più semplice di amministrare il Regno sia perché la continuità avrebbe

---

[11] G. Iorio *La battaglia di Benevento (26 Febbraio 1266) nei cronisti coevi*, Schola Salernitana - Annali, XXI (2016).

tranquillizzato i sudditi. In un primo tempo, negli anni 1266-68, prevalse tuttavia nella sua azione la politica estera, mirante a consolidare la sua signoria. I mandati e i registri di questo periodo giunti fino a noi sono scarsi e non seguono direttive sistematiche: innanzitutto si dovevano ristabilire pace e ordine: la soldatesca francese si comportava in modo tale da suscitare le proteste di Clemente IV nel febbraio del 1267.

Per compensare i numerosi cavalieri condotti alla conquista, non bastando le spoliazioni eseguite a danno della nobiltà sveva, Carlo cominciò a mutare in feudi molte città regie. Così, in seno al baronaggio e alla nobiltà preesistente, penetrò quel nuovo filone, con gli spettacoli cavallereschi, coi tornei già in voga in Francia e di più coi diritti feudali sui vassalli, esercitati in Francia e ignoti nella monarchia nomanno-sveva. Non solamente, salvo il protonotariato, tutti gli altri grandi uffici del regno (aggiuntovi il maresciallato come in Francia) passarono a Francesi; ma a loro furono concesse le principali contee, come quelle di Avellino data ai Montfort, poi ai del Balzo, di Arena ai de Goucy, di Ariano ai Vaudemont, di Caserta ai Beaumont, di Chieti ai Courtenay, di Lecce ai Brienne, di Loreto ai de Soisson, poi ai de Moreil, di Monteforte con Nola ad un altro Montfort, da cui il nome Monteforte, di Montescaglioso con Alba ad un altro Beaumont, di Sora con Alvito ai Cantelmo, di Squillace ancora ai Montfort; e baronie e signorie di città, di castelli. Così venne costituita una nuova potente feudalità su cui la giovane monarchia credette di potere assolutamente contare.

Mediante l'esazione di una *subventio generalis* nell'autunno del 1266 e la emissione di editti sulla moneta nel novembre dello stesso anno fu assicurato il finanziamento di future imprese. Inoltre nell'ottobre del 1266 fu riorganizzata l'università di Napoli. In questo primo periodo il sud rimase escluso ogni provvedimento: Carlo oltrepassò per la prima volta la linea Salerno - Lagopesole - Trapani in occasione della crociata a Tunisi nel luglio del 1270.

Nell'aprile del 1267 Carlo lasciò il Regno. Nel frattempo si affacciava dal nord un nuovo pericolo: Corradino di Svevia.

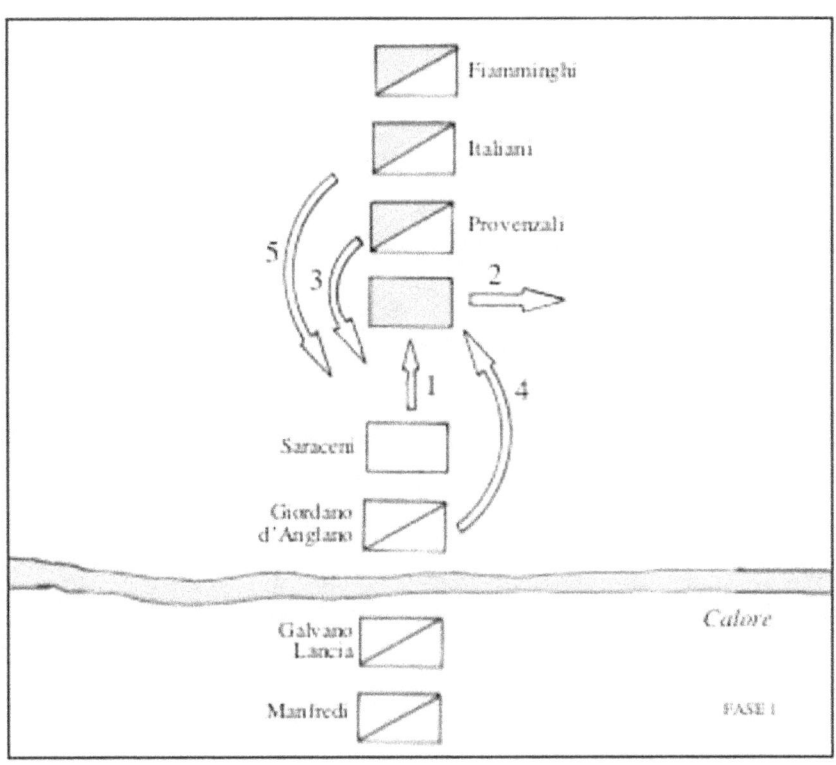
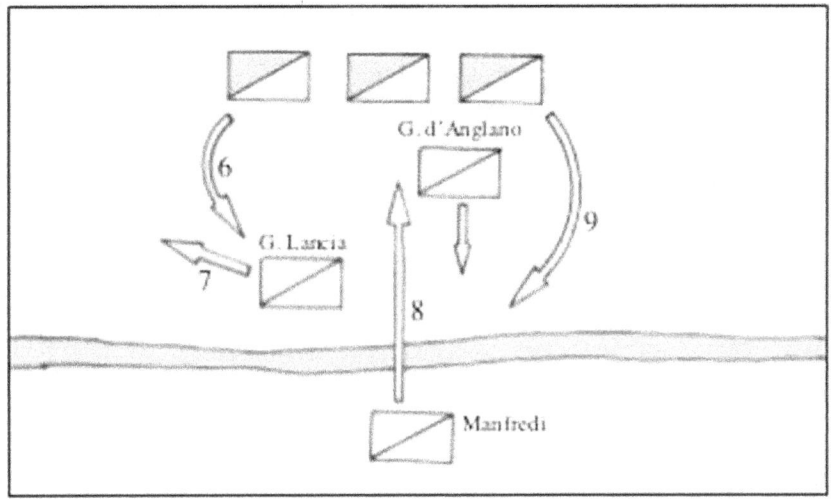

La battaglia di Benevento.

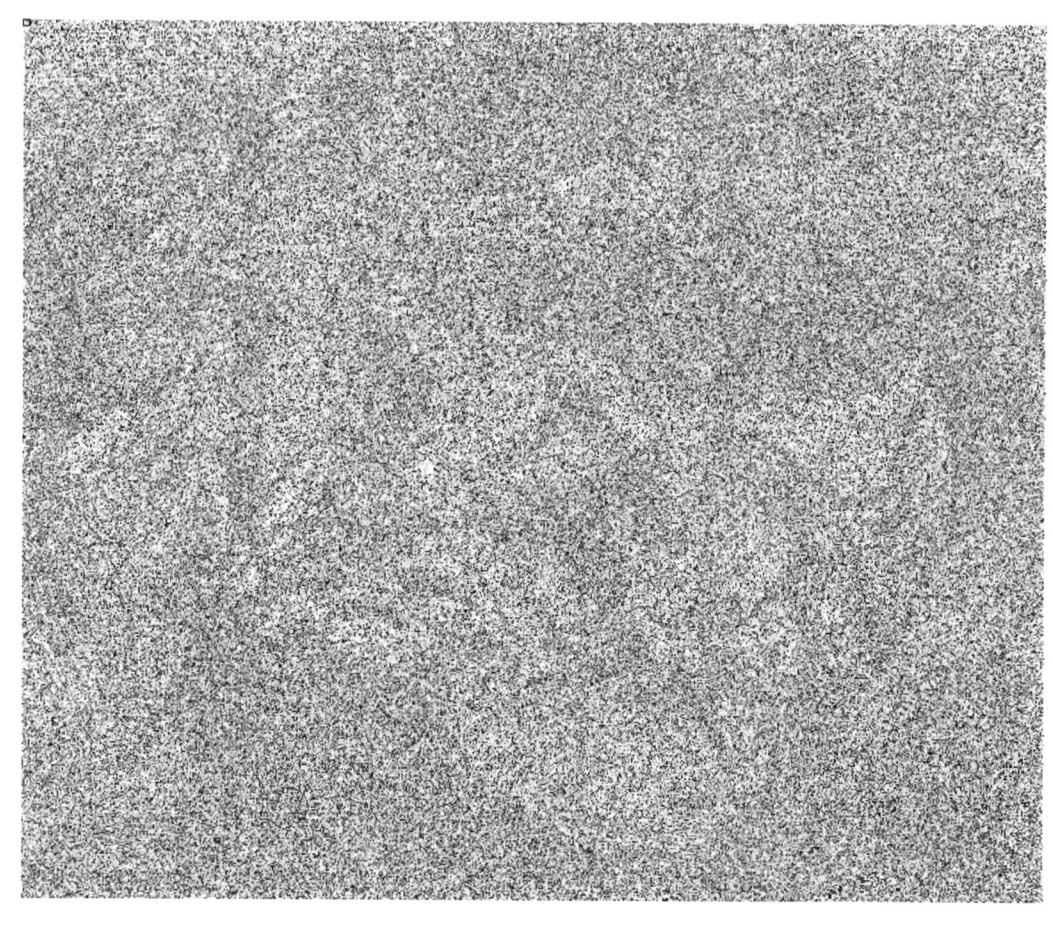

La morte di Manfredi a Benevento in un'incisione del XIX secolo.

L'ULTIMO HOHENSTAUFEN.

Nel mese di febbraio [1268], venne preso un pesce marino simile ad un leone, che venne portato ad Orvieto, dov'era il papa e la curia. Ma siccome durante la sua cattura emise un orribile pianto, ciò venne da molti interpretato come un presagio degli avvenimenti futuri.[12]

(Andrea Ungaro, LXXXI, 5).

Papa Urbano IV non aveva tenuto conto dell'ambizione di Carlo d'Angiò, che considerava il regno di cui era entrato in possesso solo come il trampolino di lancio per estendere la sua autorità oltremare.
Il regnodi Sicilia dovett pertanto sostenere i pesanti costi della politica espansionistica e rapace dell'Angiò, che si accompagnarono a un regime di occupazione capace di far impallidire il governo tutto sommato tollerante degli svevi.
Gli uomini di Carlo si erano dimostrati soldati migliori di quelli al servizio di Manfredi, ma con la popolazione civile si comportarono molto peggio di quanto avessero fatto i tedeschi. Lo si vide subito, di che pasta erano fatti, quando entrarono a Benevento all'indomani della battaglia che aveva consegnato loro il regno: è proprio un cronista pontificio, Saba Malaspina, a segnalare che

Il sacerdote insieme al laico è perduto: tutti lo sono senza distinzione: uomini e donne, sacerdoti e laici sono uccisi senza distinzione dai francesi [...] Almeno avessero trattenuto le mani sprengevoli dalle cose sacre che le chiese conservavano; sotto il pretesto di cercare i beni dei laici che fingevano di credere nascosti insieme ai sacri tesori, non esitarono dal rubare anche questi e di profanare le chiese stesse. [...] Nulla vi è di sacro per questa soldataglia, neppure il diritto di asilo nel recinto delle chiese e dei monasteri.

Carlo si era proposto fin da subito come il referente politico della parte guelfa, ma il carattere ambizioso, la personalità autoritaria e impositiva gli alienarono le simpatie dei suoi iniziali fautori e si assisté ad una ripresa del partito ghibellino. Il papa è ovviamente irritato per tale esito. I banchieri toscani e fiorentini in particolare non riusircono a ottenere la restituzione dell'ingente prestito accordato a Carlo e cominciarono a ropensare il proprio appoggio all'Angioino.

La Casa di Svevia, peraltro, aveva ancora una carta da giocare.
I partigiani di Manfredi che, come Corrado d'Antiochia e Giovanni da Mareri erano fuggiti dalla prigionia, o che, come Federico e Galvano Lancia, erano andati in esilio dopo la confisca dei loro possedimenti da parte di Carlo, riponevano ora le loro speranze nel giovane Corrado, figlio di Corrado IV, l'ultimo rampollo della dinastia sveva.

---

[12]*Mense februario piscis marinus in leonis effigie captus apud Erbem Veterem, ubi erat papa et curia, deportatur. Sed quia in sua capcione horribiles planctus emiserat, hoc multi signum aliquod futurorum exinde fieri asserebant*

All'epoca della battaglia di Benevento Corradino di Svevia aveva solo quindici anni, ma era un ragazzo sufficientemente capace e determinato da poter ambire alla sua eredità. Corradino di Hohenstaufen era figlio dell'imperatore Corrado IV e di Elisabetta di Wittelsbach e dunque nipote del grande Federico, che era rimasto orfano di padre a soli due anni di età ed era poi cresciuto in Baviera, tagliato fuori dagli avvenimenti italiani dopo che suo zio Manfredi era stato praticamente costretto dai maneggi della Curia pontificia – prima di Innocenzo IV, poi di Alessandro IV, indi di Urbano IV e da ultimo di Clemente IV - a farsi usurpatore e a prendere per sé la corona del regno di Sicilia, a detrimento dei diritti del giovanissimo nipote.

Corradino era stato re di Sicilia, ma solo di nome, dal 1254, con la morte di suo padre, al 1258, allorché Manfredi, fatta spargere la voce della sua morte, aveva cinto in Palermo la corona regale.

Al bambino fu imposto il nome del padre, che usò sempre; la forma diminutiva Corradino, comparsa per la prima volta in Italia e in seguito anche in Germania, fu impiegata in un primo tempo con intento ironico, mentre poi fu adottata per distinguerlo dal padre.

Corradino crebbe in mezzo alle lotte dei suoi zii, Ludovico II ed Enrico XIII, per il ducato di Baviera.

Ludovico difese, non senza perseguire interessi personali, i diritti del bambino come erede degli Staufen. I papi Innocenzo IV, al quale Corrado IV aveva affidato la tutela del figlio, e il suo successore Alessandro IV riconobbero Corradino come re di Gerusalemme e duca di Svevia, ma non come re di Sicilia; infatti Alessandro IV, nell'aprile 1255, aveva investito della corona di Sicilia il principe inglese Edmondo di Lancaster, che tuttavia non riuscì a prenderne possesso. Quando Manfredi, figlio illegittimo di Federico II, alla fine del 1254 rivendicò il dominio sul Regno, riconobbe Corradino come *baiulus* di Sicilia. Dopo la morte di Guglielmo d'Olanda (1256), che era stato contrapposto a Federico II come sovrano, gli zii cercarono di far eleggere Corradino re di Germania (*rex Romanorum*), iniziativa che peraltro naufragò a causa dell'opposizione di papa Alessandro IV e del disinteresse dei principi tedeschi; il prescelto fu invece Riccardo di Cornovaglia, fratello del re d'Inghilterra Enrico III.

I tentativi di far eleggere Corradino re di Germania fallirono anche nel 1261, per il dissenso di Ottocaro II di Boemia e di papa Urbano IV, così come nel 1266 sforzi analoghi non ebbero successo perché furono contrastati risolutamente da papa Clemente IV e da Ottocaro; Corradino quindi non riuscì mai a ottenere la corona tedesca. Negli anni dell'infanzia risiedette a Wasserburg sul fiume Inn, Dachau, Illmünster e Costanza. Grazie all'appoggio del vescovo Eberardo di Costanza poté assicurarsi il ducato di Svevia; il suo possedimento più importante era costituito dai beni guelfi acquisiti da Federico Barbarossa sul Lech, nell'Allgäu e sul lago di Costanza, che erano amministrati da ministeriali. Fra loro spicca Volkmar di Kemnaten, il maestro e consigliere più importante di Corradino, al quale fu impartita una discreta educazione formale, come all'epoca era in uso non di rado anche fra i sovrani laici. Corradino sapeva scrivere: la sua unica firma autografa in latino pervenuta, apposta in un documento rilasciato a Pisa il 14 giugno 1268, mostra una mano abbastanza ben esercitata e prova anche che possedeva una certa conoscenza del latino.

Dopo l'incoronazione di Manfredi a re di Sicilia il 10 agosto 1258, il duca Ludovico cercò senza successo di presentare Corradino al papa come avversario di Manfredi. In seguito a lunghe trattative con i papi Urbano IV e Clemente IV, quest'ultimo nel 1265 scelse come nuovo re di Sicilia Carlo, e il 22 febbraio 1266 Manfredi fu sconfitto e ucciso nella battaglia di Benevento. I suoi sostenitori meridionali si rivolsero quindi a Corradino, imitati anche dai ghibellini fiorentini, che il 17 aprile 1267 furono scacciati dalle truppe di Carlo d'Angiò dalla città in cui non avrebbero mai più fatto ritorno. Dopo il fallimento dei progetti per ottenere la corona tedesca, i consiglieri del giovane Corradino spostarono la loro attenzione sull'eredità da rivendicare nel Meridione d'Italia. Il vescovo Eberardo di Costanza era affiancato dal duca Ludovico II di Baviera, dal conte Mainardo II di Gorizia e del Tirolo, che aveva sposato in seconde nozze la madre di Corradino, dal giovane margravio Federico di Baden, nemico di re Ottocaro II di Boemia a causa delle sue rivendicazioni sui ducati d'Austria e di Stiria, e da altri nobili, tra cui Rodolfo d'Asburgo, all'epoca una figura ancora poco in vista, e il burgravio di Norimberga Federico, della casata sveva degli Hohenzollern, i cui discendenti a partire dal secolo XV saranno principi elettori del Brandeburgo, dal 1701 sovrani di Prussia e dal 1871 imperatori di Germania.

Fu in questi frangenti che si avvicinarono a Corradino rappresentanti di entrambe le casate che in seguito avrebbero dato la loro impronta alla storia tedesca ed europea fino al 1918.

Le cose stavano a questo punto allorché, con la conquista del regno di Sicilia da parte di Carlo d'Angiò e la morte in battaglia di Manfredi, il partito ghibellino d'Italia, rimasto senza un capo riconosciuto da tutti- condottieri come Farinata degli Uberti, peraltro morto fin dal 1264, godevano di un certo prestigio solo in ambito locale, né possedevano i mezzi necessari per condurre una politica che andasse oltre i conflitti locali e regionali- si ricordò del fatto che in Germania viveva ancora un erede della casata sveva e si affrettò a inviare suppliche a Corradino, affinché questi scendesse nella Penisola e riprendesse in mano le loro sorti, insieme ai diritti ereditari della sua casata.

All'Hohenstaufen si rivolgevano ora i Capece, i Lancia, Corrado d'Antiochia e altri; con lui si schierò il famoso notaio e stilista del re di Sicilia morto a Benevento, Pietro de Prece, che già aveva servito Federico II ed in seguito il figlio Manfredi, il quale dal 1266 fu protonotaro o, secondo il modello della cancelleria papale, vicecancelliere di Corradino e incaricato di redigere i suoi manifesti.

I ghibellini toscani e il partito imperiale dell'Italia settentrionale condussero un'efficace propaganda in favore di Corradino.

All'incirca dall'inizio del 1267 si ritrovarono presso di lui in Baviera molti degli esuli dell'Italia meridionale; Corradino distribuì già allora, come più tardi a Verona, le cariche più alte del suo Regno ereditario siciliano: Galvano Lancia divenne il suo consigliere più importante, Corrado Capece fu nominato maestro giustiziere dell'intero Regno e capitano generale e vicario in Sicilia, Manfredi Maletta, e più tardi Tommaso d'Aquino, camerario dei regni di Gerusalemme e Sicilia, Roberto Filangieri luogotenente degli stessi due regni. Corrado Capece, a Pisa dal marzo del 1267, tentò di riunire le forze antiangioine per un attacco al Regno. La situazione per Carlo era sempre più grave.

Nel novembre 1266 il capo dei ghibellini fiorentini, il conte Guido Novello dei Guidi aveva dovuto lasciare la propria città: la vittoria di Carlo a Benevento aveva rafforzato anche in Toscana i guelfi, che ora chiedevano aiuto a Carlo. Clemente IV cercò in un primo momento di mediare tra le parti.

Siena e Pisa, i cui mercanti Carlo aveva espulso dal Regno nel marzo 1267, abbracciarono la causa di Corradino, e ad esse si unì Guido Novello. Il fatto accelerò l'arrivo in Toscana delle truppe angioine.

Clemente IV intervenne allora in favore dei guelfi comminando pene canoniche contro i sostenitori di Corradino e chiamando quest'ultimo a discolparsi in Curia entro il 29 giugno. Il 17 aprile 1267 le truppe di Carlo insieme con il conte Guido Guerra e i guelfi fiorentini entrarono a Firenze cacciandone i ghibellini che non vi avrebbero più fatto ritorno. Carlo venne eletto podestà di Firenze per il resto dell'anno e per i successivi sei anni. L'esempio venne seguito da Prato, Pistoia, Lucca, San Gimignano e altri Comuni toscani.

Presto rimasero dalla parte di Corradino soltanto Siena e Pisa. A metà luglio lo stesso Carlo I arrivò in Toscana.

Nel frattempo, nel corso del suo lungo soggiorno a Viterbo - salvo brevi intervalli, dalla fine di aprile alla fine di giugno - Carlo aveva dovuto sopportare le prime recriminazioni e rimproveri di Clemente IV per gli scarsi riguardi usati nella conquista del Regno.

A Viterbo divenne anche chiaro che Carlo, prima ancora di consolidare il suo potere nel Regno, mirava più in alto.

L'Angiò progettò di passare l'Adriatico e riportare sul trono di Costantinopoli l'imperatore Baldovino I, ricavandone notevoli acquisti territoriali in Grecia. Il 25 e il 27 maggio 1267, con la mediazione del papa, furono conclusi i relativi accordi: cominciarono così i tentativi di Carlo di espandere il proprio dominio nel Mediterraneo orientale secondo un progetto che non avrebbe abbandonato fino alla morte e che gli avrebbe data la corona anche del regno di Albania.

Carlo si impegnava ad armare Baldovino con un esercito ed una marina per aiutarlo a restaurare il suo Impero, ormai ridotto alla sola Costantinopoli con appena 35 mila abitanti. Alla base della decadenza dell'Impero Latino vi erano notevoli buchi nelle finanze, che Baldovino II riusciva a tamponare a malapena con i tributi e l'appoggio Veneziano.

Dopo la morte di Baldovino I l'Impero latino di Gerusalemme venne messo sotto scacco dai bizantini dell'Impero di Nicea e del Despotato d'Epiro oltre che dai bulgari, di esso rischiava di non rimanere che un vago ricordo. Più volte Baldovino II viaggiò in Occidente, in Francia e in Italia, per ricercare l'appoggio politico e i finanziamenti necessari. Queste sciagure che si abbatterono sull'Impero Latino di Costantinopoli portarono il sovrano a vendere preziose reliquie in cambio di denaro. Tra questi oggetti sacri sarebbe annoverata anche una misteriosa corona di spine, venduta ad un mercante veneziano per una somma elevata.

Quello che verrà firmato a Viterbo nel maggio del 1267 sarà noto alla storia come il Trattato di Viterbo e porrà le basi di legittimazione per l'espansione di Carlo I d'Angiò nel Mediterraneo. L'accordo prevedeva infatti il reciproco impegno, in forze e armamenti, per la riconquista di Costantinopoli, ma avrebbe comportato anche un piano di spartizione dell'impero dopo l'eventuale vittoria. Il figlio di Baldovino II, Filippo di Couternay sarebbe andato in sposo a Beatrice, figlia di Carlo I. Questo matrimonio avvenne nel 1273 e Filippo, consorte e Baldovino vivranno stabilmente a Napoli presso la corte di Carlo d'Angiò, ma l'accordo non andò del tutto a buon fine.

Quest'ultimo comportò degli accordi diplomatici con la Bulgaria e la Serbia, ma dal punto di vista militare non ottenne alcun risultato. Il motivo va ravvisato negli accordi di pace che la Chiesa sottoscrisse in quegli anni con il sovrano bizantino Michele VIII. A rallentare il piano d'attacco a Costantinopoli vi sarà, come vedremo, anche la guerra contro Corradino di Svevia, combattuta nella battaglia di Tagliacozzo nel 1268.

All'accordo di Viterbo aveva aderito anche il principe di Acaia Guglialemo II di Villehardouin, che stremato dai bizantini decise di legarsi agli Angiò. Diede in sposa la sua erede all'altro figlio di Carlo e lo aiutò nella battaglia di Tagliacozzo.

L'accordo comportò un vero e proprio vassallaggio dei principati di Acaja, Morea, e del reame di Tessalonica, al re di Sicilia. Morto Baldovino il trattato venne riconfermato con un atto, stipulato a Foggia nel 1274.

Il trattato di Viterbo rmostra come un'abile manovra diplomatica, fondata su alleanze

strategiche, abbia catapultato l'influenza politica e la supremazia di Carlo I d'Angiò al di là dell'Occidente nell'ambizioso progetto di creare un Impero del Mediterraneo sotto l'egida del regno siciliano.
La riconferma del trattato, proprio alla morte di Baldovino II, rappresentò il rimarcare della giustificazione formale della politica espansionista di Carlo. Quest'ascesa si protrarrà, con la campagna balcanica del 1280- 1281 fino al 1282, anno della guerra del Vespro in Sicilia.
Infine, per leggittimare l'intervento di Carlo in Toscana, Clemente gli conferì il 4 giugno 1267 il titolo di *pacificatore* della Toscana fino all'elezione del nuovo imperatore.
In tal modo si riuscì a mascherare l'usurpazione dei diritti imperiali: poco dopo Carlo si autonominò vicario imperiale senza che il papa trovasse nulla in contrario.
Il 15 agosto il re di Sicilia entrò a Firenze, ma i tentativi di conquistare Siena fallirono e Poggibonsi si arrese solo dopo un lungo assedio il 30 novembre 1267.
Pisa, che proprio allora rafforzava il suo potere in Sardegna, si alleò più strettamente con Corradino. Nella Marca prendevano il sopravvento i ghibellini di Guido da Montefeltro.
I feudatari tedeschi rimasero sostanzialmente estranei alla preparazione e all'avvio dell'impresa: dal loro punto di vista, e giustamente, il fatto che Corradino si accingesse a spostare nuovamente in Italia il baricentro dell'Impero li lasciava sospettosi e perplessi; anche se, a ben guardare, era proprio il legame politico e spirituale, con l'Italia, che aveva reso possibile la loro resistenza vittoriosa alle velleità di centralizzazione del potere imperiale, e, in ultima analisi, ciò che aveva impedito il sorgere, in Germania, di una monarchia nazionale, così come stava accadendo in Francia, in Inghilterra, in Spagna.
Nell'Italia meridionale, invece, grazie ai Normanni e a Federico II, si era formata una monarchia centralizzata, che se era qualcosa di meno di una monarchia nazionale, perché non comprendeva che una parte della Penisola e perché gli ultimi Svevi, dopotutto, erano pur sempre tedeschi, anche se sul punto di italianizzarsi, era però molto più del regno di Germania, e ovviamente del fantomatico regno d'Italia- cioè l'Italia centro-settentrionale- uno stato "moderno", o in procinto di divenir tale, con una burocrazia, una amministrazione, una finanza e un esercito relativamente efficienti e ben coordinati.
Ora tutto ciò era passato nelle mani degli Angioini, i quali, in verità, non vollero e non seppero proseguire sulla via della modernizzazione, ma preferirono comportarsi come una dinastia straniera in terra di conquista, tanto più che il voltafaccia di gran parte dell'aristocrazia feudale ai danni di Manfredi aveva convinto Carlo che era bene non fidarsi affatto della collaborazione dei *pugliesi*, ma puntare su funzionari e amministratori provenienti dalla Francia e dalla Provenza.
D'altra parte, Carlo, per conquistare il regno di Sicilia, si era indebitato fino al collo: in pratica, era stato costretto a combattere e a vincere, per poter raccoglier e il denaro necessario a pagare i suoi finanziatori: la Curia pontificia e i banchieri fiorentini. Da ciò lo spietato inasprimento della pressione fiscale, che divenne così insopportabile, da indurre molti nobili – fra i quali spiccavano, per nome e per potenza, i Lancia - a guardare a Corradino come all'unica possibile soluzione per liberarsi dalla tirannia dell'Angioino. A ciò si aggiungeva lo scontento di quanti, come le truppe saracene, rimpiangevano gli Svevi e la loro illuminata tolleranza religiosa, né sapevano adattarsi alla durezza e all'arroganza dei nuovi padroni: la rivolta di Lucera, che resistette con successo all'assedio delle truppe angioine, rappresentò un episodio allarmante per Caro d'Angiò, appena venuto in possesso del suo regno.
Clemente IV intervenne allora in favore dei guelfi comminando pene canoniche contro i sostenitori di Corradino e chiamando quest'ultimo a discolparsi in Curia entro il 29

giugno. Il 17 aprile 1267 le truppe di Carlo insieme con Guido Guerra e i guelfi fiorentini entrarono a Firenze cacciandone i ghibellini che non vi avrebbero più fatto ritorno. Carlo fu eletto podestà di Firenze per il resto dell'anno e i successivi sei anni. L'esempio fu seguito da Prato, Pistoia, Lucca, San Gimignano e altri Comuni toscani. Presto rimasero dalla parte di Corradino soltanto Siena e Pisa. A metà luglio lo stesso Carlo fece la sua comparsa in Toscana.

Nel corso del suo lungo soggiorno a Viterbo - salvo brevi intervalli, dalla fine di aprile alla fine di giugno - Carlo aveva dovuto sopportare le prime recriminazioni e rimproveri di Clemente IV per gli scarsi riguardi usati nella conquista del Regno.

A Viterbo divenne anche chiaro che Carlo, prima ancora di consolidare il suo potere nel Regno, mirava più in alto. Progettò di passare l'Adriatico e riportare sul trono di Costantinopoli l'imperatore Baldovino, ricavandone notevoli acquisti territoriali in Grecia. Il 25 e il 27 maggio 1267, con la mediazione del papa, furono conclusi i relativi accordi: cominciarono così i tentativi di Carlo di espandere il proprio dominio nel Mediterraneo orientale secondo un progetto che non avrebbe abbandonato fino alla morte.

Per leggittimare l'intervento di Carlo in Toscana, Clemente gli conferì il 4 giugno 1267 il titolo di "pacificatore" della Toscana fino all'elezione del nuovo imperatore. In tal modo si riuscì a mascherare l'usurpazione dei diritti imperiali: poco dopo Carlo si autonominò vicario imperiale senza che il papa trovasse nulla in contrario. Il 15 agosto entrò a Firenze, ma i tentativi di conquistare Siena fallirono e Poggibonsi si arrese solo dopo un lungo assedio il 30 novembre 1267. Pisa, che proprio allora rafforzava il suo potere in Sardegna, si alleò più strettamente con Corradino. Nella Marca prendevano il sopravvento i ghibellini di Guido da Montefeltro.

Nel frattempo l'autorità di Carlo a Roma era in declino. Nella primavera del 1267 era giunto in Italia il principe Enrico (Arrigo) di Castiglia, fratello del re Alfonso X e cugino di Carlo, che da tempo era a ricerca di un dominio. Intelligente, ambizioso e brutale, aveva cospirato contro il padre, era quindi stato alla corte di Enrico III d'Inghilterra (per il cui figlio Edmondo avrebbe dovuto conquistare la Sicilia), passando poi al soldo del signore di Tunisi e assumendo i costumi saraceni.

Al momento del suo arrivo in Italia, i rapporti tra lui e Carlo erano buoni: egli aveva sostenuto finanziariamente la spedizione contro Manfredi e quindi sperava di ottenere l'appoggio di Carlo. Ma questi si oppose al progetto di Enrico di sposare la vedova di Manfredi, che accampava diritti sull'isola di Corfù e le zone vicine della Grecia continentale, ricevute in dote dal padre, dato che egli stesso aspirava a un'espansione in Grecia. E si oppose anche all'altro piano di Enrico d'impadronirsi della Sardegna. Il principe castigliano, comunque, riuscì ad approfittare della nuova situazione venutasi a creare a Roma. Qui proprio nella primavera del 1267 il partito popolare era riuscito a giungere al potere e successivamente si era rivolto ad Enrico, offrendogli la carica di senatore. Con il consenso del pontefice, il principe castigliano nel giugno assunse l'ufficio senatoriale e, subito dopo, anche perché influenzato dagli antichi sostenitori di Manfredi, cominciò a seguire una politica di opposizione a Carlo: prese, infatti, contatto con i ghibellini toscani e in luglio-agosto anche con Corradino, per il tramite di Guido da Montefeltro. Lo Svevo, che stava portando a termine i preparativi per la spedizione in Italia, rispose favorevolmente all'iniziativa di Enrico.

LA BATTAGLIA DI TAGLIACOZZO, 23 AGOSTO 1268.

Come dilegua una cadente stella,
Mutò zona lo svevo astro e disparve.
E gemendo l'avita aquila volse
Per morire al natío Reno le piume.

(A. Aleardi, *Il Monte Circello*, 1856)

Corradino venne raggiunto ad Augusta dagli esuli ghibellini provenienti da tutta Italia, compresi gli scampati alla sconfitta di Manfredi a Benevento, che lo sollecitavano a intervenire, garantendogli l'appoggio dei filo-imperiali italiani. Particolare rilevanza assunse la presenza di Galvano Lancia, che dopo essere stato stretto collaboratore di Manfredi, divenne anche il principale consigliere di Corradino. Con questi uomini il giovane formò una specie di governo in esilio: nel segno della tradizione iniziata da Federico II, progettava di governare il proprio regno basandosi principalmente su forze e personalità locali.

Corrado IV di Svevia e VII re di Napoli (sic per Sicilia) padre di Corradino

Il predominio del partito antimperiale in Lombardia rallentò la spedizione e mise Corradino in gravi difficoltà finanziarie. Frattanto Corrado Capece si era recato a Tunisi dove, utilizzando i legami stabiliti al tempo degli Svevi, aveva ottenuto l'appoggio dello hāfside al-Mustansir che alla fine di agosto allestì una spedizione. Ne facevano parte lo stesso Corrado Capece con tedeschi e toscani e Federico di Castiglia, fratello e alleato di Enrico, con spagnoli e musulmani, che, sbarcati in Sicilia presso Sciacca, dove l'autorità di Carlo arrivava appena, sconfissero il vicario di Carlo e spinsero alla rivolta quasi tutta l'isola.
Nell'ottobre del 1267 Galvano Lancia trattò a Roma per conto di Corradino con Enrico di Castiglia, che in novembre escluse dalla politica cittadina i sostenitori dell'Angiò. All'inizio del mese di dicembre si stabilì un'alleanza tra l'emissario di Corradino, i ghibellini toscani ed Enrico di Castiglia, mentre il pontefice Clemente IV tentava ancora una mediazione. Sulla base di questo crescente accerchiamento della signoria di Carlo e nonostante il parere contrario dei parenti Luigi di Baviera e Mainardo del Tirolo, il 17 gennaio 1268 Corradino decise di proseguire la marcia verso il Sud.
Appena avuta notizia della spedizione, come immaginabile, Papa Clemente IV scomunicò anche il ragazzo, ormai l'unico degli Hoenstaufen ancora privo della condanna papale, ma Corradino, incurante, rimase fermo nella sua intenzione di riprendersi il regno.
Dalla Baviera, la marcia del giovane avrebbe puntato su Roma e poi, con l'esercito rinforzato lungo la strada chiamando a raccolta i suoi sostenitori, avrebbe affrontato Carlo. La situazione in Italia non si presentava troppo favorevole per il giovane pretendente:
al Nord, in Lombardia e in Veneto, si combattevano due partiti, filoimperiale e antimperiale (le denominazioni di guelfi e ghibellini, di origine fiorentina, furono introdotte qui solo intorno al 1300; fino a questo momento erano circoscritte alla Toscana e zone limitrofe e neppure a Roma erano consuete). Facevano parte del primo schieramento Mastino della Scala a Verona, il margravio Pallavicini, i suoi nipoti Ubertino e Boso di Doaria, il comune di Pavia; i nobili e i comuni lombardi erano invece in massima parte ostili a Corradino. In Toscana la vittoria di Carlo su Manfredi aveva rinvigorito la fazione dei guelfi, che avevano chiesto aiuto all'Angiò, nominato dal papa il 10 aprile 1267 *paciarius generalis* ('pacificatore') e il 17 aprile 1268 vicario imperiale in Toscana. La divisione del ceto alto cittadino in guelfi e ghibellini, che in un primo momento era stata causata da lotte interne di potere, si trasferì allora alla grande politica: i guelfi si presentavano come rappresentanti della coalizione fra 'liberi' comuni, papato e Angioini francesi, mentre i ghibellini si configuravano come partigiani dell'Impero tedesco. Da allora Firenze fu la roccaforte della coalizione e dell'ideologia guelfe, mentre Pisa e Siena insieme a Guido Novello, anch'egli scacciato da Firenze, e al capo dei ghibellini delle Marche Guido da Montefeltro restarono fedeli a Corradino. Nella primavera del 1267 un nuovo importante personaggio, Enrico di Castiglia, emerse nel conflitto che andava profilandosi: fratello di re Alfonso X di Castiglia, uomo intelligente, ambizioso e brutale, dopo aver servito re Enrico III d'Inghilterra e gli Hafsidi in al-Ifriqiyya (Tunisia), aspirava a un dominio personale in Grecia o in Sardegna e fu quindi amaramente deluso dal cugino Carlo d'Angiò, che perseguiva in quelle terre ambizioni personali. Dopo un rivolgimento a Roma nella primavera del 1267, in cui furono ampliati i poteri del 'popolo', Enrico ricevette la dignità senatoria, in un primo tempo con l'approvazione del papa, e sotto l'influsso di seguaci di Manfredi intraprese una politica ostile a Carlo d'Angiò, instaurando contatti dapprima con i ghibellini toscani e poi, nell'agosto e settembre del 1267, con Corradino, il quale fu pronto ad accettare le sue offerte. Inoltre Corrado Capece, che dal marzo 1267 raccoglieva a Pisa le forze antiangioine e aveva saputo guadagnare alla causa degli Svevi

anche il sovrano musulmano di Tunisi, l'hafside al-Muṣtansir, muovendosi dalla Tunisia riuscì a conquistare gran parte della Sicilia nell'agosto e nel settembre del 1267. Furono stabiliti rapporti anche con il sultano dei mamelucchi d'Egitto Baybars, che minacciava quanto restava degli stati crociati, e con i saraceni di Lucera. Con queste premesse la situazione in Italia non appariva più tanto sfavorevole quando Corradino, l'8 settembre 1267, partì da Augusta verso il Sud con un esercito che in un primo momento contava solo un migliaio di uomini, finanziato cedendo parte dei suoi possedimenti al duca Ludovico; tuttavia la spedizione in seguito avrebbe dovuto essere sovvenzionata dai sostenitori italiani.

Attraversando il territorio del patrigno Mainardo egli valicò il Brennero e, passando per Bolzano, raggiungendo il 21 ottobre la ghibellina Verona, città di cui era margravio il suo amico personale, e alleato nell'impresa, Federico I di Baden, di 3 anni più anziano di lui, e dove fu ricevuto da Mastino della Scala e si acquartierò nel palazzo presso S. Zeno. A causa della situazione incerta il duca Ludovico e il conte Mainardo consigliarono a Corradino di rientrare in Germania; loro stessi e altri, fra cui Rodolfo d'Asburgo, ripresero la via di casa dopo avergli consigliato un'analoga decisione.

Dall'Italia la situazione sembrava molto meno favorevole a Corradino di quanto apparisse dalla Baviera. Tra le città lombarde, ad esempio, la sola Pavia era disposta ad abbracciare la causa degli Hoenstaufen e il Papa non era minimamente intenzionato a rivedere il proprio sostegno a Carlo d'Angiò o a ritirare la scomunica. Da questo momento in poi le decisioni di Corradino furono fortemente influenzate dai suoi partigiani italiani e in particolare da quelli del Mezzogiorno. Malgrado la congiuntura critica e la solenne scomunica lanciata da papa Clemente IV il 18 novembre 1267 Corradino decise, dando senz'altro ascolto ai suggerimenti degli esuli meridionali, di continuare nella sua spedizione di conquista. I successi ottenuti da Corrado Capece sull'isola e l'appoggio di Enrico di Castiglia, che Galvano Lancia era riuscito ad assicurarsi definitivamente a Roma, infusero coraggio al giovane Corradino e ai suoi seguaci. Con un esercito residuo di circa tremila cavalieri, al comando di Corrado Kroff di Flüglingen, *maresciallo di tutti i tedeschi in Italia* il 17 gennaio 1268 partì da Verona alla volta di Pisa.ì

Con il nuovo anno la spedizione lasciò Verona in direzione di Pisa, dove ottenne nuovi uomini e aiuto economico. In febbraio la guarnigione di Lucera, composta da saraceni dai tempi di Federico II, si era ribellata a Carlo d'Angiò e resisteva assediata dalle sue truppe: per Corradino era una buona notizia, perché il suo nemico sarebbe stato troppo impegnato per impedirgli di raggiungere Roma.

Intorno a lui si coagularono le speranze dei ghibellini e dei parenti di Manfredi, i Lancia, cui rimaneva la Toscana, e in particolare Siena e Pisa, come base d'appoggio di una nuova invasione. Carlo d'Angiò e il papa, ormai divisi da molte questioni ma necessari l'uno all'altro quando si trattava di fronteggiare gli Svevi, cercarono di anticipare le mosse nemiche; nominato dal pontefice paciere della Toscana e anche podestà di Firenze, l'angioino si diede a estendere il proprio potere nella regione con una serie di campagne che, però, non gli valsero il controllo di Pisa e Siena.

Nel frattempo Carlo tentava invano, con l'aiuto di Genova, di conquistare Pisa; poi, dopo l'arrivo di Corradino a Pavia, ritenne più opportuno bloccare i passi appenninici tra Lucca e la Lombardia e la strada della costa verso Genova. Dovette tuttavia rinunciare al suo piano originale di affrontare in questa zona Corradino, perché la situazione del Regno si faceva per lui sempre più difficile. In particolare all'inizio di febbraio del 1268 si erano ribellati a Lucera i saraceni trasferiti in quella città dalla Sicilia per ordine di Federico II.

In aprile il re lasciò la Toscana e s'incontrò a Viterbo con Clemente IV: questi scomunicò Corradino, Enrico di Castiglia, Guido da Montefeltro e altri partigiani del principe svevo, offrì a Carlo la carica di senatore di Roma per dieci anni e lo nominò il 27 aprile vicario imperiale in Toscana. Un attacco del re contro Roma fallì il 23 aprile, così Carlo all'inizio di maggio si diresse attraverso L'Aquila e Chieti verso la Puglia e cominciò il 20 maggio l'assedio di Lucera. Clemente IV bandì la crociata contro Corradino ed i suoi seguaci. Il principe tedesco aveva lasciato Pavia il 22 marzo e attraverso la valle della Bormida di Spigno aveva raggiunto la costa presso Savona, imbarcandosi quindi lì per Pisa su navi pisane con una piccola parte dell'esercito, mentre il grosso faceva ritorno a Pavia. Di qui alla fine di aprile ripartì per raggiungere - attraverso il territorio di Piacenza, la valle del Taro e il passo di Cento - la costa presso Sarzana e proseguire poi per Pisa, dove entrò il 2 maggio senza essere ostacolato dalle truppe di Carlo al comando di Guillaume l'Estendart e Jean de Braiselve.

Corradino poté pertanto contare sui due centri toscani quando scese in Italia sul finire del 1267, coordinandosi con la serie di rivolte che scoppiarono nel regno siciliano contro il regime francese. Con un esercito di spagnoli, italiani e tedeschi, arrivò quindi in Toscana; qui, in Valdarno, gli Angioini subirono la prima disfatta, come ricorda il Villani:

Poi si partì Curradino con sua gente di Pisa, e venne a Poggibonizzi, il quale come i terrazzani sentirono la venuta di Curradino in Pisa si rubellarono dal re Carlo e dal Comune di Firenze, e gli mandarono le chiavi infino a Pisa. E poi di Poggibonizzi n'andò in Siena, e da' Sanesi ricevuto a grande onore; e soggiornando in Siena, il maliscalco del re Carlo ch'avea nome, come detto avemo, messer Guiglielmo di Berselve, con sua gente si partì da Firenze il dì di santo Giovanni di giugno per andare ad Arezzo per impedire gli andamenti di Curradino; e da' Fiorentini furono scorti e acompagnati infino a Montevarchi e voleagli acompagnare infino ad Arezzo, sentendo il cammino dubbioso, e temendo d'aguato per lo contado d'Arezzo. Il detto maliscalco rendendosi di soperchio sicuro di sua gente, non volle più condotto di Fiorentini, inanzi al passare si mise messer Guiglielmo lo Stendardo con CCC cavalieri bene armati e in concio, e passò sano e salvo. Il maliscalco con Vc de' suoi cavalieri, non prendendosi guardia e sanza ordine, e i più di sua gente disarmata, si mise a passare, e quando giunse al ponte a Valle, ch'è in su l'Arno presso a Laterino, uscì loro adosso uno aguato della gente di Curradino, i quali sentendo l'andamento del detto maliscalco, erano partiti di Siena per lo condotto degli Ubertini e d'altri Ghibellini usciti di Firenze, e sopragiunti al detto ponte, i Franceschi non proveduti e sanza gran difesa furono sconfitti e morti, e presi la maggiore parte, e quegli che fuggirono verso il Valdarno nel contado di Firenze furono così presi e rubati come da' nimici; e il detto messer Guiglielmo maliscalco, e messer Amelio di Corbano, e più baroni e cavalieri, furono presi e menati in Siena a Curradino; e ciò fu il dì appresso la festa di san Giovanni, a dì XXV del mese di giugno, gli anni di Cristo MCCLXVIII.

Il 24 luglio 1268 Corradino entrò trionfalmente a Roma, che attraversò acclamato dai romani, passando ponte S. Angelo e giungendo in Campidoglio, dove venne accolto da Enrico di Castiglia, dai nobili ghibellini e dal popolo esultante da cui fu acclamato Re dei Romani ed Imperatore, e qui venne presa la decisione di entrare nel regno di Sicilia, dirigendosi, appunto, su Lucera passando dagli Abruzzi, ritenuti meno guarniti.

Era il 14 agosto quando il giovane Svevo con il suo esercito partiva alla volta dell'Abruzzo, non prima però di aver spogliato il Tesoro di san Pietro e le chiese di Roma per finanziare la propria spedizione. Il piano prevedeva di entrare nel Regno di Napoli passando per Sulmona, da qui raggiungere Lucera, fedelissima agli Svevi, unirsi con i saraceni insorti, per poi affrontare Carlo d'Angiò in battaglia.

Soggiornato Curradino alquanto in Siena, scrive Giovanni Villani, *sì n'andò a Roma, e da' Romani e da don Arrigo senatore fu ricevuto a grande onore a guisa d'imperadore, e in Roma fece sua raunata di gente e di moneta, e spogliò il tesoro di San Piero e d'altre chiese di Roma per fare danari, e trovossi in Roma con più di Vm cavalieri tra Tedeschi e Italiani con quegli di don Arrigo senatore, fratello del re di Spagna, ch'avea seco bene VIIIc buoni cavalieri spagnuoli. E sentendo Curradino che 'l re Carlo era a oste in Puglia alla città di Nocera, e molte delle terre e baroni del Regno erano rubellati, e dell'altre in sospetto, sì gli parve tempo accettevole d'entrare nel Regno, e partissi da Roma a dì X d'agosto, gli anni di Cristo MCCLXVIII, col detto don Arrigo e con sua compagnia e baronia, e con molti Romani; e non fece la via di Campagna, però che seppe che 'l passo da Cepperano era guernito e guardato: sì non si volle mettere alla contesa, ma fece la via delle montagne tra l'Abruzzi e Campagna per Valle di Celle, ove non avea guardie né guernigione, e sanza niuno contasto passò e arrivò nel piano di San Valentino nella contrada detta Tagliacozzo.*

Corradino era accompagnato da autorevoli personalità politiche e militari: il fedelissimo Federico d'Asburgo, duca d'Austria, il senatore Enrico di Castiglia, il conte Galvano Lancia e Corrado d'Antiochia il quale, come conte di Alba e di Celano e quindi conoscitore di tali luoghi deve aver avuto un peso determinante sulla decisione di abbandonare a Carsoli la via Valeria, dove si temevano possibili agguati, per inoltrarsi nei sentieri boscosi della valle di Luppa.
Il confine dei Marsi albesi dagli Equi infatti passava già in età romana nei pressi del paese di Santo Stefano come prova il cippo miliario con l'iscrizione *Albensium fines* rinvenuto in località *le Colonnelle* in Val dei Varri.
Inoltratosi nella valle di Luppa, l'esercito di Corradino passò per il territorio di Pietrasecca, volse quindi verso Castelvecchio e risalendo il monte Faito nei pressi di Santo Stefano di Sante Marie, scese a Torano, presso il fiume Salto nel Cicolano, da dove proseguì per i Campi Palentini.
Carlo, da parte sua, a fine luglio aveva abbandonato l'assedio di Lucera e si era messo in marcia lungo la via Valeria attraverso la Marsica; il 4 agosto egli si fermò ai Campi Palentini a nord-ovest di Avezzano, particolarmente adatti come campo di battaglia. I suoi agenti a Roma l'avevano evidentemente informato della direzione di marcia di Corradino, che subito dopo l'arrivo nella città aveva deciso con Enrico di Castiglia di non proseguire lungo la via Latina verso la Campania, dove il seguito di Carlo era ancora forte, ma attraverso Tivoli e la via Valeria raggiungere rapidamente la Puglia e unirsi ai ribelli.
Corradino era certamente informato attraverso spie della presenza di Carlo ai Campi Palentini. Per evitare la battaglia l'esercito di Corradino a Carsoli il 20 agosto aveva piegato a nord lungo aspri sentieri di montagna, per aggirare a settentrione Carlo attraverso L'Aquila. Quando Carlo si accorse della manovra, spostò il campo a Ovindoli per tagliare ad ogni costo la strada a Corradino. La difficile marcia attraverso i monti di Carsoli costrinse però Corradino ed Enrico di Castiglia a rinunciare al loro piano di aggiramento; raggiunta il 21 agosto l'alta valle del Salto, la discesero verso il sud di nuovo in direzione della via Valeria e dei Campi Palentini. Carlo, informato a sua volta di questo cambio di direzione, lasciò Ovindoli per tornare anch'egli ai Campi Palentini.

La sera del 22 agosto i due eserciti, quello di Corradino in marcia da nord-ovest a sud-est e quello di Carlo in direzione opposta, vennero a contatto tra Magliano e Cappelle presso un torrente di montagna chiamato Riale.

Quella che ne seguì fu una delle più strane battaglie della storia: una battaglia in cui, più che in molti altri caso, a vincere non fu il valore, e neppure la forza del numero – ché l'esercito di Corradino era da una volta e mezza al doppio di quello di Carlo -, ma l'astuzia, nel senso più sottile del termine: una trovata geniale, anche se relativamente semplice, di Alardo di Valéry, considerato uno dei più abili comandanti dell'epoca, il quale consigliò il suo sovrano di tenere in riserva, ben nascosto dietro una collina, il nerbo della sua cavalleria, in modo che il nemico non potesse neanche sospettarne la presenza. E poi, fu solo questione di saldezza di nervi, qualità che all'Angioino non mancava certamente: stare a guardare mentre una parte del suo esercito veniva fatta a pezzi, e ucciso Henry de Cousances, suo aiutante di campo, il quale, per l'occasione, aveva indossato i suoi abiti e le sue insegne: cosa che diede subito alla testa degli ingenui cavalieri tedeschi, spagnoli e italiani, i quali s'illusero di aver già vinto e si dispersero, dandosi al saccheggio del campo nemico, quando la mossa decisiva doveva ancora essere giocata.

Informato della marcia di Corradino su Roma, Carlo d'Angiò si propose di sbarrare la strada a Corradino ch che, attraverso la strada di Avezzano e Sulmona, tentava di raggiungere le Puglie per ricongiungersi ai saraceni lucerini insorti.

L'esercito ghibellino era forte di circa diecimila uomini mentre le forze guelfe contavano seimila soldati.

Dopo una marcia estenuante attraverso i monti, Corradino riuscì ad eludere la vigilanza dell'avversario e a sboccare nella pianura del Salto, dove il 21 agosto pose il campo tra Avezzano e Tagliacozzo. Il giorno dopo Carlo d'Angiò raggiunse la posizione di Corradino ma, essendo completamente esausta la sua cavalleria, forza principale dell'esercito, non accettò battaglia. Il cimento decisivo ebbe luogo solo il 23 agosto.

Pur in netta inferiorità numerica, il comandante francese si rivelò miglior comandante e tattico, cogliendo una vittoria che fu resa completa dalla successiva cattura del giovane Hohenstaufen, giustiziato a Napoli due mesi dopo con l'assenso papale.

I due esercirti erano separati dal Salto, fiume poco profondo. Di fronte alla superiorità numerica del nemico, Carlo scelse la difensiva, dividendo le proprie truppe in due corpi, o *batailles*.

Al primo affidò l'incarico di sostenere l'urto principale del nemico, mentre il secondo, del quale egli stesso si pose alla testa, era formato da circa ottocento cavalieri scelti, che avrebbero dovuto precipitarsi sul nemico al momento decisivo. Il secondo corpo agli ordini del sovrano si attestò in una valle laterale, nascosto alla vista degli Svevi.

L'esercito svevo, forte di circa 5.000 uomini, superiore per numero di un migliaio di unità a quello di Carlo, avanzò su tre file, la prima guidata da Kroff da Flüglingen e la seconda da Enrico di Castiglia, mentre il giovane Corradino si trovava nella terza e ultima. Carlo mandò incontro al nemico le sue truppe, composte di francesi, provenzali e guelfi italiani, su due file guidate da Henri de Courances e Guillaume l'Estendart.

Il 23 agosto 1268 Carlo e Corradino si incontrarono ai Campi Palentini, tra Magliano dei Marsi e Avezzano.

Per ingannare l'avversario Henri de Courances portava le insegne reali. Carlo guidava personalmente la terza linea, pronta alla sorpresa in un avvallamento a nord-ovest di Antrosano, dove non poteva essere vista dal nemico. Questa tattica, che bilanciò la sua inferiorità numerica e lo condusse alla vittoria, gli fu suggerita sull'esempio di un modello

saraceno da Erard de Valéry, un vecchio amico del tempo della crociata nel delta del Nilo che si era unito a Carlo da poco, proveniente da San Giovanni d'Acri, e da Guglielmo di Villehardouin, il principe d'Acaia che pure si trovava nell'esercito di Carlo.
Erard era uno dei numerosi figli di Jean, signore di Valéry nella Yonne, ed era nato nato probabilmente intorno al 1220.
Il signore di Valéry era un veterano, tipico esempio della nobiltà guerriera e feudale di Francia, che aveva preso parte alla crociata d'Egitto del 1248, rimanendo prigioniero con tutto l'esercito cristiano sotto le mura di Mansura. In seguito partecipò alla guerra tra Margherita di Fiandra e il figlio di primo letto Jean d'Avesne, e fu fatto prigioniero alla battaglia di West Cappel nel 1253; fu quindi riscattato da Carlo d'Angiò, alleato della contessa. Alla fine del 1265 o ai primi del 1266 giunse a S. Giovanni d'Acri minacciata dal sultano mamelucco di Egitto Baibars. Di ritorno dalla Palestina, sbarcò in Puglia probabilmente nell'agosto 1268, e offrì subito il proprio aiuto a Carlo I d'Angiò.
E fu Erard a consigliare a Carlo di suddividere l'esercito in due corpi, facendo credere a Corradino di avere di fronte il re, che invece si sarebbe appostato in agguato alle spalle del nemico, suddividendo in due schiere sfalsate il corpo che avrebbe fatto da esca per gli svevi, che avrebbero creduto di avere di fronte l'esercito angioino al completo, tanto più che sarebbero state esposte le insegne reali.
Non a torto quindi i cronisti di poco posteriori misero in rilievo la parte avuta da Erard de Valéry nella vittoria, come fa anche Dante:

Là da Tagliacozzo,
dove sanz'arme vinse il vecchio Alardo[13].

I due eserciti si fronteggiavano sulle opposte rive di un torrente che scendendo dal monte Velino correva in direzione sud-ovest per sfociare nel Salto: Corradino di fronte a sé vide due sole formazioni di cavalleria in posizione lievemente sfalsata l'una rispetto all'altra, e il vantaggio numerico di almeno 3 a 2 lo rassicurava sull'esito dello scontro imminente.
Alla sua destra, al centro della formazione nemica più avanzata, Corradino poteva scorgere sventolare le insegne di Carlo.
In realtà ad innalzare le insegne del re era il maresciallo Henry de Cousances per ingannare gli avversari, secondo il piano di Erard de Valéry, facendo loro credere d'aver di fronte l'intero esercito angioino, mentre in realtà l'Angiò era appostato tra le colline, come si è detto, alla testa di ottocento dei suoi migliori cavalieri.
Le schiere imperiali attraversarono il ruscello senza che gli Angioini opponessero resistenza e quindi attaccarono impetuosamente i cavalieri franco-provenzali.
Il torrente con la sua vegetazione intricata ostacolava le azioni, ma Enrico di Castiglia con i suoi spagnoli ben equipaggiati, probabilmente con pesanti armature a piastre, fu in grado di guadare il torrente in direzione ovest e, insieme con gli altri imperiali che oltrepassarono il corso d'acqua presso il *castrum* (*villa*) *pontis,* riuscì ad annientare le due prime linee francesi; i fuggitivi furono poi incalzati in direzione di Albe.
La superiorità numerica degli Svevi si fece valere: nel corso dello scontro il maresciallo de Cousances venne ucciso, e le sue truppe indietreggiarono, evidentemente scoraggiate dalla perdita del loro capo.
Quando gli Svevi, già certi della vittoria, scesero da cavallo e cominciarono il saccheggio,

---

[13] Dante, *Inf.*, XXVIII, 17 s.

Carlo e il suo corpo di cavalleria scelta, nascosti dietro i poggi, uscirono dalla valle e al grido di *Montjoie*! caricarono gli uomini di Corradino, attaccando alle spalle il nemico ormai stanco e disordinato dallo scontro col corpo comandato dal de Cousances, che a sua volta, si ricompattò caricando anch'esso gli uomini del giovane Hohenstaufen, e travolgendo tedeschi, toscani e lombardi.
Alla testa dei cavalieri c'era in realtà Erard de Valéry, il *vecchio Alardo* di Dante, che tanto vecchio non era, non taggiungendo probabilmente i cinquant'anni, il quale, guidando l'ultimo decisivo assalto tolse Guido di Monfort dal grave impaccio in cui lo aveva messo la cavalleria tedesca di Corradino:

Et Herardus et sui milites flexis loris ad eos [cioè gli uomini di Corradino] *revertentes, ipsos a latere cum magnis clamoribus invadunt et in eos impetu validissimo proruperunt*[14].

Contribuendo a vincere così anche con le armi la battaglia che aveva iniziata a vincere con il piano strategico.
I ghibellini si vennero così a trovare stretti tra due fuochi, e gli Angioini li fecero facilmente a pezzi. Neppure Enrico di Castiglia, che tornava dal suo inseguimento, poté cambiare le sorti della battaglia finale.
Ecco come Villani racconta la battaglia:

I Tedeschi si credettero avere vinto, che non sapeano dell'aguato del re Carlo, si cominciarono a spandere per lo campo, e intendere a la preda e alle spoglie. Lo re Carlo era in sul colletto di sopra alla valle, dov'era la sua schiera, con messer Alardo di Valleri e col conte Guido di Monforte per riguardare la battaglia, e veggendo la sua gente così barattare, prima l'una schiera e poi l'altra, e venire in fuga, moria a dolore, e volea pure fare muovere la sua schiera per andare a soccorrere i suoi. Messer Alardo, maestro dell'oste e savio di guerra, con grande temperanza e con savie parole ritenne assai lo re, dicendo che per Dio sì sofferisse alquanto, se volesse l'onore della vittoria, però che conoscea la covidigia de' Tedeschi, come sono vaghi delle prede, per lasciargli più spartire dalle schiere, e quando gli vide bene sparpagliati, disse al re: "Fa' muovere le bandiere, ch'ora è tempo"; e così fu fatto. E uscendo la detta schiera della valle, Curradino né' suoi non credeano che fossono nimici, ma che fossono di sua gente, e non se ne prendeano guardia. E vegnendo lo re con sua gente stretti e serrati, al diritto se ne vennero ov'era la schiera di Curradino co' maggiori di suoi baroni, e quivi si cominciò la battaglia aspra e dura, con tutto che poco durasse, però che·lla gente di Curradino erano lassi e stanchi per lo combattere, e non erano tanti cavalieri schierati ad assai quanti quegli del re, e sanza ordine di battaglia, però che·lla maggiore parte di sua gente, chi era cacciando i nemici, e chi ispartito per lo campo per guadagnare preda e pregioni, e la schiera di Curradino per lo improviso assalto de' nimici tuttora scemava, e quella del re Carlo tuttora cresceva per gli primi di sua gente ch'erano fuggiti della prima sconfitta, conoscendo le 'nsegne del re si metteano in sua schiera, sicché in poca d'ora Curradino e sua gente furono sconfitti.

La vittoria di Carlo I d'Angiò fu indubbiamente dovuta al piano di battaglia architettato suo esperto "stratega" Erard di Valery. Costui, uomo d'arme veterano delle Crociate, voleva

---

[14]*Primato Chronicon*, in *Mon. Germ. Hist.*, Script. XXVI, 661.

dare al suo re una vittoria decisiva, ma era ben conscio che l'inferiorità numerica delle truppe angioine rispetto a quelle di Corradino poteva essere compensata solo da un piano di battaglia molto ben studiato. Fu la conformazione frastagliata e boscosa del territorio dei Piani Palentini a suggerire al cavaliere francese la possibilità di ricorrere allo stratagemma della riserva nascosta, per la possibilità di trovare nella zona abbondanza di luoghi in cui occultarla. Mediante una riserva nascosta, infatti, si ottengono due scopi immediati: ci si garantisce un elemento di manovra di cui il nemico non è a conoscenza e, contemporaneamente, lo si confonde sulla reale entità delle proprie truppe.

Lo studio del terreno per il suo proficuo utilizzo tattico è dunque il principale caposaldo di questo piano di battaglia: l'arrivo anticipato ai Campi Plentini dell'armata angioina servì appunto a permettere ad Alardo e a Carlo d'Angiò una meticolosa ricognizione. Gli stessi Campi Palentini, in questo modo, sarebbero stati la chiave della vittoria.

Stabilito il luogo più opportuno per l'occultamento, ci si doveva garantire che il nemico cadesse nell'inganno. La prima misura adottata da Alardo fu lo schieramento scaglionato delle formazioni, perché costrinse i nemici ad uno schieramento speculare, e quindi ad esporre in posizione avanzata il fianco "bersaglio" all'attacco della riserva nascosta. La scelta della stessa posizione di schieramento dell'armata angioina dipese dalla collocazione della riserva nascosta.

A ulteriore garanzia della riuscita dello stratagemma, venne sacrificata la vita di Henry de Cousances, che coraggiosamente indossò le insegne reali e sfidò temerariamente il nemico, cercando e ottenendo la morte per illuderlo di aver vinto una battaglia che invece era ancora tutta da combattere. Probabilmente la battaglia sarebbe stata ugualmente vinta ricorrendo semplicemente ad una finta rotta, espediente usato spesso in unione con una riserva nascosta. Tuttavia il sacrificio di Henry de Cousances indubbiamente servì a dare maggiore credibilità all'intera operazione e a sbilanciare e disordinare il nemico.

La fase più delicata dell'operazione, però, fu proprio quella finale: la scelta del momento in cui far uscire la riserva dal suo nascondiglio. Un'azione anticipata avrebbe potuto far mancare completamente l'effetto sorpresa, una troppo ritardata consegnerebbe solo un successo parziale. La finestra temporale per intervenire è stretta, e il colpo d'occhio di chi è al comando della riserva il vero fattore decisivo. Indubbiamente la tattica della riserva nascosta nella battaglia dei Piani Palentini fu adottata in modo complesso eppure impeccabile e l'effetto sulle impetuose truppe di Corradino non avrebbe potuto essere più devastante.

La battaglia, priva di qualsiasi etica cavalleresca, costò la vita a un migliaio di cavalieri: Enrico di Castiglia fu preso prigioniero presso Rieti mentre fuggiva e trascorse molti anni in carcere; altri sostenitori di Corradino, come Tommaso d'Aquino e Kroff da Flüglingen, furono immediatamente giustiziati. La battaglia fu contraddistiata da un calcolo tattico modernamente apprezzabile (non c'è niente che ricordi la concezione, largamente diffusa, della battaglia come giudizio di Dio) e delle atrocità bestiali, che erano dovute anche alla pericolosa situazione nella quale si trovavano i contendenti.

Prima dello scontro, del resto, gli Svevi, per vendetta, avevano decapitato Giovanni di Braiselve catturato presso Laterina.

Il fanatismo dinastico, religioso e *nazionalistico* accendeva gli animi; Carlo, in particolare, nel solco della tradizione di Carlomagno e da fedele figlio della Chiesa, si considerava un soldato di Cristo. A memoria dello scontro fece fondare vicino al campo di battaglia l'abbazia cistercense di S. Maria della Vittoria, abitata da monaci francesi, e le donò una statua della Vergine Maria il cui aiuto aveva impetrato con le sue preghiere prima di affrontare il nemico; nel 1313 i sostenitori di Arrigo VIIla distrussero per vendicare i fatti del 23 agosto 1268.

Corradino fuggì con circa cinquecento cavalieri in direzione di Roma

Costeggiando gli attuali paesi posti alle falde meridionali della catena montuosa cui sovrasta la cima del monte Faito : Sorbo, San Donato, Gallo, Scanzano, Santo Stefano, Corradino giunse a Castelvecchio. *Negli Annali Piacentini- Ghibellini* si legge che *il Re Corradino con i soldati che erano con lui si rifugiò a Castrum Vegium*, cioè l'attuale Castelvecchio, frazione del comune di Sante Marie e facilmente raggiungibile dai Piani Palentini, che un'antica Bolla papale (1188) e i Regesti Angioini degli anni 1292-1293 chiamano *Castrum Vetus* e *Castellum Vetus* come il *Castrum Vegium* degli Annali Piacentini.

Corradino raggiunse Roma il 28 agosto. In questa città che pochi giorni prima lo aveva accolto festosamente, le condizioni politiche erano mutate per il risorgere della fazione guelfa. Guido da Montefeltro, vicario del senatore Enrico di Castiglia, si rifiutò di accogliere e proteggere i fuggiaschi e gli stessi ghibellini li consigliarono di abbandonare la città al più presto.

Corradino allora lasciò Roma il 31 agosto dirigendosi verso il castello di Saracinesco di Corrado di Antiochia, per raggiungere poi il mare e mettersi in salvo sulla flotta pisana, imbarcandosi a Torre Astura insieme a Federico di Baden, Galvano e Galeotto Lancia, Napoleone Orsini e Riccardo Annibaldi , l'8 o il 9 settembre.

Ma Giovanni Frangipane, signore di Astura, fece inseguire i fuggiaschi con un rapido veliero, che li costrinse a tornare alla riva, ove furono rinchiusi nel castello. Con la promessa di denaro e di terre, il Frangipani consegnò i prigionieri agli emissari di Carlo d'Angiò.

I due Lancia furono giustiziati come rei di tradimento; Carlo I volle invece dare una finzione di legalità alla condanna e all'esecuzione di Corradino.

In ottobre Corradino, Federico d'Austria e altri furono portati a Napoli in Castel dell'Ovo. A una commissione di giuristi venne posto il quesito se i due principi potevano essere considerati aggressori stranieri (*invasores regni*) e rei di lesa maestà, reati per i quali la legge siciliana prevedeva la pena di morte. Dopo la risposta positiva dei giuristi al quesito seguì la condanna, pronunciata dal re secondo il diritto siciliano.

Nel proprio testamento Corradino riconfermava il passaggio dei suoi possedimenti sul Lech, peraltro già effettuato, ai due duchi di Wittelsbach.

L'ultimo atto del drammasi svolse a Napoli, nel Campo Moricino, l'attuale Piazza del Mercato, dove il 29 ottobre, senza perder tempo, Carlo d'Angiò fece decapitare, dopo un processo farsa che si era concluso, in spregio a ogni diritto, con la condanna capitale, Corradino, Federico di Baden, Gherardo di Donoratico e altri, ed i loro corpi sotterrati nella sabbia sulla costa accanto a un cimitero ebraico.

La condanna a morte dell'ultimo degli Hohenstaufen, scaturita da un calcolo politico, è rimasta impressa per secoli nella memoria di tedeschi e italiani. Questa decisione alienò a Carlo d'Angiò molte simpatie anche in campo guelfo. Papa Clemente IV aveva revocato la scomunica a Corradino, ma non aveva fatto nulla per impedire la sua decapitazione.

Il corpo, insieme a quello degli altri giustiziati, fu lasciato insepolto e solo circa un decennio più tardi la sventurata Elisabetta di Wittelsbach poté riaverlo, per fargli avere una degna sepoltura.

Le spoglie di Corradino di Hoehnstaufen furono sepolte nella chiesa dei Carmelitani in piazza del Mercato; nel 1832 il principe ereditario della casa Wittelsbach, il futuro re

Massimiliano II di Baviera, commissionò una statua, progettata e modellata da uno dei massimi scultori neoclassici, Bertel Thorvaldsen ma ultimata solo dopo il 1841 a Roma dal monacese Peter Schöpf, nel cui basamento vennero racchiuse nel 1847 le ossa di Corradino[15].

E come lo re ebbe Curradino e que' signori in sua balia, scrive Giovanni Villani, *prese suo consiglio quello ch'avesse a·ffare. Alla fine prese partito di fargli morire, e fece per via di giudicio formare inquisizione contro a·lloro, come a traditori della corona e nemici di santa Chiesa; e così fu fatto; che a dì.... fu dicollato Curradino, e 'l duca d'Osteric, e 'l conte Calvagno, e 'l conte Gualferano, e 'l conte Bartolomeo e due suoi figliuoli, e 'l conte Gherardo de' conti da Doneratico di Pisa in sul mercato di Napoli lungo il ruscello dell'acqua che corre di contra alla chiesa de' frati del Carmino; e non sofferse il re che fossono soppelliti in luogo sacro, ma in su il sabbione del mercato, perch'erano scomunicati. E così in Curradino finì il legnaggio della casa di Soave, che fu in così grande potenzia d'imperadori e di re, come adietro è fatta menzione. Ma di certo si vede per ragione e per isperienza che chiunque si leva contra santa Chiesa e è scomunicato conviene che·lla fine sia rea per l'anima e per lo corpo; e però è sempre da temere la sentenza della scomunicazione di santa Chiesa giusta o ingiusta, che assai aperti miracoli ne sono stati, chi legge l'antiche croniche, e per questa il può vedere per gl'imperadori e signori passati, che furono ribelli e persecutori di santa Chiesa. Della detta sentenzia lo re*

---

[15]Per l'occasione nella Cappella del Carmine vennero riesumate le ossa dell'Hohenstaufen: *Adunque il successivo giorno undici dello stesso mese, ed anno s'incominciò a scavare nel suolo della suddetta cella, o santuario della Vergine dietro l'altare maggiore, per ogni verso ed in tutta la sua estensione; sotto il quale stando alla fede del Canonico Celano, e della* Crinostoria [sic] del Convento del Carmine Maggiore in Napoli, *libro che manoscritto si conserva presso i religiosi, dovea senza alcun dubbio trovarsi sepolto il corpo di Corradino chiuso in una cassa di piombo. Ed invero erasi appena cavata la terra alla profondità di tre palmi, che apparve il coverchio di una cassa, che mostrava essere di di piombo; e proseguendosi a cavare per altri palmi tre circa, fu tale cassa interamente scoverta. Misurata si trovò lunga palmi sei ed un quarto; le altre due dimensioni erano palmi due e mezzo e palmi due. Era composta di grosse lamine di piombo addoppiate l'una sopra l'altra a tre giri, convessa alquanto nella parte superiore, ma piana nel rimanente. Dimostrava però di essere stata altre volte aperta; ancora vedevasi rotta e scomposta in varie parti pel peso del terreno che sopra vi gravitava; per vetustà corrosa ed ossidata, e quasi condotta all'ultima ruina (...)*
Alcuni grossi chiodi e viti di ferro rugginosi non più aderenti alla cassa si rinvennero caduti intorno la medesima, e molto piombo ridotto in frammenti quali di piccola, e quali di più larga dimensione mezzo polverizzati e consunti (...).
Scoperchiata la suddetta cassa apparve uno scheletro che pareva essere stato di giovine, le cui ossa affatto nude non aveano alcuna coesione, ma pur giacenti ed ordinate secondo la loro naturale disposizione.
La testa soltanto non si rimanevano che alcuni frammenti delle ossa mascellari, ed il cranio disposti sopra le coste del petto.
Nel fondo della cassa si radunavano le ceneri mescolate ad alquanto terreno, tra il cui ammasso appena distinguevasi qualche tenuissimo avanzo delle vestimenta: nè altra cosa si rinvenne meritevole di attenzione. Era poi in modo situato lo scheletro che presentava il tronco verso la porta d'ingresso, ed i piedi alla parte contraria; cioè nella direzione da mezzo giorno a settentrione. Non vi fu allora alcun dubbio che non fossero quelle le ossa di Corradino... (P. Novi, *Scavamento delle ceneri del principe Corradino di Svevia e loro traslazione nel monumento a lui eretto nella Reale Chiesa del Carmine Maggiore in Napoli descritti dall'architetto Pietro Novi*, Napoli 1847, pp. 8-9).

Carlo ne fu molto ripreso, e dal papa, e da' suoi cardinali, e da chiunque fu savio, però ch'egli avea preso Curradino e' suoi per caso di battaglia, e non per tradimento, e meglio era a tenerlo pregione che farlo morire. E chi disse che 'l papa l'asentì; ma non ci diamo fede, perch'era tenuto santo uomo. E parve che·lla innocenzia di Curradino, ch'era di così giovane etade a giudicarlo a morte, Iddio ne mostrasse miracolo contra lo re Carlo, che non molti anni appresso Iddio gli mandò di grandi aversitadi quando si credea essere in maggiore stato, sì come innanzi nelle sue storie faremo menzione. Al giudice che condannò Curradino Ruberto figliuolo del conte di Fiandra, genero del re Carlo, com'ebbe letta la condannagione, gli diede d'uno stocco, dicendo ch'a·llui nonnera licito di sentenziare a morte sì grande e gentile uomo; del quale colpo il giudice, presente lo re, morì, e non ne fu parola, però che Ruberto era molto grande apo lo re, e parve al re e a tutti i baroni ch'egli avesse fatto come valente signore. Don Arrigo di Spagna, il quale era de' pregioni del re, però ch'egli era suo cugino carnale, e perché l'abate di Montecascino che·ll'avea dato preso al re, per non essere inregolare, per patti l'avea dato che nol farebbe morire, nol fece giudicare il re a morte, ma condannollo a perpetuale carcere, e mandollo in pregione al castello del Monte Sante Marie in Puglia; molti degli altri baroni di Puglia e d'Abruzzi ch'erano stati contro a lo re Carlo e suoi ribelli fece morire con diversi tormenti.

Sulla tomba di Corradino e di Federico d'Asburgo venne posta un'epigrafe irridente:

Il leone ghermito con gli artigli da astore l'aquilotto
Qui lo spiumò e recisogli il capo lo depose[16].

Alcune leggende fiorirono già negli anni immediatamente successivi alla sua morte, tutte relative alla sua decapitazione. Una prima versione vuole che Corradino, affrontando con coraggio la sua sorte, gettasse tra la folla un guanto prima di porgere il capo al boia. Questo guanto sarebbe stato raccolto da Giovanni da Procida, medico e già consigliere di Federico II, che poi sarebbe stato tra gli animatori dei Vespri Siciliani, rivolta che sottrasse la Sicilia agli Angioini per metterla sotto il dominio aragonese.
E proprio durante i Vespri gli insorti sventolavano bandiere su cui era raffigurata una testa mozzata, ovviamente la testa di Corradino.
Altra leggenda vuole che ad esecuzione avvenuta un'aquila, animale araldico della Casa di Svevia piombasse dal cielo per bagnare un'ala nel sangue di Corradino e poi volare verso il Nord, leggenda che ispirerà i versi dell'Aleardi (1812- 1878):

E gemendo l'avita aquila volse

---

[16] Oggi l'epigrafe nella Chiesa del Carmine suona:

> *Corradino di Svevia e Federico d'Austria*
> *Di pari animo, pari età e pari fortuna*
> *I quali vinti nella stessa vittoria*
> *Trovarono invece delle palme il pianto*
> *In luogo del trofeo la fuga*
> *Ambedue condannati per un unico ordine di Carlo d'Angiò*
> *Conseguirono il ferale palco invece del trono trionfale*
> *La scure invece dello scettro*
> *E qui il sepolcro invece dell'aula regale.*

Per morire al natio Reno le piume;
Ma sul Reno natio era un castello,
E sul freddo verone era una madre,
Che lagrimava nell'attesa amara:
"Nobile augello che volando vai,
Se vieni da la dolce itala terra,
Dimmi, ài veduto il figlio mio?" - "Lo vidi;
Era biondo, era bianco, era bëato,
Sotto l'arco d'un tempio era sepolto."

Carlo volle presentare questa infame esecuzione come un atto di giustizia contro un feroce persecutore della Chiesa e in tal senso ne scrisse al papa Clemente IV; sappiamo, però, che questi, pur avendo approvato l'esecuzione, non si lasciò incantare dalle parole dell'Angioino e che anzi, fin dall'indomani della battaglia di Benevento, aveva più volte rimproverato a Carlo la durezza dei suoi metodi, ammonendolo a non inimicarsi i suoi nuovi sudditi con una politica di feroci repressioni.

Carlo non lo ascoltò: subito dopo la giornata di Tagliacozzo, i prigionieri ghibellini appartenenti alla nobiltà romana vennero sottoposti a orrende sevizie prima di essere barbaramente uccisi: evidentemente, il nuovo padrone del regno di Sicilia voleva cautelarsi da altre, possibili sorprese, incutendo il massimo terrore a qualsiasi eventuale ribelle, secondo la celebre massima attribuita da Svetonio a Caligola: *Oderint, dum metuant*: che mi odino, purché mi temano.

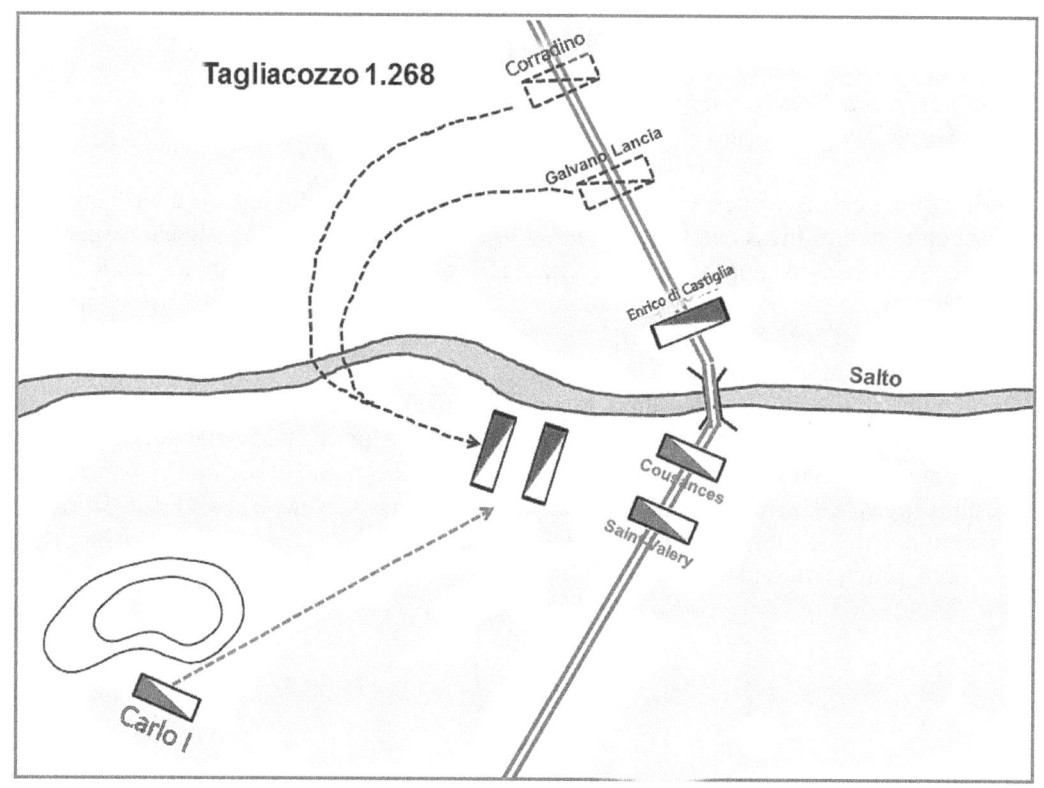

La battaglia di Tagliacozzo, 23 agosto 1268.

KAROLUS SICILIAE REX.

Carlo venne in Italia e, per ammenda,
vittima fé di Curradino; e poi
ripinse al ciel Tommaso, per ammenda.

(*Purg.*, XX, 67- 69)

Con la battaglia di Tagliacozzo il partito ghibellino ricevette un colpo dal quale non si sarebbe mai più ripreso veramente. Ci furono altri momenti di speranza e perfino di gloria: con le imprese di Cangrande della Scala e di Uguccione della Faggiola e con la discesa in Italia di Arrigo VII di Lussemburgo, l'imperatore tanto celebrato da Dante: mai, però, la sua stella tornò a sfolgorare sulla Penisola, come ai tempi degli Svevi, come se le sue fortune si fossero infrante insieme all'estinzione della gloriosa dinastia sveva.
L'inaudita crudeltà dell'esecuzione dell'ultimo erede della famiglia imperiale provocò sdegno non solo in Germania e tra i ghibellini italiani, ma anche tra i sostenitori guelfi di Carlo e negli ambienti ecclesiastici che cominciavano a prendere le distanze dall'Angiò, e a dubitare della bontà della loro scelta. A poco a poco nel partito guelfo maturò la convinzione che la comunanza di interessi con i Francesi era limitata e che gli interessi autonomi italiani dovevano essere difesi anche contro l'Angiò.
La consistenza dell'opposizione interna a Carlo è dimostrata dal fatto che per ben dieci mesi Lucera riuscì a resistere al suo assedio. Il re era partito per la Puglia già all'inizio del novembre del 1268; il 18 novembre, essendo morta la prima moglie Beatrice (23 settembre1267), sposò a Trani Margherita di Borgogna, figlia del conte Eudes di Nevers e Tonnerre. I sostenitori di Corradino in Campania e Puglia furono perseguitati con notevole crudeltà. Il 4 dicembre 1268 tuttavia Carlo promise l'amnistia per i sudditi ribelli, ma non per i tedeschi, spagnoli e pisani, che si fossero sottomessi entro la quaresima del 1269, ma nella maggior parte dei casi la resistenza, che ebbe i suoi punti forti, oltre che a Lucera, a Gallipoli, Amantea e nella zona di Sulmona in Abruzzo, dovette essere stroncata con le armi. In realtà l'opposizione non fu mai definitivamente sconfitta ed ebbe modo di manifestarsi in seguito. In Sicilia la resistenza era ancora più forte che sul continente e continuò anche dopo la battaglia di Tagliacozzo sotto la guida di Corrado Capece e Federico di Castiglia. Le truppe di Carlo, impegnate nell'isola dall'inizio del 1269, combatterono senza successo fin quando, nell'agosto del 1269, non ne assunse la guida Guillaume l'Estendart: solo allora la repressione registrò progressi. Federico di Castiglia e Federico Lancia si ritirarono a Tunisi. Corrado Capece resistette nella rocca di Centuripe nell'interno dell'isola fino all'estate del 1270, quando per un tradimento cadde nelle mani dei Francesi e fu giustiziato.
Solo a questo punto Carlo poté affrontare una riorganizzazione complessiva del suo Regno. Lo fece concedendo sistematicamente a francesi e provenzali i numerosi feudi vacanti per l'esecuzione, la proscrizione o la fuga dei sostenitori degli Svevi, e ricostruendo, sempre con l'aiuto del suo seguito francese e provenzale, l'amministrazione centrale sùl modello di quella sveva. Furono ordinate *inquisitiones* suifeudi, ricerche sistematiche, cioè, condotte da funzionari regi (dai giustizieri per le inchieste riguardanti intere province o tutto il

Regno) mediante l'interrogatorio di testimoni: anche questo sistema ricalcava l'amministrazione sveva. Già nella primavera del 1269 fu condotta una di queste inchieste, diretta all'individuazione dei "traditori", cioè di quei sostenitori di Corradino cui si volevano confiscare il patrimonio e i feudi per assegnarli ad altri. Così nel 1272, prima della prevista spedizione in Grecia, furono anche accertate le connessioni tra i feudi dei baroni indigeni; si ha notizia di ulteriori inchieste sui feudi negli anni 1275, 1277 e 1278 ed anche dopo i Vespri siciliani, nel 1282 e 1283-84. Nel 1270 venne condotta un'inchiesta generale sui feudi colpiti dalla revoca di tutte le concessioni che erano state fatte da Federico II dopo la sua deposizione da parte del concilio di Lione (1245) e dai suoi figli Corrado e Manfredi. Il *Liber donationum* iniziato nell'autunno del 1269 testimonia la riassegnazione di questi feudi a francesi e provenzali. In Sicilia, a partire dal gennaio del 1270, fu ordinata una inchiesta generale sulla situazione delle proprietà. Nel 1277 un'analoga *inquisitio* accertò la consistenza delle proprietà ecclesiastiche.

Al vertice del Regno era la *magna regia curia,* la corte del re, che costituiva anche una sorta di Consiglio di Stato. Una volta l'anno questa corte, allargata ai giustizieri ed agli ufficiali finanziari, si costituiva in *curia generalis,* una prassi che cessò però presto.

Tra gli ufficiali di corte il rango più alto spettava al *comestabulus* (connestabile), comandante in capo dell'esercito, cui spettava il posto più vicino al re secondo il cerimoniale. La carica fu assunta fin dall'inizio del regno di Carlo da Jean Britaud de Noyels, che morì nel 1278; in seguito sotto Carlo non venne più ricoperta. Al secondo posto veniva l'ammiraglio, una carica esistente dal tempo dei Normanni e derivante dal termine arabo amīr, al cui detentore spettava il comando della flotta reale. Nel 1269 ricoprì l'ufficio Guillaume de Beaumont, che morì nel corso di quello stesso anno; gli successe Fulco de Puy-Richard, quindi nel 1271 Philippe de Toucy e nel 1273 Narjaud de Toucy. Alle alte cariche di corte appartenevano anche i *magistri iustitiaratus* o *iustitiarii* (maestri giustizieri), i funzionari più alti della giustizia e dell'amministrazione del Regno. Il protonotario esercitava diverse funzioni nella preparazione dei documenti. Eccezionalmente i titolari di questo ufficio erano italiani, ed anche qui troviamo solo dei laici.

Il primo, Roberto da Bari, era un fuoruscito dal Regno, che troviamo in questa veste alla corte di Carlo negli anni 1265-1268 e che ebbe una parte ingloriosa nel processo a Corradino. Quindi la carica rimase formalmente scoperta, ma in realtà fu esercitata da Sparano da Bari e dal grande giurista Bartolomeo da Capua (a partire dal 1283). I camerari del Regno sovraintendevano in pari tempo al buon andamento della corte e alle finanze. Il sigillo era conservato dal cancelliere, un ecclesiastico cui spettava anche la giurisdizione sui religiosi della corte (mentre quella sui laici della corte spettava al siniscalco). Infine Carlo introdusse, sull'esempio francese, la carica di maresciallo (ve ne erano in realtà due), cui spettava la sovraintendenza sull'acquartieramento e l'approvvigionamento dell'esercito e sui castelli, nonché la responsabilità della giurisdizione militare.

Le funzioni della maggior parte delle cariche, come quelle di connestabile, ammiraglio, maresciallo, corrispondevano a quelle in uso alla corte di Francia. Il fatto che alcune cariche di corte non fossero ricoperte indica che andavano perdendo significato e si trasformavano in cariche onorifiche, mentre le relative funzioni erano assolte da funzionari di rango inferiore.

L'ampia produzione legislativa di Carlo non costituisce un'unità organica, ma fu pubblicata con successivi decreti. Delle raccolte pervenuteci, la più antica è quella contenuta nel *Vat. lat.* 6770, che abbraccia le prime leggi e fu consegnata nel 1273 al giustiziere di

Terra di Bari, Simon de Beauvoir. Anche nelle raccolte di leggi Carlo si rifece alle costituzioni di Federico II, trattando però le relative materie giuridiche in maniera più profonda e dettagliata.

Basata sul diritto vigente nell'Italia meridionale, la legislazione di Carlo si ispirò anche al diritto romano e al canonico e trasse spunti dalle nonne consuetudinarie francesi. Fu conservato il principio della personalità del diritto di origine germanica, mentre vennero disciplinati i reati di alto tradimento, lesa maestà, oppressione dei deboli, contraffazione di monete e documenti, abusi dei funzionari, delitti contro il buoncostume, ingiurie verbali e fisiche, assassinio e omicidio preterintenzionale, rapina, furto ed altri delitti contro la proprietà, usurpazione di beni, usura, violazione dei diritti di caccia e pesca. Carlo tenne, inoltre, fede agli accordi del 1265 in merito al foro ecclesiastico: il clero fu esentato dalla competenza dei giudici regi e tenuto all'osservanza delle norme canoniche.

Dall'organizzazione sveva Carlo riprese la suddivisione del Regno in undici giustiziariati (province), ciascuno con a capo un giustiziere (le suddivisioni dei giustiziariati erano provvisorie). La carica di giustiziere durava di norma un anno, ma poteva essere prolungata fino a due o tre anni. Inoltre i giustizieri passavano spesso da una provincia all'altra. Provenivano dalle file dei cavalieri francesi e provenzali, rappresentavano il re ed erano responsabili dell'amministrazione, della giustizia e delle finanze delle province loro sottoposte; dovevano provvedere all'esecuzione dei decreti reali ed assicurare il mantenimento dell'ordine. Nelle cause criminali erano giudici di prima istanza e nelle altre giudici di appello per i ricorsi contro le sentenze di giurati e giudici. Conducevano inoltre le inchieste di cui si è detto sullo stato della proprietà ed altre simili indagini. Al loro fianco erano uno o più giudici *a latere*, parecchi notai e perlopiù anche un tesoriere (*erarius*). Sotto di loro nella scala gerarchica si trovavano nelle zone amministrate dal Demanio regio i giudici (*iudices*) ed in quelle sottoposte all'autorità dei feudatari ecclesiastici e laici i giurati (*magistri iurati*), ma la separazione tra i due tipi non era rigida. Questi magistrati erano eletti all'inizio di ogni indizione per un anno dalle *universitates*, dovevano essere confermate dal giustiziere e nelle sue mani prestavano giuramento. I giurati delle zone non direttamente amministrate dalla Corona furono aboliti con le riforme successive ai Vespri siciliani e sostituiti da *baiulivi*.

Ai giustizieri spettava anche il compito dell'esazione della ormai regolarmente imposta *subventio generalis*, cui erano obbligati tutti i sudditi tranne i vassalli regi tenuti al servizio personale (che potevano tuttavia evitare col pagamento dell'imposta dello *adohamentum*). La tassazione avveniva attraverso dei *taxatores*, la riscossione attraverso dei *collectores* che passavano le somme agli *executores*, i quali a loro volta le consegnavano al giustiziere che finalmente le versava alla Camera regia, dall'anno 1277 detta *Trésor*. Vi erano inoltre numerose altre imposte e tributi riscossi da quattro secreti, perlopiù italiani, per le quattro regioni: 1) Principato, Terra di Lavoro ed Abruzzi; 2) Puglie (in senso più ampio); 3) Calabria; 4) Sicilia. A questa categoria appartenevano canoni di affitto, tributi di vario tipo, gli *adohamenta* dei vassalli, imposte indirette, dazi, diritti di entrata e uscita, pedaggi e simili. I compiti deisecreti si sovrapponevano in parte a quelli dei *magistri procuratores et portulani, magistri massarii* e altri cui spettava, come indicano i loro titoli, la riscossione di diritti portuali e demaniali. Ulteriori fonti di entrate per la Corona erano rappresentate dalle confische di beni, dai diritti feudali e dai tributi di signori stranieri come gli Hafsīd di Ifrīqiya. Nonostante il bilancio complessivo delle finanze reali fosse notevole, mancano in proposito cifre esatte. La pressione fiscale creò un grave malumore nella popolazione contro la dominazione angioina e fece nascere anche problemi demografici legati all'esodo della popolazione rurale verso le terre ecclesiastiche in cui la pressione fiscale non si esercitava. Il fatto che spesso gli impiegati del fisco angioino fossero italiani non può costituire un argomento a difesa di questa rigida politica finanziaria.

I castelli (Carlo ne ampliò alcuni del tempo di Federico II, come a Lucera) furono amministrati come al tempo degli Svevi da *provisores castrorum* (la carica scomparve temporaneamente tra il 1269 e il 1273), anch'essi tratti dalle file dei francesi e dei provenzali. Una certa forma di supervisione e controllo era esercitata dal *magister balistariorum,* una carica introdotta da Carlo. I singoli castelli avevano come comandanti dei castellani, anch'essi francesi e provenzali.

L'ampia attività della cancelleria regia - era particolarmente alto il numero degli atti amministrativi - era in mano al protonotario, responsabile della stesura di privilegi, concessioni graziose e lettere di contenuto politico e amministrativo, al *magister iustitiaratus,* che si occupava delle lettere di giustizia, ed ai *magistri rationarii,* responsabili delle questioni finanziarie (vi erano tuttavia delle eccezioni a questa regola). I documenti redatti *in mundum* venivano consegnati al cancelliere che li controllava ed eventualmente correggeva, vi apponeva quindi il sigillo, li faceva registrare e li rimetteva ai destinatari. Oltre a ciò, in casi urgenti, il cancelliere aveva pieni poteri per emettere documenti concernenti l'amministrazione; nelle sue mani erano le questioni segrete, che il sovrano non voleva affidare al protonotario o ai notai. Erano famosi gli ampi registri, compilati da appositi scribi, registri che comprendevano serie separate per la Camera e gli uffici finanziari, il cancelliere e le questioni segrete. I cinquanta volumi del periodo di governo di Carlo sono purtroppo andati distrutti durante la seconda guerra mondiale e debbono essere faticosamente ricostruiti.

L'amministrazione finanziaria centrale era costituita dal *Trésor*, sottoposto al camerario: l'ufficio comprendeva nell'anno 1278 quattro *magistri rationales* e otto notai, a disposizione dei quali erano poi alcuni scribi. A questi altissimi funzionari finanziari spettava anche il controllo dell'archivio, che seguiva ancora gli spostamenti della corte. Altri notai lavoravano agli ordini del *magister iustitiaratus* e, dopo il 1269, del *vicemagister iustitiarii* e dei giudici e avvocati da questi dipendenti, nonché per conto degli altri uffici di corte. L'intero personale di corte apparteneva alla cerchia dei consiglieri e familiari (*consiliarii et familiares*) del re.

In politica ecclesiastica gli accordi pattuiti nel 1265 imposero a Carlo regole molto rigide riguardo al mantenimento della libertà della Chiesa. In questo ambito si inquadrarono la restituzione dei beni ecclesiastici espropriati, l'insediamento di vescovi da parte della Curia attuato in parte cacciando eletti e vescovi sostenitori degli Svevi, l'astensione da ogni intervento negli affari ecclesiastici soprattutto in elezioni, nomine, provvisioni, il riconoscimento della giurisdizione ecclesiastica e l'esenzione fiscale del clero. Ma queste condizioni spesso non furono rispettate, come dimostrano le proteste di Clemente IV e la riconferma di questi privilegi al Parlamento di San Martino nel marzo del 1283, nell'ambito delle riforme rese necessarie dallo scoppio della rivolta in Sicilia. Per quanto concerne i resti della Chiesa greca nel Regno (in Terra d'Otranto, Calabria meridionale e Sicilia), furono attuate le disposizioni in materia di diritto comune prese al quarto concilio lateranense e al secondo di Lione, com'è dimostrato dagli statuti emanati dal cardinal legato Gerardo Bianchi in un sinodo tenuto a Melfi nel 1284.

In collaborazione con Clemente IV, Carlo riorganizzò l'università di Napoli, fondata da Federico II ma decaduta dopo la sua morte, cercando di chiamarvi insegnanti italiani e francesi di chiara fama, ma lo Studio napoletano non riuscì a riacquistare la precedente autorità; inoltre sotto Carlo proseguì la decadenza della scuola di medicina di Salerno, ormai sopravvanzata da quelle di Montpellier e di Bologna.

**Combattimento di cavalieri tosco- angioini, XIII secolo.
Affresco di Azzo di Masetto, San Gimignano**

LA FINE DEI GHIBELLINI:
LA BATTAGLIA DI COLLE VAL D'ELSA, 1268.

Alla morte di Clemente IV avvenuta il 29 novembre 1268, il trono pontificio rimase vacante per tre anni. In questo periodo Carlo proseguì nel consolidamento del suo dominio in Toscana. La sua roccaforte era dal 1267 Firenze: i guelfi locali si fecero portatori di un'idea guelfa di collaborazione tra Papato, Carlo d'Angiò e "liberi" Comuni contro i sovrani tedeschi. Nella primavera del 1269 Jean de Britaud- chiamato dagli italiani Giambertoldo, o Gianbertaldo- intraprese una campagna militare in Toscana, nel corso della quale batté in giugno i ghibellini a Colle Val d'Elsa ed attaccò senza successo Pisa. Giova dare un rapido quadro della vittoriosa campagna angioina- di cui i fiorentini si presero il merito, che va pressoché unicamente attribuito alle milizie di Carlo- così come da noi trattata nel secondo volume del nostro lavoro su Montaperti:

Le sconfitte di Benevento e Tagliacozzo con la morte di Manfredi e di Corradino avevano spinto Pisa e Siena, le due maggiori potenze ghibelline della regione, a collaborare per proteggersi a vicenda: se ciascuna era ancora abbastanza forte da resistere da sola ad un attacco guelfo, a maggior ragione ci sarebbero riuscite intervenendo l'una a sostegno dell'altra.
Una grave minaccia veniva, *in primis* per Siena, dai fuorusciti guelfi, che rappresentavano con i loro intrighi una costante minaccia alla stabilità politica della città, ed avevano fatto di Colle Val d'Elsa, per la sua vicinanza alla madrepatria, il proprio punto di raccolta; la cosa era ancor più preoccupante per la rinnovata presenza in Toscana delle truppe di Carlo I, alla testa della parte guelfa, con gli addestratissimi cavalieri franco- provenzali.
Colle Val d'Elsa aveva sempre gravitato in orbita guelfa, partecipando al fianco di Firenze anche alla battaglia di Montaperti, e nel 1268 aveva cacciato i cittadini ghibellini, entrando definitivamente nella sfera di influenza politica fiorentina, dalla quale sperava di ottenere vantaggi territoriali a danno di Siena.
Colle Val d'Elsa era quindi una spina nel fianco per Siena, la punta avanzata della nemica Firenze e dei fuorusciti senesi guelfi, che da quella città lanciavano continue incursioni nel suo territorio, contro i possedimenti dei propri nemici, arrivando persino sotto le mura della città
A Siena, anche per le pressioni di Provenzano Salvani, si scelse la via dell'intervento militare: una spedizione in grande stile che avrebbe coinvolto anche i pisani, per sradicare una volta per tutte la minaccia e dare un esempio anche a tutti i borghi che avessero nutrito intenzione di ribellarsi alla Repubblica
L'esercito ghibellino si radunò a Monteriggioni: erano 1.400 cavalieri e 8.000 fanti, guidati proprio da Provenzano Salvani.
I pisani erano stati seguiti per tutto il loro tragitto da spie che avevano informato dettagliatamente gli angioini ed i fiorentini della situazione, dando loro modo di prepararsi ad intervenire.
L'obbiettivo delle milizie ghibelline, tuttavia, non era ancora conosciuto, perché i possibili obbiettivi potevano essere diversi.
Colle Val d'Elsa rimase così praticamente sguarnita e i primi rinforzi guelfi vi arrivarono il 14 giugno, contemporaneamente all'esercito ghibellino: 400 cavalieri francesi al

comando del Maniscalco di re Carlo d'Angiò, Jean de Britaud, chiamato dagli italiani Gianbertaldo o Giambertardo, accorsi da Firenze o forse già nella zona, 200 cavalieri fiorentini guidati da Neri de' Bardi, che si trovavano nelle vicinanze, e un paio di centinaia di altri cavalieri tra fuoriusciti e colligiani, oltre a 300 miliziani della stessa Colle Val d'Elsa.
Le fanterie fiorentine, più lente, sarebbero arrivate solo di lì a qualche giorno.

Gli anni di Cristo MCCLXVIIII, del mese di giugno, i Sanesi, ond'era governatore messer Provenzano Salvani di Siena, col conte Guido Novello, colle masnade de' Tedeschi e di Spagnuoli, e cogli usciti ghibellini di Firenze e dell'altre terre di Toscana, e colla forza de' Pisani, i quali erano in quantità di MCCCC cavalieri e da VIIIm pedoni, sì vennono ad oste al castello di Colle di Valdelsa, il quale era alla guardia de' Fiorentini; e ciò feciono, perché i Fiorentini il maggio dinanzi erano venuti a oste e guastare Poggibonizzi. E postosi a campo a la badia a Spugnole, e venuta la novella in Firenze il venerdì sera, il sabato mattina messer Giambertaldo vicario del re Carlo per la taglia di Toscana si partì di Firenze colle sue masnade, il quale allora avea in Firenze da IIIIc cavalieri franceschi; e sonando la campana, i Guelfi di Firenze seguendolo a cavallo e a piedi, giunsono in Colle la cavalleria la domenica sera, e trovarsi intorno di VIIIc cavalieri, o meno, con poco popolo, però che così tosto come i cavalieri non poterono giugnere a Colle[17].

Fu proprio questa prossima minaccia a convincere gli alleati ghibellini ad abbandonare il campo sotto le mura di Colle per spostarlo prudentemente più a sud, in direzione di Siena.
La ritirata influì non poco sul morale dei ghibellini, che già non doveva essere particolarmente alto, deprimendolo ulteriormente.
Britaud approfittò della ritirata del nemico per effettuare una sortita: i fanti colligiani furono inviati avanti a tagliare il ponte per Siena per poi attaccare l'avanguardia della colonna senese, mentre ai cavalieri, usciti all'improvviso da Colle, sarebbe spettato il compito di colpire violentemente la retroguardia.
Britaud guidò inizialmente la carica come vessillifero, sostituito in un secondo momento dal fiorentino Aldobrandino de' Pazzi, e la sorpresa dei ghibellini fu totale

Avenne che i·lunedì mattina vegnente, scrive Giovanni Villani, *il dì di santo Bartolomeo di giugno, sentendo i Sanesi la venuta della cavalleria di Firenze, si levarono da campo dalla detta badia per recarsi in più salvo luogo. Messer Giambertaldo veggendogli mutare il campo, sanza attendere più gente, passò colla cavalleria ch'avea il ponte, e schierata sua gente colla cavalleria di Firenze, e quello popolo che v'era giunto, e' Colligiani (ma per la sùbita venuta de' Fiorentini nullo ordine aveano di capitani d'oste, né d'insegna del Comune), e prendendo messer Giambertaldo la 'nsegna del Comune di Firenze, e richeggendo i cavalieri di Firenze che v'erano di tutte le case guelfe, ch'alcuno di loro la prendesse, e nullo si movea a prenderla, o per viltà o per gara l'uno dell'altro, e stato gran pezza alla contesa, messer Aldobrandino della casa de' Pazzi francamente si trasse avanti e disse: "Io la rendo a l'onore d'Iddio, e di vittoria del nostro Comune"; onde fu molto comendato in franchezza, e incontanente mosse, e tutta la cavalleria seguendolo, e francamente percosse alla schiera de' Sanesi.*

---

[17] Giovanni Villani, *Nuova Cronaca*, II, XXXI, *Come i Fiorentini sconfissono i Sanesi a piè di Colle di Valdelsa*.

Il panico travolse i senesi prima ancora della carica angioina: terrorizzati dai cavalieri franco- provenzali che caricavano al grido di *Montjoie!* temettero un arrivo anticipato delle forze fiorentine in apoggio agli angioini e in massima parte si dettero alla fuga praticamente senza opporre resistenza.
Per quanto Salvani minacciasse, promettesse compensi e incitasse i suoi a resistere, i soldati ghibellini combatterono solo poco e male, ritirandosi ben presto e dandosi alla fuga. Molti furono inseguiti e uccisi dai cavalieri del Britaud, Guido Novello si diede alla fuga, mentre Salvani, non volendo tornare sconfitto a Siena, si gettò nella mischia e fu ucciso dal fuoruscito Regolino Tolomei, suo nemico giurato.

Come piacque a·dDio, ruppono e sconfissono i Sanesi e loro amistà, ch'erano quasi due cotanti cavalieri e popolo grandissimo, onde molti ne furono morti e presi; e se dalla parte de' Fiorentini fossono giunti e stati alla battaglia i loro pedoni, non ne campava quasi niuno de' Sanesi.

La mischia fu breve ma cruenta: si ebbero un migliaio di morti e vennero catturati 1.644 prigionieri ghibellini.
I fiorentini la considerarono la *vendetta di loro parenti e amici che rimasono alla sconfitta a Monte Aperti*[18]
Carlo d'Angiò era oramai padrone anche della Toscana.

---

[18] P. Romeo di Colloredo Mels, M. Venturi, *La battaglia di Montaperti*, II, Bergamo 2019, pp. 25 segg.

La testa decapitata di Provenzano Salvani portata in trionfo dopo la battaglia di Colle Val d'Elsa, seguita da Jean de Britaud e dai guelfi.
Miniatura dalla *Nuova Cronaca* di Giovanni Villani.

IL PIU' POTENTE SOVRANO D'EUROPA.

Donec Totum Impleat Orbem[19].
(Motto di Carlo I d'Angiò)

Nell'agosto di quello stesso anno 1268 Carlo I raggiunse con Genova un accordo che garantiva i diritti commerciali della città nel Regno. I Genovesi nel 1267 avevano però concluso un ampio trattato commerciale con Bisanzio che assicurava loro il quartiere costantinopolitano di Galata (Pera). Genova non poteva quindi essere indotta a una politica antibizantina, e dopo il 1270 si giunse a tensioni e conflitti tra Genova e Carlo. Il potere nella città era stato assunto da un governo antiangioino, che il 30 ottobre 1273 concluse un'alleanza con il marchese del Monferrato e gli altri avversari di Carlo in Lombardia. Il 25 ottobre 1275 seguì un nuovo accordo con l'imperatore d'Oriente e solo nella primavera del 1276 la mediazione di papa Innocenzo V consentì di concludere una pace tra Carlo e Genova. Pisa invece si sottomise nell'aprile del 1270 e fu seguita un anno dopo da Siena.
Alle ambizioni di Carlo servivano anche i legami matrimoniali. La sua seconda figlia Beatrice era fidanzata, dal tempo dell'accordo di Viterbo, al primogenito dell'imperatore titolare di Costantinopoli, Filippo di Courtenay; il matrimonio ebbe luogo nel 1273. Il figlio di Carlo Filippo, proclamato re di Sardegna l'11 agosto 1269, sposò nel 1271 Isabella, figlia ed erede del principe Guglielmo d'Acaia. Si combinarono nel 1269 i fidanzamenti dell'erede al trono Carlo con Maria, figlia di re Stefano V d'Ungheria, e del figlio ed erede al trono di quest'ultimo, Ladislao, con la terza figlia di Carlo, Isabella. Furono così gettate le basi della futura linea dinastica angioina in Ungheria, ma lo scopo immediato di questi progetti matrimoniali era la pressione su Venezia e Bisanzio.
Carlo preparava nel 1269, con i principi francesi costretti alla fuga dai loro possessi orientali, la riconquista della Grecia e degli altri territori bizantini. In base agli accordi del 1267 l'Acaia (Morea) sarebbe rimasta a Guglielmo di Villehardouin fino alla sua morte; se egli fosse morto senza eredi maschi sarebbe passata al genero Filippo, figlio di Carlo. Se poi Filippo fosse morto senza eredi prima del suocero, cosa che in effetti avvenne, il principato sarebbe toccato a Carlo o al suo successore nel Regno. Nei confronti dell'imperatore latino Baldovino, l'Angiò si era impegnato a combattere per un anno nel corso dei successivi sei o sette anni con duemila cavalieri per la conquista di Costantinopoli e per il reinsediamento di Baldovino sul trono imperiale; e in cambio Carlo avrebbe ottenuto la sovranità sull'Acaia, l'Epiro, Corfù, un terzo di tutti i territori riconquistati col suo aiuto e una serie di isole nell'Egeo. L'accordo fu sancito dal matrimonio di cui si è detto tra il figlio di Baldovino, Filippo di Courtenay, e la figlia di Carlo Beatrice. Nel caso che Baldovino e Filippo fossero morti senza eredi l'Impero sarebbe passato a Carlo ed ai suoi eredi. Per rafforzare le basi della spedizione, programmata per il 1270, Carlo concluse accordi con Stefano Uroš di Serbia, lo zar Costantino Tich di Bulgaria e Venezia.

---

[19] *Finché il cerchio non sia stato riempito*. Il motto angioino venne poi ripreso da Enrico II re di Francia: B. Giustiniani, *Historie cronologiche dell'origine di tutti gl'Ordini militari, e cavallereschi...*, II, Venezia 1692, p. 640.

Quest'ultima tuttavia seguì i piani di Carlo nell'Adriatico con diffidenza.

All'inizio di luglio del 1270 Luigi IX salpò da Aigues-Mortes su navi genovesi per la crociata programmata sin dalla caduta dell'Impero latino di Costantinopoli nel 1261: il suo obiettivo non era né la Siria né Costantinopoli, bensì Tunisi.

Parecchi motivi dovettero condurlo a questa sorprendente decisione. Con il crollo degli Almoliadi le signorie berbere musulmane dell'Africa setttentrionale si erano divise in tre parti, delle quali quella degli Hafsīdi al potere nell'odierna Tunisia (Ifrīqiya) sotto Abū Zakariyya (1236-49) e suo figlio al-Mustanṣir (1249-77) era riuscita a prevalere sulle altre due, quella di Banū 'Abd al-Wād e quella dei Marinidi. Alla corte dello Hafsīde al-Mustanṣir, che dopo il crollo del califfato abbaside a Baglidad a opera dei Mongoli nel 1258 era stato per breve tempo riconosciuto addirittura califfo, si era riunita una parte dei sostenitori di Corradino in Sicilia. Lo Hafsīde aveva inoltre sospeso il pagamento dei tributi al Regno di Sicilia ed aveva stretto legami commerciali con la corte d'Aragona, dove si trovava Costanza, erede di Manfredi di Hohenstaufen: era ovvio che si attrasse l'ostilità di Carlo. Un'ambasceria, inviata nella tarda estate da al-Mustanṣir a Carlo, non sembrò far diminuire la tensione; invece all'inizio di ottobre a Saint-Denis e Parigi essa suscitò in Luigi la speranza che a certe condizioni l'emiro ed il suo popolo sarebbero passati al Cristianesimo. Per il pio, sovrano di Francia questo può aver costituito un argomento fondamentale per guidare in Ifrīqiya il suo esercito crociato, tanto più che missionari domenicani lo consigliavano in questo senso. Per il suo meno pio fratello questa deviazione della crociata significava la soddisfazione di un'esigenza delle sue ambizioni politiche ed economiche in Africa settentrionale ed una copertura alle spalle per le sue iniziative contro Bisanzio, come pur per possibili ulteriori crociate in Siria. Al-Mustanṣir non pensava tuttavia a convertirsi. Prima di potersi impegnare in azioni belliche l'esercito crociato, sbarcato davanti a Tunisi il 17 luglio, fu decimato dal tifo e dalla malaria. Il 25 agosto morì Luigi IX, preceduto dal figlio più giovane, mentre il primogenito e successore Filippo III sopravvisse alla malattia. Carlo, che aveva interrotto i suoi preparativi bellici contro Bisanzio, e aveva seguito l'esercito crociato con la sua flotta passando per la Sicilia, giunse davanti a Tunisi poche ore dopo la morte del fratello. Dopo i successi militari di Carlo al-Mustanṣir il 30 ottobre si vide costretto a concludere un accordo decennale con il quale si accollava le spese di guerra, si impegnava al pagamento di un tributo, apriva il suo territorio ai commercianti italiani del Regno e ne espelleva gli esuli svevi.

Carlo tornò in Italia col nuovo re di Francia Filippo III. A Viterbo, dove si recarono i due sovrani, era ancora riunito il conclave. Carlo non s'immischiò nell'elezione perché una lunga vacanza della sede apostolica favoriva i suoi piani. Dopo una vacanza di quasi tre anni, il 1° settembre 1271, una commissione fiduciaria di sei persone raggiunse il compromesso necessario ad eleggere finalmente un nuovo papa. Non era un cardinale, ma l'arcidiacono di Liegi, il piacentino Tebaldo Visconti, da un anno in pellegrinaggio in Terrasanta, che, tornato in Italia all'inizio del 1272, fu incoronato il 27 marzo a Roma col nome di Gregorio X. Da allora in poi tutti i suoi sforzi furono volti all'unione con la Chiesa greca e alla riconquista della Terrasanta. Come italiano dimostrò subito di aspirare all'indipendenza dai Francesi. Le trattative da lui iniziate già in Siria con Michele VIII per la riunione delle Chiese erano inconciliabili con la politica aggressiva di Carlo nei confronti di Bisanzio. Il 31 marzo 1272 Gregorio annunziò una nuova crociata ed un concilio ecumenico; nell'aprile del 1273 fu fissata Lione come sede del concilio, i cui lavori sarebbero iniziati il 1° maggio 1274 (in realtà il concilio si riunì dal 7 maggio al 17 luglio 1274). Ma anche in Italia il nuovo papa volle mutare la situazione. Le lotte in Lombardia continuavano al pari di quelle tra guelfi e ghibellini in Toscana. Tornava quindi alla ribalta l'idea di un ristabilimento dell'autorità imperiale. Il piano di Carlo di affidare la dignità imperiale a Filippo III di Francia, il quale, a sua volta l'avrebbe nominato proprio vicario in Italia, non incontrò il gradimento del papa. Gregorio X prese anzi segreti contatti con i principi elettori tedeschi, che reagirono prontamente eleggendo re il 1° ottobre 1273 a Francoforte il conte Rodolfo d'Asburgo. Nel novembre del 1273 Gregorio X giunse a Lione. Fin dall'estate le trattative per l'unione con i greci procedevano rapidamente con l'adesione a malincuore di Carlo, che tuttavia si preoccupava di instillare nella Curia differenza nei confronti di Bisanzio e si dichiarava disponibile soltanto a prolungare di un anno, col consenso di Filippo di Courtenay, il termine dell'attacco stabilito nel 1267 a Viterbo, che scadeva nel maggio del 1274. Dal canto suo Gregorio non si oppose decisamente ai preparativi di Carlo perché intendeva servirsi dei suoi piani di attacco come mezzo di pressione nei confronti di Bisanzio. Michele VIII Paleologo vedeva invece nell'unione delle Chiese la carta migliore per evitare la progettata invasione angioina dei territori bizantini. Per ottenere questo vantaggio politico era disposto ad affrontare la forte resistenza del clero bizantino, in particolare dei monaci, contro l'unione con gli odiati latini. Il 6 luglio 1274 il suo inviato Georgios Akropolites giurò l'accettazione dei dogmi controversi, mentre il papa si dichiarava disposto per sé e i successori a fare concessioni per il mantenimento del rito greco. In precedenza era stata trattata la questione della crociata in programma. Michele fece assicurare dai suoi inviati il proprio sostegno a condizione di essere protetto dagli attacchi di Carlo. Si inserì allora come mediatore tra Carlo e l'imperatore l'abate Berardo di Montecassino; l'obiettivo di Gregorio era quello di ottenere un'ulteriore proroga del termine di attacco contro Bisanzio, cosa che gli riuscì, e svuotare così di significato l'accordo di Viterbo. Così l'Angiò nei mesi successivi dovette assistere all'attacco portato dalle truppe bizantine contro i suoi possedimenti albanesi ed a Neopatras contro il suo alleato Giovanni, che si atteggiava a punto di riferimento ortodosso di tutti gli avversari dell'unione.

Quando Gregorio alla fine di settembre del 1274 riconobbe finalmente Rodolfo d'Asburgo come re di Germania e cominciarono le trattative sulla sua incoronazione imperiale, il papa propose un matrimonio tra una figlia di Rodolfo e il nipote di Carlo, Carlo Martello; ma i relativi negoziati tra gli inviati di Rodolfo e di Carlo fallirono già all'inizio dell'anno successivo perché il secondo pretendeva il distacco del Piemonte dall'Impero, cosa che l'Asburgo rifiutava. Nel corso di un incontro con Gregorio nell'ottobre del 1275 Rodolfo prese la croce: la nuova politica del papa nei confronti dell'Impero aveva ottenuto come non ultimo risultato anche l'assicurazione della crociata. I preparativi della spedizione procedevano rapidamente; fu anche stabilita la riscossione della decima per la crociata. Con la mediazione di Gregorio, Maria di Antiochia, che rivendicava il trono di Gerusalemme contro Ugo III di Cipro, entrò in contatto con Carlo, cui all'inizio dell'anno 1277 vendette i propri diritti dietro il pagamento di una rendita annua di 4.000 tornesi e 1.000 pezzi d'oro. Dal luglio del 1277 l'Angiò si chiamò quindi anche re di Gerusalemme. All'inizio di giugno una flotta di Carlo apparve di fronte a San Giovanni d'Acri; il capo della spedizione, Ruggero Sanseverino, riuscì in breve tempo a far riconoscere Carlo come re di Gerusalemme alla maggior parte dei baroni latini e dei templari; soltanto Tiro e Beirut si mantennero fedeli ad Ugo. La più formale che reale signoria di Carlo sui resti degli Stati crociati durò fino alla morte; soltanto in seguito ebbe inizio il grande attacco del sultano dei Mamelucchi Qalāwūn ai castelli e alle città costiere dei cavalieri crociati che si concluse nel 1291 con la conquista di San Giovanni d'Acri e la fine degli Stati cristiani.

La crociata programmata, scopo principale della vita di Gregorio X, non si realizzò: il papa morì il 10 gennaio 1276 ad Arezzo. L'elezione del successore fu questa volta molto rapida: il 21 gennaio i cardinali elessero all'unanimità Pietro di Tarantasia, cardinale vescovo di Ostia, che assunse il nome di Innocenzo V. Carlo si rallegrò dell'elezionedi questo francese da cui si riprometteva un cambiamento della politica del predecessore. In effetti Innocenzo lo confermò nelle sue cariche di senatore di Roma e di vicario imperiale in Toscana, lo sostenne finanziariamente e complicò le trattative con Rodolfo di Asburgo mediante la richiesta della cessione della Romagna; anche nei confronti di Bisanzio il nuovo papa riprese toni più duri. Morì tuttavia già il 22 giugno 1276. L'11 luglio fu eletto il gravemente infermo Ottobuono Fieschi, che assunse il nome di Adriano V, ma che morì il 18 agosto a Viterbo. Anche il suo successore il portoghese Pietro, che assunse il nome di Giovanni XXI, fu eletto rapidamente per la pressione della popolazione di Viterbo (18 settembre). Egli dovette l'elezione soprattutto al cardinal Giovanni Gaetano Orsini, che ne ricondusse lentamente la politica sui binari di Gregorio X, avendo nel frattempo gli Orsini preso le distanze da Carlo. Quest'ultimo dovette aumentare i suoi sforzi fin dal tempo di Innocenzo V nel tentativo di far fallire le ulteriori trattative tra il Papato e Bisanzio. Egli non interruppe i suoi preparativi in attesa che la sperata rottura delle relazioni tra Roma e Bisanzio gli consentisse di realizzare senza ostacoli i suoi piani aggressivi. Nella questione dell'incoronazione imperiale di Rodolfo non si fecero progressi sotto Giovanni XXI, che morì prima che si giungesse a una decisione, il 20 maggio 1277.

La successiva elezione ebbe luogo nuovamente a Viterbo, dove era podestà un Orsini che non esercitò alcuna pressione sui cardinali.

Il S. Collegio era composto da otto cardinali, dei quali il francese Simon de Brion era assente perché impegnato in un'ambasceria e il cardinale vescovo di Sabina, Bertrando, morì proprio durante il conclave. Dei restanti sei cardinali due erano degli Orsini, G. Gaetano e Matteo Rosso, uno, Giacomo Savelli (poi papa Onorio IV) era imparentato con gli Orsini, due erano francesi, Guglielmo di Bray e Ancher Pantaleo, e l'ultimo ancora un italiano, Goffredo da Alatri, imparentato con gli Annibaldi, i rivali degli Orsini nella città di Roma. Carlo sperava che i due francesi e Goffredo da Alatri riuscissero a tirare dalla loro parte il Savelli e ad eleggere così un papa a lui gradito. Invece il gruppo Orsini riuscì a convincere il francese Guglielmo di Bray, cosicché, dopo un conclave durato sei mesi, il 25 novembre 1277 si giunse all'elezione, con la prescritta maggioranza di due terzi, di G. Gaetano Orsini, che prese il nome di Niccolò III.

La politica del nuovo papa avrebbe presto dimostrato che i timori di Carlo non erano infondati. Pur mantenendo corretti rapporti con Carlo, Niccolò III perseguiva una propria politica: concedendo il cappello a tre parenti rafforzò la sua posizione nel Collegio cardinalizio e mise anche alcuni nipoti in posizioni-chiave dell'amministrazione delle terre della Chiesa, cosa che gli valse la condanna come nepotista da parte di Dante (*Inf.*, XIX, 70 ss.). Non prorogò a Carlo le cariche di vicario imperiale in Toscana e di senatore di Roma, che scadevano rispettivamente in maggio e settembre del '78. A Roma assunse egli stesso il governo della città e nominò subito suo fratello senatore, vietando anche l'assimtone della dignità senatoriale da parte di sovrani stranieri. Nello stesso tempo riprese le trattative con Rodolfo d'Asburgo. Nel dicembre 1277 inviò presso Rodolfo un'ambasceria che rinnovò la vecchia richiesta della cessione dell'Esarcato e della Pentapoli, cioè della Romagna. Con due ambascerie, nella primavera e nell'estate del '78, il re aderì alla richiesta ed il 29 agosto 1278, poco dopo la vittoria su Ottocaro di Boemia a Dürnkrut, confermò con un diploma la rinuncia; le autorità con della Romagna resero quindi omaggio agli inviati papali Giffrido da Agnani e Giovanni da Viterbo. La Romagna venne quindi annessa alle terre della Chiesa, mentre il re, pur mantenendo teorici diritti imperiali, riconosceva la Toscana come zona di influenza papale. Soprattutto nell'Italia centrosettentrionale l'iniziativa era sfuggita dalle mani di Carlo. Con la mediazione papale egli aveva trattato pure con Rodolfo d'Asburgo. Nonostante la diffidenza del re dei Romani si riparlò del matrimonio della figlia di Rodolfo, Clemenza, con il più anziano nipote di Carlo, Carlo Martello; la dote di Clemenza avrebbe compreso il regno di Arles e Vienne (Provenza, Savoia e Delfinato). Se si può prestar fede a Tolomeo di Lucca, ben informato sui segreti della Curia, questi accordi facevano parte di un più vasto piano di Niccolò III secondo il quale la Germania sarebbe dovuta divenire regno ereditario degli Asburgo, il regno di Arles, come si è detto, sarebbe passato a un nipote di Carlo e in Italia si sarebbero costituiti due altri regni (Lombardia e Toscana) destinati presumibilmente a nipoti del papa. Quale che fosse il grado di realtà di questi piani, sta di fatto che di essi si realizzerà solo il matrimonio tra Clemenza e Carlo Martello.

Gli altri progetti andarono in fumo per la morte del pontefice e lo scoppio della rivolta in Sicilia, che impedì a Carlo di prendere possesso del regno di Arles. Sebbene Niccolò presentasse a Bisanzio precise richieste riguardo all'unione delle Chiese, Carlo si astenne decisamente dall'intraprendere un'impegnativa impresa militare contro l'imperatore. Né mutò la situazione il fiato che con la morte di Guglielmo di Villehardouin il primo maggio 1278 il principato d'Acaia, in base agli accordi, passasse a Carlo (il figlio Filippo era morto già da un anno). I balivi Angioini che si alternarono in Acaia non poterono esercitare una effettiva autorità. A partire dall'agosto del 1279 Hugo le Rousseau de Sully organizzò le truppe angioine in Albania e alla fine del 1280 mosse all'attacco delle posizioni-chiave bizantine sulla via Egnazia, per aprire all'offensiva programmata da Carlo la strada per Costantinopoli; ma nell'assedio di Berat nella primavera del 1281 fu battuto e fatto prigioniero da truppe bizantine. Nel frattempo, con un accordo col despota Niceforo di Epiro (10 aprile del 1279), Carlo aveva cercato di allargare le basi per il programmato attacco a Bisanzio. Sul piano militare tuttavia Michele VIII Paleologo rimaneva in posizione di vantaggio; i contingenti Angioini furono costretti alla difensiva. Niccolò III aveva anche cercato di mediare tra Carlo e l'imperatore.

La situazione mutò con la morte del papa, sopravvenuta il 22 agosto 1280 in seguito a un colpo apoplettico. Egli era riuscito abilmente ad allontanare Carlo dalla parte d'Italia spettante all'Impero e, come i pontefici suoi predecessori, con le trattative in corso dall'ottobre del 1278 con Bisanzio, aveva tolto il pretesto per attuare i suoi piani aggressivi al di là dell'Adriatico. La politica estera dell'Angiò ristagnava da quasi un decennio e all'interno del Regno le difficoltà crescevano. Così Carlo s'impegnò decisamente nel tentativo di influenzare l'elezione per far eleggere un papa a lui favorevole, che non creasse ostacoli soprattutto alla sua politica bizantina. In suo aiuto giocò il fatto che il nepotismo forse politicamente saggio di Niccolò III - che aveva così favorito l'autonomia della politica pontificia - aveva procurato molti nemici agli Orsini all'interno ed all'esterno del S. Collegio.

Carlo non comparve di persona a Viterbo, dove anche questa volta ebbe luogo, il conclave, ma che egli influenzasse anche da lontano il tumultuoso svolgimento dell'elezione è un fatto non contestato dagli stessi ambienti guelfi, come testimonia Giovanni Villani, e sul quale non dovrebbero sussistere dubbi. Dopo alcuni mesi di inutili trattative nacquero a Viterbo dei disordini, fomentati dai nemici degli Orsini, alla cui testa si mise un uomo di fiducia di Carlo, Riccardo degli Annibaldi. Questi depose il podestà Orso Orsini, sospettato di corruzione, si autonominò podestà della città ed irruppe con un seguito di armati nel conclave, portando via il cardinal Matteo Rosso Orsini e due nipoti del defunto pontefice, i quali ultimi furono rilasciati, mentre Matteo Rosso rimase in prigione. Con questi brutali atti di violenza la potenza del gruppo Orsini fu spezzata; gli indecisi, tra i quali Gerardo Bianchi, poi legato in Sicilia, un uomo che aveva cercato di tenersi al di sopra delle parti, ma che era da tempo in rapporti di amicizia col francese Simon de Brion, passarono al partito angioino.

Dopo ulteriori trattative venne eletto il 22 febbraio del 1281 Simon de Brion, che assunse il nome di Martino IV. Era il papa ideale per Carlo. Appartenente alla piccola nobiltà francese, presumibilmente originario della zona di Provins nella Champagne occidentale, egli era da tempo un sostenitore sicuro degli interessi francesi ed Angioini. Già sotto i papi Urbano IV e Clemente IV, in qualità di legato in Francia, egli aveva preparato l'avvento di Carlo nel Regno, ed anche più tardi aveva seguito in Francia la stessa linea. A differenza del francese Clemente IV, che intese almeno difendere gli interessi della Chiesa nei confronti di Carlo, Martino IV pose la Chiesa, con conseguente nocumento della stessa, al servizio della politica angioina e francese e soltanto dopo i Vespri siciliani riconobbe in qualche modo che il governo di Carlo nel Regno aveva bisogno di riforme. Ad amministrare i domini della Chiesa furono chiamati dei francesi e Carlo, abrogata la legge di Niccolò III, fu nominato senatore di Roma (questa volta a vita); i negoziati tra Carlo e Rodolfo d'Asburgo furono portati a conclusione col matrimonio di Clemenza con Carlo Martello, mentre durante il pontificato di Martino IV non si parlò più dell'incoronazione imperiale dell'Asburgo né del riassetto della parte d'Italia spettante all'Impero.

L'elezione del nuovo papa favorì immediatamente gli interessi bizantini di Carlo. Martino IV, mutando profondamente l'atteggiamento del Papato nei confronti dell'unione delle Chiese, annullò di colpo tutti i progressi ottenuti in due decenni di faticose trattative. Un'ambasceria greca, già in viaggio durante la vacanza della sede pontificia, fu ostacolata a Barletta dalle autorità angioine e quindi accolta freddamente da Martino ad Orvieto. Le attività dei nemici dell'unione fornirono il pretesto alla rottura delle trattative. Incoraggiato dalla svolta della politica papale, il 3 luglio 1281 ad Orvieto, allora sede della Curia pontificia e quindi certamente d'intesa con il pontefice, Carlo concluse una nuova alleanza per la conquista di Bisanzio con Filippo di Courtenay e Venezia. Quest'ultima intendeva così procurarsi una posizione di preminenza nel commercio con il futuro Impero latino di Costantinopoli (l'accordo di Orvieto fu ratificato a Venezia il 2 agosto 1281). Martino IV non fece attendere a lungo il suo appoggio ufficiale: il 18 novembre 1281 pronunciò la solenne scomunica di Michele VIII Paleologo, protettore dello scisma e dell'eresia. Carlo effettuò i preparativi con gran fervore e fretta: le forze alleate avrebbero dovuto riunirsi davanti a Corfù per l'attacco il primo maggio 1282.

Era quasi tutto pronto per la spedizione quando scoppiò la rivolta che avrebbe privato i francesi anche della Sicilia: i Vespri Siciliani.

LA GUERRA DEI VESPRI, 1282.

Se mala segnoria, che sempre accora
li popoli suggetti, non avesse
mosso Palermo a gridar: "Mora, mora!".

(*Par.*, VIII, 72-73)

Carlo era oramai il padrone incontrastato di Sicilia, Calabria, Basilicata, delle Puglie, della Campania e degli Abruzzi.
Si è detto che sostituì l'illuminata tolleranza sveva con una politica crudele, vessatoria e intransigente; candidò alla rovina gli splendori di Palermo, i cui vincoli sociali e culturali si sganciarono definitivamente dal continente.
Il danno conseguente alla soppressione degli Hohenstaufen si ripercosse su tutto l'assetto politico europeo, dando vita al *Grande Interregno* ed alla contesa, senza vincitori, fra vari pretendenti al seggio imperiale: Guglielmo d'Olanda; Riccardo di Cornovaglia; Alfonso di Castiglia finché, per porre fine all'anarchia, nel 1273 i Principi Elettori tedeschi riuniti a Francoforte con l'assenso del Papato assegnarono la corona imperiale a Rodolfo I d'Asburgo, incoronato in Aquisgrana.
Seppur tenuto a battesimo da Federico II di Hohenstaufen, Rodolfo non nutrì alcun interesse per le vicende italiane: non solo rinunciò alla prosecuzione della politica staufica; ma mantenne un buon rapporto col Papato riscuotendo il rigoroso giudizio di Dante che lo collocò nel *Purgatorio* con l'accusa di aver abbandonato l'Italia e d'aver decretato l'inaridimento del *Giardino dell'Impero*: il rinnovato edificio imperiale, spezzando il suo legame storico con l'Italia, consentì a Carlo I d'Angiò di dominare la politica italiana. Pertanto, la sua attività non consistette solo della mera sostituzione di una potenza dinastica con un'altra, ma della lotta per la legittimità nazionale fra Guelfi e Ghibellini e del definitivo strappo fra le regioni del Mezzogiorno peninsulare e la Sicilia.

Castelnuovo, o Maschio Angioino,
reggia di Carlo I, in una rappresentazione del XV secolo.

A Carlo non riuscì, infatti, di mantenere a lungo tutto intero il Regno conquistato grazie alla Chiesa.

I nobili francesi che avevano partecipato alla conquista del regno di Sicilia a fianco di Carlo d'Angiò, si precipitarono sui centri del meridione avidi di bottino. Molti dei feudatari locali, anche quelli che tradirono Manfredi per schierarsi con il principe francese, vennero uccisi o spogliati di ogni loro bene a vantaggio dei nuovi venuti. Per ingraziarsi il Papato, Carlo d'Angiò fece alla Chiesa ampie donazioni di beni del demanio regio, che divenivano di conseguenza beni feudali, causando in tal modo un peggioramento del tenore di vita dei contadini. Il re stesso era oberato di debiti contratti per l'organizzazione della spedizione in Italia, oltre alle somme che doveva pagare alla corte pontificia in cambio dell'investitura ricevuta. Ai saccheggi e alle ruberie seguite alla conquista, fece seguito una durissima imposizione fiscale. Infatti i tributi richiesti in via eccezionale, prima da Federico II e poi da Manfredi, per sopperire alle necessità belliche, sotto la dominazione angioina divennero permanenti. In questo modo il regno meridionale, già prostrato per le continue guerre combattute dagli ultimi Svevi, perse definitivamente la floridezza che aveva raggiunto sotto la dominazione degli Arabi e dei Normanni. Le ambizioni di Carlo d'Angiò andavano ben oltre i confini del regno di Sicilia e, come già gli Svevi prima di lui, anch'egli iniziò ad immischiarsi nelle questioni italiane, con l'unica differenza che parteggiava per la fazione guelfa anzichè ghibellina. I risultati furono però identici a quelli ottenuti dagli imperatori tedeschi: un aumento della confusione e delle lotte fratricide in Italia e il risveglio di antichi timori nella corte papale, sempre diffidente nei confronti del rafforzamento del regno nella rimanente parte della penisola. Il re francese mirava inoltre ad abbattere l'Impero Bizantino e a sottomettere la Grecia e la Tracia. Nel contempo, per assecondare la sua politica di espansione ad est, fece sposare al proprio figlio la figlia ed erede del re d'Ungheria. Convinse infine il fratello Luigi IX, re di Francia a compiere una crociata a Tunisi, per poi in caso di successo, impadronirsi dell'opposta sponda del Mediterraneo. Questo suo sogno restò tale, poichè Luigi IX, giunto a Tunisi vi morì di peste.

Anche in Italia le cose non andarono benissimo: contro la sua politica che portò al trasferimento della capitale da Palermo a Napoli, si coalizzarono molte forze. Nel Nord Italia i ghibellini riuscirono a riconquistare i territori piemontesi occupati in precedenza dal suo esercito, ed il Papato, turbato dall'ambizione di questo sovrano, gli revocò la carica di Senatore di Roma, che le aveva accordato in precedenza..

Il Mezzogiorno continentale, rimasto agli Angiò, formò un altro Regno, poi a poco a poco detto di Napoli. Ma le difficoltà maggiori provenivano dall'interno del suo regno, dove i nobili siciliani avevano ripreso a cospirare, rivolgendosi in cerca di aiuto presso la corte di Pietro III, re di Aragona e genero di Manfredi; alla sua corte trovarono sicuro rifugio numerosi dignitari della casa di Svevia perseguitati dagli Angioini, fra i quali il famoso medico Giovanni da Procida ed il grande ammiraglio Ruggiero di Lauria.

A differenza della parte continentale del Regno, in cui Carlo aveva potuto distribuire i feudi ai suoi compagni provenzali e francesi per la morte in battaglia dei legittimi proprietari o per confisca, in Sicilia predominava ancora la nobiltà d'origine normanna e gallo- siciliana (i cavalieri lombardi assoldati dai normanni per combattere contro i saraceni, che ripopolarono poi le zone centrali dopo la scomparsa dell'elemento islamico) fedele alla casa di Svevia non per motivi politici- non esistevano guelfi o ghibellini- ma dinastici, che non avevano preso parte alla battaglia di Benevento, non essendo arrivati in tempo, e che quindi non avevano subito perdite, e che consideravano Carlo non come re ma come semplice conte di Provenza ed usurpatore.

La cospirazione dei nobili ebbe pieno successo grazie allo sfruttamento di un tumulto popolare scoppiato a Palermo il martedì di Pasqua del 1282.

L'ira popolare, a lungo repressa, scoppiò il lunedì di Pasqua, 30 marzo 1282, alle porte di Palermo, dove si trova, allora circondata da prati, oggi all'interno del grande cimitero della città, la chiesa cisterciense di S. Spirito, consacrata nel 1179. In occasione del lunedì dell'Angelo vi ebbe luogo una festa popolare cui presero parte numerosi i palermitani, usciti da porta S. Agata. Tra la folla si trovavano degli scudieri francesi, che dopo un po' presero a molestare le donne. In aiuto di queste vennero giovani palermitani e fuorusciti da Gaeta, che furono dai francesi insultati, chiamati *patarini* e perquisiti alla ricerca di armi. Questa fu la goccia che fece traboccare il vaso: nella zuffa che ne seguì i francesi ebbero la peggio, quindi la folla fece ritorno a Palermo, espugnò il castello del giustiziere, saccheggiò le case dei francesi e li massacrò senza riguardo all'età o al sesso. Subito dopo lo scoppio della rivolta i palermitani si costituirono in Comune, che dichiarò la fine del dominio di Carlo d'Angiò e si sottomise alla Chiesa romana. Il grido di *Morte ai Francesi* si propagò rapidamente a tutta l'isola.

E andandosi per gli Palermitani, uomini e femmine, per comune a cavallo e a piè alla festa di Monreale fuori della città, scrive Villani, *per tre miglia (e come v'andavano quelli di Palermo, così v'andavano i Franceschi, e il capitano del re Carlo a diletto), avenne, come s'adoperò per lo nimico di Dio, ch'uno Francesco per suo orgoglio prese una donna di Palermo per farle villania: ella cominciando a gridare, e la gente era tenera, e già tutto il popolo commosso contro i Franceschi, per famigliari de' baroni dell'isola si cominciò a difendere la donna, onde nacque grande battaglia tra' Franceschi e' Ciciliani, e furonne morti e fediti assai d'una parte e d'altra; ma il peggiore n'ebbono quegli di Palermo. Incontanente tutta la gente si ritrassono fuggendo alla città, e gli uomini ad armarsi, gridando: "Muoiano i Franceschi!". Si raunavano in su la piazza, com'era ordinato per gli caporali del tradimento, e combattendo al castello il giustiziere che v'era per lo re, e lui preso e ucciso, e quanti Franceschi furono trovati nella città furono morti per le case e nelle chiese, sanza misericordia niuna. E ciò fatto, i detti baroni si partirono di Palermo, e ciascuno in sua terra e contrada fecione il somigliante, d'uccidere tutti i Franceschi ch'erano nell'isola.*

Il cronista veneziano Marin Sanudo il Vecchio dà una versione analoga, sottolineando la ferocia dell'insurrezione:

L' isola di Scicilia ribellò al Rè Carlo, come ho detto, e fu per trattato dell' imperatore Sior Michiel e suoi seguaci, e fu l'anno 1277 (MCCLXXVII, legg. MCCLXXXII) circa il Mese d' Aprile, e si dice, che seguì in questo modo.
Furono scolpite in la Città di Palermo alcune Bolle per bollar' Animali; ma la Fama si divulgò, che ciascun, che non pagasse la Coletta sua allora imposta, sarebbe bollato di dette Bolle.

Avvenne che una Festa solenne li Deputati, che regevano la Citta per il Rè Carlo, fecero cercar a tutte le Persone le Arme, e li Ministri indiscretamente cercorono non solamente li Uomini, ma ancora le Donne, delle quali molte vanno coperte al modo Saracinesco, per il chè il Popolo di Palermo acceso di sdegno di questa indignita, sollevossi e cominciò a gridar, sian morti, sian morti li Tartaglioni, che così chiamavano li Francesi per dispreggio, si che quanti allora ne furono incontrati e trovati, furono crudelmente morti. Quelli di Curlion, che sono ivi nativi di Lombardia[20], ad esempio de Sciciliani sollevatisi, fecero il simile. Da Palermo passò il furore per tutta l'isola e furon morti quanti Francesi si trovavano, eccetto in Messina. Nè solamente gli Uomini eran morti, ma ancora le Femmine Sciciliane, ch' eran maritate a Francesi, ammazzando le Creature dei corpi loro e occidendoli, e alcuni si lavaran le mani nel sangue Francese; tanta era la rabbia della vendetta delle iniurie, come li parea, inferiteli[21].

Corleone si unì subito a Palermo, poi seguirono Cefalù, Castrogiovanni, Calatafimi, e presto ebbe inizio in tutta la Sicilia la caccia ai Francesi, alla quale ben pochi sfuggirono. Solo Messina, rivale di Palermo, esitò. Tra i suoi abitanti Carlo godeva di un forte seguito, cui apparteneva anche la famiglia Riso. Ma anche qui la rivolta scoppiò in pieno il 28 aprile; la città sotto la guida del capitano Baldovino Mussonus, un nemico dei Riso, si sottomise come Palermo alla Chiesa romana.

I "Vespri siciliani" - il nome venne solo più tardi - sono uno dei più noti avvenimenti della storia medievale italiana. La tesi sostenuta dagli storici nazionali del secolo diciannovesimo - con alla testa Michele Amari -, secondo la quale la rivolta sarebbe stata del tutto spontanea, non è più sostenibile. In particolare le ricerche condotte soprattutto negli archivi spagnoli hanno dimostrato che la sollevazione fu preceduta da una consistente attività diplomatica di congiurati e agenti e che soltanto il momento dello scoppio della rivolta non venne stabilito con precisione. Il centro della congiura era la corte aragonese, che la favorì sin dal tempo di Giacomo I d'Aragona: il matrimonio dell'infante Pietro d'Aragona con la figlia di Manfredi, Costanza, fornì le necessarie basi giuridiche per le rivendicazioni sul trono di Sicilia. Dopo la battaglia di Benevento l'infanta e alcuni fuorusciti italiani cominciarono a sollecitare Pietro a intervenire in Italia. A partire dal 1269 egli si tenne in contatto con i ghibellini dell'Italia centrosettentrionale, mostrando sin da allora chiaramente di aspirare al trono siciliano. Nel giugno 1275, poco prima che Pietro succedesse al padre, giunse alle corte aragonese il più autorevole dei congiurati antiAngioini, il medico salernitano Giovanni da Procida, che era stato uno dei più fidati seguaci dell'imperatore Federico II. Il pontificato dell'indipendente Niccolò III offrì a Pietro la possibilità di intavolare trattative; nello stesso tempo egli cercò appoggio presso il gruppo antiangioino in seno al S. Collegio, guadagnandosi la fiducia di Giacomo Savelli e Matteo Rosso Orsini. Prese contatto anche con i cardinali Latino Malabranca e Gerardo Bianchi, mentre a partire dal 1280 accentuò i suoi rapporti di amicizia con l'antiangioino marchese Guglielmo del Monferrato, con il marchese Tommaso di Saluzzo, con Guido Novello, capo dei ghibellini fiorentini, con Pisa, Genova e gli altri oppositori degli Angioini in Lombardia e Toscana.

---

[20]Corleone venne popolata da Federico II con i prigionieri milanesi e lombardi catturati a Cortenuiova.

[21]C. Hopf, *Storia di Carlo d'Angiò e della guerra del Vespro siciliano. Brani della storia inedita del regno di Romania scritta tra il 1328 ed il 1333 da Marino Sanudo Torsello il Vecchio*, Napoli 1862, pp.8-9.

L'elezione del francofilo Martino IV nel 1281 e i preparativi di Carlo per la conquista di Bisanzio accrebbero l'attività diplomatica di Pietro di Aragona. L'alleanza, che si presentava naturale, tra lui e l'imperatore Michele VIII Paleologo si realizzò nell'autunno del 1281; non si conoscono né la data né il contenuto dell'accordo, ma si può ritenere che sia stato concluso, con l'intervento di Giovanni da Procida, presso la corte aragonese da un'ambasceria bizantina e non già a Costantinopoli, dove secondo la voce popolare si sarebbe recato lo stesso Giovanni da Procida. Da allora denaro bizantino finanziò i preparativi degli Aragonesi e circolò nelle mani dei loro agenti che preparavano in Italia meridionale la sollevazione contro Carlo.

Per prevenire la resistenza delle Cortes e garantirsi il fattore sorpresa, l'impresa fu presentata da Pietro come una crociata in Ifrīqiya. Gli Hafsīdi al potere a Tunisi avevano d'altra parte perduto prestigio per la crociata di s. Luigi e di Carlo nel 1270; dopo la morte di al-Mustanşir nel 1277, controversie dinastiche causarono conflitti interni. Già dal 1277-78 Pietro d'Aragona chiese al figlio e successore di al-Mustanşir, al-Wāthiq, il pagamento di tributi come quelli versati a Carlo.

Quando lo Hafsīde si rifiutò di accondiscendere a questa pretesa e si alleò nel 1278 con Giacomo di Maiorca, fratello ed avversario di Pietro, l'Aragonese ruppe i rapporti commerciali con Ifrīqiya e sostenne lo zio di al-Wāthiq, Abū Işaq, pretendente al trono. Questi nel 1279 con l'aiuto degli 'Abd al-Wadid, al potere a Tlemcen, e di una flotta aragonese al comando di Corrado Lancia, rovesciò il nipote; ma successivamente anch'egli si oppose alle richieste aragonesi, presentate nel 1280 da ambasciate guidate da Ruggiero da Lauria e Rodrigo Jiménez de Luna. Pietro d'Aragona progettò allora di far rovesciare il suo antico favorito dal governatore di Costantina, Ibn al-Wasīr.

I preparativi per la spedizione iniziarono nel gennaio 1281: alla fine fu pronto per l'imbarco un esercito di oltre 10.000 uomini, di cui facevano parte 1.000-2.000 cavalieri. L'obiettivo di questo grande corpo di spedizione era la Sicilia, come dice apertamente una lettera affidata il 18 gennaio 1282 da Giovanni da Procida all'inviato dei ghibellini italiani Francesco Trogisio perché la consegnasse al re Alfonso di Castiglia ed all'infante. Tuttavia il programmato attacco alla Tunisia non era solo un falso scopo, ma parte di un piano complessivo con cui Pietro mirava a dominare il Mediterraneo occidentale nel triangolo Aragona-Tunisia-Palermo. In questo piano giocavano un ruolo importante i motivi economici (il commercio col Magreb e il grano della Sicilia). L'impresa si concentrò infine esclusivamente sulla Sicilia perché la rivolta scoppiò prima di quanto prevedesse il piano aragonese, secondo il quale la spedizione doveva essere pronta per l'aprile del 1282.

Almeno dall'inizio del 1282, Pietro, come dimostrano vari documenti, manteneva contatti con nobili del Regno nemici di Carlo. Tra di loro comparivano i futuri capi della rivolta nell'isola, quali Palmiero Abate, Gualtiero da Caltagirone, Ruggero Mauro, Giovanni da Mazzarino e anche Alaimo da Lentini. Il fatto che i primi quattro, dopo l'occupazione dell'isola da parte degli Aragonesi, si ribellarono a Pietro, cospirarono con Carlo e furono imprigionati nel gennaio del 1283 dimostra, peraltro -, al pari della sottomissione alla Curia romana dei rivoltosi di Palermo e Messina - che gli oppositori di Carlo volevano scuotere il giogo angioino - se necessario con l'aiuto di Pietro -, ma non sostituirlo con la nuova dominazione aragonese. D'altro canto non si arriva ad una corretta interpretazione degli avvenimenti se li si considera soltanto come frutto dellattività cospirativa dei nobili locali nemici di Carlo o degli agenti di Pietro dAragona e Michele Paleologo. Vi si deve aggiungere una certa dose di spontaneità, perché l'improvvisa esplosione della rivolta non potrebbe essere spiegata senza un riferimento alla spontanea collaborazione di strati molto ampi della intera popolazione.

Non sappiamo se il piano aragonese prevedesse effettivamente lo scoppio di una rivolta dopo lo sbarco di Pietro. è certo, comunque, che la ribellione cadde in anticipo rispetto al programma da quello predisposto, tanto che il corpo di spedizione aragonese, comprendente circa 100 navi da trasporto e 50 da guerra, fu in grado di salpare soltanto all'inizio di giugno dalla foce dell'Ebro e, dopo una breve sosta a Minorca, approdò a Collo (nell'odierna Algeria) il 28 giugno 1282.

Qui tuttavia la situazione era mutata a svantaggio di Pietro: il 9 giugno 1282 un'armata hafsīde aveva preso Costantina, mandando in fumo i piani di Ibn al-Wasir. Collo cadde comunque senza resistenza nelle mani degli Aragonesi, ma Pietro non intraprese un'offensiva di maggiori dimensioni: evidentemente il crollo del suo alleato a Costantina e la rivolta in Sicilia lo avevano fatto finalmente propendere per l'alternativa di un attacco in Italia meridionale, originariamente previsto in concomitanza con l'attacco di Carlo contro Bisanzio.

Ora, mentre gli avvenimenti si accavallavano, l'Aragonese attendeva l'occasione di passare all'azione. I ribelli siciliani avevano originariamente previsto di sottomettersi alla Curia romana; simili piani tendenti a uno stretto collegamento tra Sicilia e Calabria, in cui proprio le città avrebbero dovuto farsi interpreti della politica papale, erano già stati perseguiti dai papi Innocenzo IV ed Alessandro IV e avrebbero potuto trovare ora ascolto anche presso un papa indipendente quale ancora recentemente era stato Niccolò III. Purtroppo al momento della rivolta si trovava a capo della Chiesa il più francofilo di tutti i papi, che si schierò incondizionatamente a fianco di Carlo. Così non rimase ai ribelli che cercare aiuto altrove. Nel frattempo Carlo, che il 7 o l'8 aprile aveva saputo della rivolta nell'isola, aveva interrotto i preparativi della spedizione contro Bisanzio e preso i primi provvedimenti per la riconquista dell'isola. In questa situazione a Palermo ebbero il sopravvento i sostenitori degli Aragonesi, guidati da Ugo Talach, che inviarono il 27 aprile Niccolò Coppola presso Pietro per offrirgli la corona. Messina si oppose, tuttavia, a un simile piano e continuò a sperare nella sottomissione dell'isola alla Curia romana.

Già il 7 maggio il pontefice Martino IV prese posizione contro i ribelli e ne sollecitò la sottomissione a Carlo; il 5 giugno nominò legato in Sicilia il cardinal Gerardo Bianchi, di sentimenti guelfi ma non incondizionato partigiano dell'Angiò.

Mentre Pietro d'Aragona esitava ad accettare la corona offertagli finché Messina perseguiva propri obiettivi, Carlo cercò in un primo momento di ricondurre all'obbedienza i propri sudditi in maniera pacifica per avere così le mani libere contro Bisanzio.

Poiché anche i suoi più decisi sostenitori in seno alla Curia ritenevano necessarie delle riforme che mutassero la situazione nel Regno, il re emise il 10 giugno una serie di costituzioni miranti ad alleggerire il generale scontento suscitato dalla pesante dominazione angioina ed a sottrarre i sudditi agli abusi di funzionari e feudatari. Ma subito dopo concentrò il suo esercito a Catona, oggi parte di Reggio Calabria, per passare sull'altra riva dello stretto, appoggiato anche dalle navi inviate dai veneziani.

Intesa, scrive il Sanudo, *ch' ebbe Rè Carlo questa nova subito fece armata, e implorò aiuti di tutti i Signori suoi Parenti ed Amici e quasi da tutta l' Italia, e ragunata una gran Gente passò in Scicilia con circa 200 tra Gallee e Vascelli armati, tra quali furon molti Veneziani e tra quelli diversi suoi Regii e Vassalli Miser Marco Badoer e Miser Jacomo Tiepolo Scopolo, il qual condusse seco gran compagnia, nella qual vi fu anco Miser Lorenzo Tiepolo suo Parente e mio Cusino.*

Si mise il Rè a passar in Scicilia ad obsediar Messina con gran Cavalleria e altra Gente, talchè si dice che dava da viver a 27mila Cavalli, e chi dice manco, dice 24mila ovver 23mila[22].

Il 25 luglio sbarcò a sud di Messina, presso il monastero di S. Maria Roccamadore, e si accinse ad assediare la città, dove Alaimo da Lentini organizzava la resistenza.

Dicesi, che quando il Rè giunse sotto Messina se avesse voluto dar a Sacco la Citta, l'avrebbe avuta facilmente, non essendo fortificata, ma che 'l no volse, dicendo: io non voglio far ricchi ribaldi e vastare una mia Citta.
Li Cittadini, vedendosi sul pericolo della loro facolta e Vita, si misero in una notte a fortificar il Muro della Citta, ove avea più di bisogno, talmente che comparendo il giorno seguente, li nemici di fuori vedendolo, restorono privi di speranza di sforzar la Citta. Nondimeno il Rè stette con il suo essercito at torno, dandoli molti e gagliardi assalti[23].

Dopo i primi assalti il cardinal Gerardo tentò una mediazione. Nel corso delle trattative i Messinesi cercarono ancora di convincere la Chiesa ad accogliere la loro sottomissione: mediante l'atto simbolico della consegna delle chiavi della città, Alaimo voleva fare del cardinal legato il governatore pontificio di Messina e dell'intera Sicilia. Gerardo chiese tuttavia in nome del papa e del re la piena dedizione della città. Il tentativo di mediazione fallì definitivamente quando il cardinale dovette rifiutare anche la richiesta minima di una parte della cittadinanza, secondo la quale Carlo avrebbe dovuto nominare nella carica di governatore un *latino* (cioè una personalità del luogo o comunque italiana). Quando Carlo cominciò il suo attacco alla città, i Messinesi rinunciarono ad opporsi alla prospettiva di un regno di Pietro d'Aragona. A metà agosto un'assemblea riunita a Palermo offrì nuovamente - e questa volta anche a nome di Messina - la corona a Pietro, cui fu inviata a Collo in Africa settentrionale una nuova ambasceria di cui faceva di nuovo parte Niccolò Coppola. L'Aragonese allora non esitò più: il 30 agosto sbarcò a Trapani ed il 4 settembre entrò a Palermo tra il giubilo della popolazione.
Gli *Annales Siculi* (stesi da frate Corrado, priore del Monastero di Santa Caterina in Palermo, di evidentissime simpatie sveve) descrivono entusiasticamente l'entrata in Palermo di Pietro III d'Aragona *cum magno triumpho* (Pietro viene subito indicato col titolo di *rex* mentre Carlo veniva definito *comes*, conte, o su nessun titolo o, peggio ancora, su uno sprezzante *isto Carolo*, e mai *rex*), mentre dell'angioino si racconta di una vera e propria fuga più che di una ritirata, dall'ultima roccaforte a lui fedele – Messina – e, quindi, dal disimpegno totale e disonorevole dei *gallici* dalla Sicilia:

Anno 1282 de mense Aprilis fuerunt interfecti Gallici. Et in eodem anno de mense Augusti venit rex Petrus de Aragona, et intravit Panormum cum magno triumpho. Item in fine huius mensis Carolus recessit de obsidione Messane, et amisit dominium totius Sicilie. Ab isto Carolo usque ad hodiernum diem fuerunt alia facta in nostra insula.

Nello stesso periodo Messina resistette a tutti gli assalti di Carlo.
L'8 agosto era infuriata una battaglia nei pressi del colle della Caperrina le cui mura erano

---

[22] Hopf, op. cit., p. 9.
[23] Ibid, pp. 9-10.

rimaste deteriorate dai colpi degli arieti nemici.

Durante la notte gli Angioini tentarono di entrare in città dalla parte che sapevano danneggiata ma sulle mura erano rimaste a vegliare le donne di Messina per permettere agli uomini, sfiniti dalla battaglia, di riposare.

Accortesi che gli angioini stavano tentando un assalto, due donne, Dina e Clarenza, si misero a scagliare pietre sugli assalitori e a suonare le campane che in breve tempo fecero accorrere lo stradigò Alaimo che con le truppe cittadine respinse i nemici. Tutti in città si diedero da fare per respingere i francesi, nobili, giuristi, mercanti, artigiani, sacerdoti e soprattutto donne se un autore come Giovanni Villani dedica all'episodio una intensa descrizione:

Stette lo re con sua oste intorno a Messina da due mesi, e dando la sua gente alcuna battaglia dalla parte ove non era murata, i Messinesi colle loro donne, le migliori della terra, e co' i loro figlioli piccioli e grandi, subitamente in tre dì feciono il detto muro e ripararono francamente gli assalti dei Franceschi.

Nel corso dell'assedio si diffuse una canzone che diceva:

Deh com'egli è gran pietate
Delle donne di Messina,
Veggendole scapigliate
portar pietre e calcina.
Iddio gli dea briga e travaglio
A chi Messina vuol guastare.

Quando Pietro d'Aragona si mosse verso la città, Carlo tolse l'assedio il 26 settembre e si ritirò sul continente. Il 2 ottobre Pietro d'Aragona entrò a Messina: l'isola, come i fatti avrebbero dimostrato, era definitivamente persa per gli Angioini. Nel frattempo gli Aragonesi, occupando il punto più stretto della Calabria tra Nicastro e Catanzaro, tagliarono persino la strada verso il Nord all'esercito di Carlo accampato presso Reggio, ma il figlio del re, Carlo principe di Salerno, chiamato dalla Provenza, ruppe il blocco. Nei combattimenti navali gli Angioini ebbero la peggio.

Poiché tuttavia entrambe le parti erano interessate a guadagnare tempo, si giunse verso la fine del 1282 a un singolare accomodamento tra Carlo e Pietro d'Aragona per decidere la questione attraverso un giudizio di Dio nella forma di un duello di sovrani, un procedimento ormai antiquato nel XIII secolo e severamente vietato dal diritto canonico. L'accordo pertanto dovette sorprendere anche il pontefice, il quale aveva cercato di aiutare Carlo scomunicando Pietro ed i suoi partigiani e comminando l'interdetto sui territori sottoposti al suo governo (18 novembre del 1282).

Nell'epica contemporanea non mancavano esempi di simili duelli tra sovrani, ma la religiosità piuttosto bigotta di Carlo fa dubitare della serietà delle sue intenzioni e il sospetto è confermato dalla commedia svoltasi successivamente. Carlo voleva guadagnare tempo e inoltre concludere in Francia la grande alleanza con suo nipote, re Filippo III, contro l'Aragona. Anche l'Aragonese era interessato a consolidare il suo potere nell'isola ed a rimandare la decisione. Come sede del duello fu fissata una località presso Bordeaux, allora ancora sotto sovranità inglese: il primo giugno 1283 vi si sarebbero incontrati l'Angiò e l'Aragonese con 100 cavalieri ciascuno. Il 12 gennaio 1283 Carlo nominò quindi il figlio Carlo vicario generale del Regno e partì per il Nord passando per Roma e Firenze; Pietro d'Aragona lo seguì soltanto all'inizio di maggio passando da Trapani e Valencia. Alla fine di maggio i due sfidanti giunsero a Bordeaux. Re Edoardo I d'Inghilterra mantenne una stretta neutralità e lasciò al suo siniscalco di Guienna, Jean de Grailly, la regia della messinscena che seguì. Si evitò intenzionalmente di fissare un'ora precisa per il duello. Così il primo giugno 1283, di mattina presto, comparve per primo sul luogo stabilito Pietro d'Aragona con i suoi 100 cavalieri e, fatta dichiarate la propria presenza e l'assenza dell'avversario, se ne tornò al proprio campo dove si proclamò vincitore. Alcune ore dopo apparve sul luogo del duello Carlo, senza ovviamente trovarvi l'avversario, e si proclamò anch'egli vincitore. Dopo reciproche accuse di viltà entrambe le parti si allontanarono dalla zona di Bordeaux.

Per Napoli e per il Mezzogiorno cominciò un'altra storia. Napoli ne guadagnò moltissimo, perché Carlo la aveva scelta da subito come sua residenza, erigendovi il possente Castel Nuovo, *Chastiau neuf*, il Maschio Angioino, fortezza e dimora del sovrano al tempo stesso:

E poco appresso a re non piacque d'abitare nel castello di Capova, perch'era abitato al modo tedesco; ordinò che si facesse castello nuovo al modo francesco, il quale è presso a San Piero in Castello da l'altra parte di Napoli.

La residenza reale di Napoli era stata fino ad allora Castel Capuano, ma la vetusta fortezza normanna venne giudicata inadeguata alla funzione di dimora del sovrano. Carlo pertanto ordinò di edificare un nuovo castello in prossimità del mare.

Il progetto venne assegnato all'architetto francese Pierre de Chaulnes; i lavori per la costruzione del *Castrum Novum* iniziarono nel 1279, per terminare appena tre anni dopo, un tempo brevissimo viste le tecniche di costruzione dell'epoca e la mole complessiva dell'opera. Carlo tuttavia non vi dimorò maei, e la nuova reggia rimase inutilizzata fino al regno di suo figlio Carlo II *lo Zoppo*.

Carlo I si trovava molto più al sicuro nella città partenopea che non a Palermo: la città era più difendibile, meno pericolosa in caso di rivolte- aveva solo 30.000 abitanti rispetto ai 300.000 di Palermo- e protetta dall'esterno e dall'interno dal complesso dei castelli del Salvatore- ossia dell'Ovo- Capuano ed Angioino. Napoli, inoltre, era più vicina a Roma, dove Carlo era senatore, al resto d'Italia, dove Carlo capeggiava la parte guelfa, e alla Francia.

Napoli, già sede di università degli studî, che da Carlo fu ampliata e arricchita di nuovi privilegi, divenuta sede dei tribunali supremi e dei parlamenti generali, ingrandita, decorata di superbi edifici, cresciuta di popolazione, salì a tanta importanza da non avere più rivali nel resto del regno. Finì di spostarsi, così, verso le provincie e la città di Napoli il centro del regno che già, questo centro, aveva avuto in Sicilia e Palermo. Presso la capitale, il castello più antico del Salvatore o dell'Ovo, restaurato, fu adibito alla custodia del tesoro regio. Più tardi sotto Roberto i*l Saggio*, a difesa e a offesa della città, sorse anche quello di Sant'Elmo. Qualche altro nuovo castello venne eretto altrove, come a Brindisi. Ma assai più erano i vecchi castelli regi, che ora restaurati, ampliati e meglio muniti, come a Bari, a Barletta, a Lucera, furono tutti affidati a personale francese.

La guerra dei Vespri ebbe anche altre conseguenze: Carlo, per assicurarsi il servizio dei baroni, accrebbe i loro poteri a scapito dei suoi ufficiali con i Capitoli del 10 giugno 1282. E, partito l'Angiò per il duello contro Pietro III suo figlio Carlo, principe di Salerno e suo vicario, nel piano di S. Martino in Calabria fece da un parlamento promulgare un lungo statuto che, oltre a nuovi favori alle chiese e al clero, allargò anche più i privilegi e le immunità del baronaggio.

Ma la guerra continuava, soprattutto sul mare, e Carlo stava per vivere le ore più cupe della propria esistenza.

SCONFITTE SUL MARE.

"Ai Dius, molt m'aves sofert a sormonter; gie t'en pri che l'avallee soit tut bellamant"

(Carlo I, in G. Villani, *Nuova Cronica*, VIII, LXXV).

Le principali battaglie della Guerra dei Vespri vennero combattute sul mare, e proprio qui re Carlo incontrò il suo avversario peggiore, un esule ghibellino, emigrato in Aragona dopo Benevento, che gli avrebbe inflitto le peggiori sconfitte ed miliazioni, arrivando persino a catturare Carlo di Salerno, l'erede al trono: Ruggiero di Lauria.
Il 28 agosto del 1282, una piccola flotta catalana con a bordo don Pietro d'Aragona, marito di Costanza di Hohenstaufen, figlia di Manfredi, gettò le ancore nel porto di Trapani, da qui il sovrano si trasferì via terra a Palermo dove il 7 settembre è incoronato re di Sicilia.
Il nuovo sovrano chiamò alle armi, tutti gli uomini dai quindici ai sessant'anni d'età, e invia a Messina 2000 almugavari (il nome derivava dal vocabolo arabo *Al- Mugavâr* , la grande daga con la quale sventravano i cavalli), truppe leggere originarie della Sierra d'Aragona, discendenti diretti dei *caetrati* iberici, guerrieri irregolari resistenti alle fatiche, alla fame e alla sete; gli almugavari non venivano pagati, ma avevano il diritto al bottino, armati di due lance, un giavellotto, una daga, senza scudo né armatura, ed erano il terrore dei cavalieri contro i quali si scagliavano sventrando i cavalli.
Il 2 ottobre, ventidue navi catalane entrarono nel porto di Messina, evitando il blocco delle centoventi navi angioine; queste navi, unitesi con quelle siciliane costituirono la forza con la quale l'ammiraglio don James Perez si diresse verso le forze navali nemiche al comando del genovese Arrighino dei Mari.
Quattro giorni dopo, quando le navi angioine di stanza a Reggio uscirono dal porto le navi siciliane gli furono subito addosso, i legni genovesi e provenzali si diressero verso nord, quelli napoletani accettarono il combattimento, ma in poche ore ventidue galee angioine vennero catturate, e Jamez Perez rientrò a Messina con 4.500 prigionieri.
Pietro III, che era perfettamente consapevole della forza ben superiore dell'avversario, malgrado il successo riportato si era reso conto di come don Jaimez si fosse dimostrato troppo impulsivo, e lo sostituì con Ruggiero di Lauria nel 1283.
Il nuovo ammiraglio aveva 38 anni, ed era di famiglia legata agli Hohenstaufen: il padre Riccardo, Signore di Lauria, era morto a Benevento combattendo per lo Svevo, e la madre, donna Bella, era stata istitutrice di Costanza, la figlia di Manfredi, futura sposa di Pietro III; tra coloro che erano andati in esilio dopo la battaglia di Benevento, alcuni ripararono in Aragona: tra questi vi erano appunto Ruggiero di Lauria e Corrado Lancia, cugino del re.
I feudi dei Lauria vennero confiscati dall'Angiò, e distribuiti ai cavalieri provenzalie francesi che l'avevano seguito nell'impresa napoletana.
Nella primavera 1283 Carlo I d'Angiò aveva fatto armare in Provenza una flotta di 18 galee al comando di Barthélemy Bonvin e Guillaume Cornut; essa giunse a Napoli il 21 maggio, fu rinforzata dal principe ereditario e vicario Carlo con altre navi e salpò poi verso Malta, allora contesa tra gli Angioini e gli Aragonesi. Il Lauria dal canto suo - messo al corrente

da informatori dell'impresa organizzata dagli Angioini - aveva equipaggiato 22 galee che presero il mare da Palermo e incalzarono la flotta provenzale. Il divario tra le forze in campo era notevole, ma il disegno del Lauria era lucido e preciso, attaccare le navi nemiche mentre erano distribuite nei vari porti, impedendone la riunione; ventuno galee assalirono e saccheggiarono le coste calabresi e pugliesi, furono sbarcati gruppi di almugavari che penetrarono nel territorio angioino anche per ottanta chilometri, portando devastazione e rovina, tanto che dovettero essere inviati gli arcieri saraceni di Lucera; nel frattempo da parte angioina si stava approntando una flotta, per un intervento definitivo contro quella aragonese, a Marsiglia si stavao armando venti galee al comando di Guglielmo Cornut, ed a Napoli altre 90, che avrebbero dovuto radunarsi a Reggio per la metà di giugno.

Il Cornut aveva deciso il trasferimento della squadra da Napoli a Malta, per dare successivamente inizio delle operazioni in mare per l'eliminazione della squadra siciliana. Nella notte tra il 5 e il 6 luglio (secondo gli *Annali genovesi*, ma secondo Bartolomeo da Neocastro nella notte tra il 7 e l'8 giugno) il Lauria riuscì a sorprendere la flotta angioina in quello che è oggi il porto di La Valletta e a circondarla.

La battaglia durò dal sorgere del sole fino a mezzogiorno; sei galere provenzali avendo terminata tutte la munizioni da getto, si salvarono fuggendo.

Guillaume Cornut, preferendo piuttosto morire che darsi per vinto, arrembò la nave del Lauria, saltando sulla galera ammiraglia armato di lancia e di scure, colpendo chiunque gli si mettesse di fronte; giunto davanti al Lauria,

Gli tirò contro un colpo di lancia si forte, che ferendolo nel piede glielo inchiodò sul vascello, la violenza del colpo fece distaccare l'asta dal ferro, perciò diede di piglio alla scure ed avrebbe atterrato l'ammiraglio, se una pietra scagliatagli contro percotendolo fortemente nella mano non avessegli fatto cadere per terra la scure, al che chinandosi il Cornuti [sic] per raccoglierla, con lo stesso ferro della sua lancia fu dal Lauria trucidato[24].

La morte del Cornut decise l'esito della battaglia. Più della metà delle circa 20 galee angioine furono catturate, mentre otto o nove navi provenzali, al comando di Bovin, riuscirono a fuggire.

Il Lauria sfruttò subito questa vittoria, che gli aveva assicurato la supremazia nel Mediterraneo occidentale, per compiere una scorreria sulle coste del Principato e della Calabria.

Malta si arrese ed a presidiarla rimase Corrado Lancia; la flotta di Lauria, toccando Siracusa, Acireale e Taormina, rientrò a Messina per fronteggiare la squadra di Napoli, ma Ruggiero non si fermò, fece riparare le navi e ripartì in crociera, mentre in Provenza Carlo fece assoldare galee genovesi e pisane,vennero mobilitati i saraceni di Lucera contro gli aragonesi;lungo la costa si costruirono torri d'avvistamento che segnalino con il fuoco o con fumo il sopraggiungere delle galee del Lauria o dei corsari siciliani che in quel periodo iniziarono a fare la loro comparsa.

Nell'inverno 1283-84, però, Carlo I e suo figlio misero in cantiere tre nuove flotte, in Provenza, a Napoli e in Puglia.

A fronteggiare le 34 galee del Lauria vi erano 55 galee angioine pronte a salpare da Marsiglia, a Napoli 30 navi al comando del principe ereditario Carlo di Salerno, 30 unità a Brindisi e altre 40 navi sparse in altri porti del Regno: una forza di oltre 120 navi con le

---

[24] C. Minieri Riccio, *Genealogia di Carlo I d'Angiò, prima generazione*, Napoli 1857, p.18.

quali Carlo d'Angiò si riprometteva di occupare Ustica e da qui investire Palermo e Messina.

Il Lauria doveva anzitutto evitare che queste squadre si riunissero, perché altrimenti egli avrebbe avuto di fronte un nemico notevolmente superiore per numero.

Decise quindi in primo luogo di impedire il congiungimento della flotta provenzale con quella napoletana (infatti la flotta pugliese avrebbe dovuto attraversare lo stretto di Messina o circumnavigare la Sicilia rendendosi quindi facilmente intercettabile).

Alla fine di aprile 1284 il Lauria prese il mare da Messina con una flotta di 30-35 galee e, dopo aver nuovamente saccheggiato le coste della Calabria e del Principato, si portò in crociera di vigilanza nel tratto di mare tra il Circeo ed il golfo di Napoli pronto ad intercettare le due formazioni nemiche, impedendone il ricongiungimento.

Una nave genovese avvistò la flotta siciliana e si diresse rapidamente a Napoli avvisando gli angioini.

Ruggiero di Lauria si spostò rapidamente a settentrione, nella baia di Gaeta, devastando i raccolti di quelle terre, ritornò verso sud, effettuò un'incursione nel golfo di Napoli il 3 giugno, con l'intenzione di provocare la reazione della flotta napoletana facendola uscire dal porto; e avvenne proprio quanto Carlo I d'Angiò aveva temuto: i suoi ordini eranoinfatti aspettare la riunione delle flotte prima di attaccare il nemico, ma la nave veloce da lui inviata a Napoli venne catturata dagli aragonesi.

Il mattino poi di lunedì 5 di quello stesso mese di giugno il Lauria si avvicinò al castello del Salvatore- castel dell'Ovo- e i suoi uomini con alte grida incominciarono ad ingiuriare il principe di Salerno ed i francesi chiamandoli *poltroni e conigli*, vigliacchi che temevano di battersi.

Carlo, infuriato, sentendosi offeso nel proprio onore di principe e di cavaliere, fece mettere in mare ed armare le ventotto nuove galere che il re suo padre aveva fatto costruire per la sua flotta e che erano tirate a riva sulla spaggia di Napoli, e non ascoltando i consigli del cardinale Gerardo Bianco da Parma, vescovo di Sabina e legato apostolico nel Regno di Sicilia, e di altri consiglieri, s'imbarcò sulla galera capitana seguito dai numerosi nobili del reame e di Provenza che costituivano il suo seguito, e accettò lo scontro davanti all'isoletta di La Gaiola a sudest di Nisida.

Lauria avvertì i propri capitani di non dare la caccia alle navi angioine, ma di concentrarsi su quella che issava lo stendardo reale, per catturarla ad ogni costo.

Appena il Lauria vide uscire dal porto le navi angioine, si diresse velocemente verso Castellamare, simulando una fuga: lo scopo era quello di mettersi con il sole a poppa una volta invertita la rotta. Le navi napoletane si gettarono all'inseguimento in maniera disordinata.

Giunto sotto il monte di Castellamare, Lauria fece ammainare le vele, invertì la rotta e dispose le navi su una doppia linea di fronte, una d'assalto, l'altra di riserva, con ogni nave strettamente legata all'altra.

Quando gli angioini si avvicinarono, vennero accolti dal tiro dei balestrieri catalani posti al riparo dietro le murate e le impavesate. Lo scontro fu breve ma accanito; i balestrieri catalani, favoriti dalla posizione del sole colpivano con precisione i bersagli, mentre i francesi con il sole in faccia tiravano alla cieca; i cavalieri cominciano a soffrire il mare e, appesantiti dall'armatura, ben poco poterono contro gli esperti marinai del Lauria.

Ben presto 18 galee di Sorrento e pugliesi abbandonarono la mischia e si rifugiarono nel porto di Napoli; le francesi, con equipaggi poco esperti di battaglie navali, furono in breve sconfitte e nove di esse furono catturate e una affondata; l'ammiraglia con a bordo il principe di Salerno, iniziò un accanito combattimento.

Lauria, non potendola arrembare per la ostinata resistenza che opponeva l'ammiraglia napoletana, ordinò ai suoi che la speronassero in più punti; infine un tale Pagano riuscì a speronare la galea reale, aprendo una falla; malgrado ciò la resistenza continuò ancora, sino a quando la galea cominciò ad imbarcare acqua e fu sul punto di affondare, ed il principe di Salerno vedendosi vicino ad affogare chiese di arrendersi a qualche cavaliere.

Ruggiero di Lauria lo fece trasbordare sulla propria ammiraglia, unitamente all'ammiraglio di Provenza Rainaud de Gallard, al conte di Acerra Adenulfo d'Aquino, a Rinaldo d'Avella, al conte Hugo di Brienne, al conte di Manopello, a Bernardo de Tuella, a Tommaso di Aquino, a Giacomo di Brusson, vice-ammiraglio del regno di Sicilia, a Guillaume d'Estendard, a Giacomo de Lagonessa e ad altri numerosi baroni e signori napoletani e provenzali.

La battaglia finì con una schiacciante vittoria delle forze aragonesi, tanto più che il grosso delle galee angioine aveva preso la fuga già prima dell'effettivo scontro.

Nove galee della flotta napoletana furono prese e una fu affondata; lo stesso principe ereditario e molti dignitari francesi caddero nelle mani del Lauria. Carlo costituì un importante pegno nelle mani di Pietro III e dei suoi figli Alfonso III e Giacomo II nelle trattative per la soluzione della questione siciliana, e fu liberato solo nel novembre 1288.

Carlo di Salerno fu inoltre costretto a liberare ed a consegnare a Ruggiero la principessa Beatrice di Hohenstaufen, la figlia di Manfredi, tenuta prigioniera nel castello dell'Ovo; la città di Napoli dovette rifornire i vincitori di vettovaglie, mentre il popolo della capitale, insorto anch'esso contro i francesi, li forzava a trincerarsi nei castelli cittadini, e contro il loro dominio rumoreggiava tutta la regione intorno.

Giovanni Villani dà ampio spazio alla battaglia, perché la cattura dell'erede al trono colpì moltissimo l'opinione pubblica italiana e di tutta Europa:

Negli anni di Cristo MCCLXXXIIII, a dì V del mese di giugno, messer Ruggieri di Loria amiraglio del re d'Araona venne di Cicilia con XLV tra galee e legni armati di Ciciliani e Catalani nelle parti di Principato, facendo guerra e grande danno alla gente del re Carlo; e il sopradetto dì venne nel porto di Napoli colla detta armata gridando e dicendo grandi spregi del re Carlo e di sue genti, e domandando battaglia, e saettando nella terra. E ciò facie il detto Ruggieri di Loria per trarre il prenze e sue genti a battaglia, come quegli ch'era il più savio amiraglio di guerra di mare ch'allora fosse al mondo, e sapea per sue saettie che il re Carlo colla sua grande armata venia di Proenza, e già era nel mare di Pisa, sicché s'affrettava o di trarreli a battaglia, o di partirsi e tornar in Cicilia, acciò che il re Carlo nol sopraprendesse. Avenne, come piacque a·dDio, che 'l prenze figliuolo del re Carlo ch'era in Napoli con tutta la sua baronia, Franceschi, e Provenzali, e del Regno, veggendosi così oltraggiare da' Ciciliani e Catalani, a furia sanza ordine o provedimento montarono in galee, così i cavalieri come le genti di mare in compagnia del prenze, eziandio contro al comandamento spresso che il re Carlo avea fatto al figliuolo, che per niuno caso che incorresse si mettesse a battaglia infino alla sua venuta. E così disubidiente e male ordinato si mise con XXXV galee e più altri legni con tutta la sua cavalleria alla battaglia fuori del porto di sopra a Napoli.

Ruggieri di Loria maestro di guerra percosse colle sue galee vigorosamente, amonendo i suoi che non intendessono a niuna caccia, ma lasciassono fuggire chi volesse, ma solamente attendessono alla galea dello stendale, ov'era la persona del prenze con molti baroni, e così fu fatto; ché come le dette armate galee si percossono insieme, più galee di quegli di Principato, e spezialmente quelle di Surrenti, sì diedono la volta e tornaronsi a Surrenti, e per simile modo feciono grande parte delle galee di Principato. Il prenze rimaso alla battaglia colla metà delle sue galee, ov'erano i baroni e' cavalieri, che di battaglia di mare s'intendeano poco, tosto furono isconfitti e presi con VIIII delle 199 loro galee; e il prenze Carlo in persona con molta baronia furono presi e menati in Cicilia, e furono messi in pregione in Messina nel castello di Mattagrifone. E avenne, come fu fatta la detta sconfitta e preso il prenze, che quelli di Surrenti mandarono una loro galea co·lloro ambasciadori a Ruggieri di Loria con IIII cofani pieni di fichi fiori, i quali egli chiamavano palombole, e con CC agostari d'oro per presentare al detto amiraglio; e giugnendo a la galea ov'era preso il prenze, veggendolo riccamente armato e con molta gente intorno, credettono che fosse messer Ruggieri di Loria, sì gli si inginocchiarono a' piedi, e feciongli il detto presente, dicendo: "Messer l'amiraglio, come ti piace, da parte del tuo Comune da Sorrenti ilocati quissi palombola, e stipati quissi agostari per uno taglio di calze: e plazesse a·dDeo com'hai preso lo figlio avessi lo patre; e sacci che fuimo li primi che boltaimo". Il prenze Carlo con tutto il suo dammaggio cominciò a ridere, e disse all'amiraglio: "Per le san Dio, che sont bien fetable a monsignor le roi!". Questo avemo messo in nota per la poca fede ch'hanno quegli del Regno al loro signore[25].

Due giorni dopo la sconfitta del figlio, Carlo I giunse a Gaeta con 40 galee, si portò a Napoli dove, soffocata rapidamente la rivolta, unì le sue navi a quelle genovesi e pisane ed alle 18 scampate alla sconfitta di Castellamare, rifornì le 75 unità e le inviò rapidamente a Brindisi; da questa città le navi si trasferirono a Catona, con l'ordine d'iniziare l'assedio a Reggio, mentre nel frattempo agli aragonesi giungevano di rinforzo altre 14 galee catalane.

Dopo il suo trionfale ritorno a Messina il Lauria non disarmò la flotta, ma compì scorrerie sulla costa nordafricana- si ricordi come Tunisi fosse tributaria di Carlo d'Angiò- per rimpinguare le proprie casse e quelle dell'infante Giacomo. Nel settembre 1284 comparve a sorpresa davanti a Gerba che fu occupata e saccheggiata. Secondo Ibn Khaldoun tra la popolazione musulmana dell'isola fu compiuto un vero massacro e più di 8000 persone furono vendute come schiavi.

Il Lauria ebbe in feudo Gerba prima da Pietro III e poi da Giacomo II, impose alla popolazione musulmana un tributo annuo di 500 onze d'oro e fece costruire un castello sulla costa.

La situazione delle forze nemiche nel 1284 era la seguente :Goffredo di Lauria poteva disporre di una flotta di 54 galee armate con equipaggi addestrati e motivati, con base nel porto di Messina, scelto come base logistica e con la possibilità di ricevere rinforzi da tutta la Sicilia.

Carlo I da parte sua era decisamente più forte, con oltre 100 navi di varie provenienza, ma con equipaggi non omogenei per provenienza e lingua, napoletani, pugliesi, genovesi, provenzali e francesi, di poco affidamento per le continue diserzioni, con base operativa nel tratto tra Catona e Nicotera, litorale esposto al cattivo tempo, con alle spalle una Calabria impoverita dai saccheggi e con Reggio in mano aragonese, vera spina nel fianco,mentre si avvicinava l'autunno e la cattiva stagione. La situazione non sfuggi a Ruggiero che, con sole 10 navi, a mezzanotte assale Nicotera, difesa dal conte Ruffo di Catanzaro, vi distrusse otto galee nemiche, scese a terra e saccheggiò il borgo, il mattino cercò lo scontro le forze angioine, che però prudentemente si ritirano a Crotone

---

[25]Villani, VIII, XCIII.

All'inizio dell'estate 1285 il Lauria compì scorrerie sulle coste ioniche della Calabria e della Puglia e nel luglio riuscì a conquistare perfino Taranto, quando lo raggiunse l'ordine di Pietro III di dirigersi immediatamente verso la Spagna con la flotta, per arginare l'invasione francese della Catalogna.

Quando Carlo morì a Foggia nel 1285 la flotta aragonese era ancora padrona delle acque dell'Italia meridionale, e l'erede al trono, il nuovo sovrano, ancora prigioniero.

Ritratto idealizzato di Ruggero di Lauria, ammiraglio di Pietro d'Aragona che umiliò la flotta angioina, arrivando a catturare l'erede al trono Carlo, principe di Salerno- futuro Carlo II lo *Zoppo*- nelle acque prospicienti Napoli. Quadro del XIX secolo.

OUTREMER:
LA POLITICA MEDITERRANEA E BALCANICA ANGIOINA.

La politica angioina di penetrazione nel Mediterraneo orientale nacque dal confluire di due diverse istanze politiche consapevolmente recepite e perseguite da un sovrano determinato e ambizioso come si dimostrò sin dal principio Carlo I d'Angiò.

Del nuovo regno Carlo I ereditava una componente di politica estera di lunga durata: la proiezione verso il Mediterraneo orientale, riscontrabile già a partire dai tempi di Roberto il Guiscardo, e proseguita con Boemondo di Taranto, i sovrani normanni e gli Svevi. Tale componente si innestava, peraltro, nel solco del più complesso movimento crociato, in cui Carlo era coinvolto per via del fratello Luigi IX di Francia.

Carlo, riattaccandosi alla tradizione normanno-sveva, mirò a fare del suo nuovo stato la base di un grande impero. Legati a sé per parentadi i maggiori principi d'Europa, padrone dell'Albania e sovrano del principato d'Acaia, si proponeva di spodestare lo scismatico Paleologo e porre sul proprio capo la corona imperiale, quando dové raggiungere in Africa il fratello re di Francia nel 1270. Anche ciò gli fu utile, perché Tunisi fu rimessa allo stato di regno tributario della Sicilia.

Nel 1266 Carlo d'Angiò si era impadronito delle terre e dei titoli romano-orientali che Manfredi aveva ricevuto sposando Elena d'Epiro, figlia del despota d'Acaia, Michele II, sovrano di una parte dell'Albania e dell'Epiro. Si trattava dell'isola di Corfù e di alcune località albanesi, tra le quali spiccava il porto di Durazzo. Nel febbraio 1267 l'angioino concluse un trattato di alleanza con Guglielmo de Villehardouin, principe d'Acaia, e Baldovino II di Courtenay, imperatore di quell'Impero Latino d'Oriente ormai in crisi dopo la riscossa bizantina che aveva portato alla riconquista di Bisanzio e della Tracia.

Il re di Sicilia si impegnava ad assoldare e mantenere per un anno 2000 cavalieri per riconquistare l'Impero latino d'Oriente, facendosi in cambio riconoscere oltre ai beni tolti a Elena d'Epiro, anche la sovranità sull'Acaia - ossia il Peloponneso-, su parecchie isole dell'arcipelago e su un terzo a sua scelta delle terre riconquistate.

L'accordo viene rinsaldato dalle nozze tra Beatrice, figlia di Carlo, e Filippo di Courtenay, figlio ed erede di Baldovino, dal quale Carlo o i suoi discendenti avrebbero ereditato il titolo imperiale in caso di morte senza discendenza.

Non potendo immediatamente attaccare Costantinopoli, Carlo si dedicò a un'intensa opera diplomatica e con un'accorta e fortunata politica matrimoniale getta le basi per la nascita di una dinastia angioina nel regno d'Ungheria che, per la sua proiezione adriatica e balcanica, è un'indispensabile testa di ponte per il successo nella frammentata area politica dell'Europa sud-orientale ed egea.

Nel 1271 i rapporti tra Carlo I e Guglielmo di Villehardouin- che aveva combattuto a fianco dell'Angiò a tagliacozzo, come si è detto- si rafforzarono ancora di più con le nozze tra il secondogenito angioino, Filippo, e Isabella, figlia maggiore di Guglielmo. Pochi mesi dopo, la morte del despota d'Epiro permise a Carlo di diventare effettivo signore dell'Albania: resosi padrone nel 1271 di Valona e di Durazzo, Carlo I d'Angiò elevò a Regno i suoi domini d'Albania e il 21 febbraio 1272, in un solenne privilegio, dichiarò di accettare l'elezione a Re d'Albania per sé e per i suoi eredi e di accogliere sotto la sua protezione Conti e Baroni, Militi, borghesi e Università albanesi, promettendo di conservarne gli antichi privilegi.

Quello angioino fu il primo Regno d'Albania, che si estendeva tra i monti Acroceràuni al golfo del Drin e dalla baia di Valona ad Aléssio, però con confini poco definiti verso la regione montuosa dell'interno; in complesso comprendeva quasi tutta l'odierna Albania centrale e meridionale. La capitale era Durazzo. Nel 1274 un violento terremoto danneggiò la città, e gli albanesi dell'interno approfittarono per assalire la capitale, ma ne vennero respinti. Carlo dovette poi soffocare diverse ribellioni che scoppiarono nel Regno.

Nel 1279 Niceforo I si dichiarò vassallo di Carlo d'Angiò mentre sua sorella Anna, rimasta vedova di Guglielmo II di Villerdhouin ed essendo alla morte di questi il Principato d'Acaia passato sotto il diretto controllo angioino, sposò Nicola di St. Homer che ne era stato nominato bailo.

Il regno d'Albania era però sottoposto alle minacce di Michele VIII Paleologo e dei serbi, che tentarono a più riprese la conquista dell'Albania, ed i pirati dalmati vi compivano frequenti incursioni.

Carlo I tenne testa con energia a tutti questi nemici: nel 1280 il suo vicario per i possedimenti d'Epiro ed Albania l'energico Ugo de Sully (o Souly), detto il Rosso, dal colore del suoi capelli. spinse le proprie truppe albanesi, provenzali e pugliesi nell'interno dei Balcani, mettendo in rotta i serbi di Stefano Dragutin, la cui madre era Elena d'Angiò. Nell'aprile del 1280 Carlo spedì nei Balcani in rinforzo trecento balestrieri pugliesi, e due ottimi *maestri macchinisti*, i fratelli Giovanni e Pietro Protomagistro di Trani , ed una grande quantità di legname proveniente dalla Foresta reale in Puglia per costruire macchine da guerra ed altri strumenti bellici.

SCRIPTUM est Nobili viro Hugoni dicto Russo de Solliaco Capitaneo in partibus Romanie etc. Fidelitatem tuam volumus non latere. quod pridem in terra Bari trecentos balistarios. pedites mandavimus inveniri...

E quando Ugo de Sully, nel settembre del 1280 stringeva di assedio il castello di Belgrado, Carlo di Angiò gli inviò il proprio ingegnere militare, Jean de Toul (Giovanni di Tullio per gli italiani, o anche Tuli o Chule) per dirigere la costruzione delle macchine da guerra necessarie in quell'assedio, conclusosi con la vittoria delle truppe angioine.

Nel frattempo la flotta siciliana non restò inoperosa, conducendo spedizioni contro i pirati dalmati, che vennero ridotti al silenzio.

Nello stesso anno Rosso di Sully, sconfitti i serbi, tornato in Albania reagì alle provocazioni bizantine, ed attaccò la fortezza di Berat, porta d'accesso alla Macedonia, conquistandola; in risposta Michele VIII inviò un corpo di spedizione al comando di Michele Tarchaniote al cui seguito fu aggregato Demetrio-Michele.

Tarchaniote sconfisse gli angioini sotto le mura di Berat, catturando lo stesso Ugo di Sully che fu portato in catene a Costantinopoli, e occupò i possedimenti angioini nell'entroterra. La situazione del dominio angioino in Albania divenne quindi precaria: nel 1281 Carlo I fu costretto ad abbandonare le regioni interne in seguito ad una controffensiva bizantina, mentre il suo potere veniva ulteriormente indebolito dallo scoppio della guerra del Vespro che richiese l'utilizzo delle truppe angioine in Sicilia, ma Carlo era ormai un monarca balcanico, con il quale i potentati dell'area furono costretti a rapportarsi direttamente.

Carlo, alleandosi con Venezia, il duca di Patrasso, il Signore della Tessaglia, il re di Serbia

Stefano Urosc, la cui moglie, Elena, era figlia di Baldovino I, i feudatari della Morea, e Giorgio Terter, *zar* cumano dell'Impero Bulgaro, si sentiva ormai prossimo alla conquista di Bisanzio e alla conseguente fondazione di una superpotenza angioina signora del Mediterraneo, estesa dalla Provenza all'Italia meridionale, dalla Grecia alle coste siriane.

Nel 1277, infatti, Carlo I, pose il suggello alle sue mire orientali ottenendo la corona del regno di Gerusalemme che rimarrà il maggior titolo, ben presto solo onorifico) dei sovrani angioini. Con quest'ultima mossa Carlo saldava il retaggio del regno di Sicilia alla politica crociata del fratello Luigi IX.

Non appena assunto il titolo di re di Gerusalemme, inviò in Siria con una squadra di sette galere Ruggero Sanseverino a governare un impero dall'ormai esigua estensione territoriale, mostrando quindi di comprendere che il destino della Siria era in primo luogo una questione vitale per il controllo delle potenze occidentali nell'area. I fatti però ben presto lo avrebbero disilluso, perché l'ultimo caposaldo cristiano nell'area, San Giovanni d'Acri, cadde nel 1291 nelle mani del sultano mamemelucco d'Egitto Baybars.

Così Sanudo riassume la politica di Carlo ed i suoi preparativi contro i bizantini:

Rè Carlo I di Scicilia avea avute molte Vittorie, vinto in campagna ed ammazzato Rè Manfredi, rotto e fatto morir Corradino, preso Don Arrigo suo Parente Fratello dell' illustre Rè di Castiglia e Aragona, reaquistada gran Parte della Scicilia ribellatasi per opera di Corrado Capezzi, come è detto, fatto tributario il Regno di Tunisi e il Rè suo, il che però fece anco il Rè Guglielmo di Scicilia, chi fece il detto Regno di Tunisi tributario al Regno di Scicilia, fattosi tributario il Commun di Pisa, tirato a devozion sua e della sua parte quasi tutta la Toscana e gran parte della Lombardia, aquistato parte e il titolo del Regno di Gerusalem, che perveniva alla Chiesa de voler della Chiesa, doveva aver il Principato della Morea... e il Regno di Gerusalem. Il che tutto avea comprato dalla Damisella Maria, a cui detto Regno spettava, ed avea mandato dal suo Regno di Scicilia a la terra d' Acri el buon Conte e Savio Don R. de Savoia [sic per Sanseverino], il qual con l'aiuto dei Templieri ottenne Acri, che spettava al Regno di Gerusalem, e così tenne quel Regno molti anni, sì chè in somma detto Rè Carlo era quasi in quella grandezza e potentia, che 'l poteva essere, e nondimeno ebbe a dire, che quel, che aveva, era poca cosa ad uno, che aspirava alla Monarchia del Mondo.

Si dispose per passar con 8 mila Cavalli e più e disegnava audar ad assediar la Città di Costantinopoli da parte da Mar e da un Mar al l' altro e fortificarsi talmente ivi con steccadi e altri modi, che Costantinopolitani non potessero offender la sua Gente pur con Veretoni ò dardi, non che con altro, nè anco altri, che venissero di fuori per scorrer la Città e per offenderlo, e massime Tartari, de quali più temeva che di altri.

Questo però tanto apparato non si potè far senza grandi Tributi e imposizioni alli suoi Popoli , perchè le ricchezze del suo Fisco non bastavano; onde ne naquero gran querelle e mormorazioni nel popolo, e qualche tumulto , massimo in Scicilia, la qual aggravò più dell' altri Regni[26].

Nel 1282 la guerra del Vespro stroncò le velleità dell'espansionismo angioino: probabile frutto del convergere occulto e non necessariamente preordinato degli sforzi dei molti nemici di Carlo, da Pietro III d'Aragona, depositario del legittimismo svevo e, dunque, del fronte ghibellino, a una certa parte della curia romana, ostile allo strapotere angioino, all'imperatore di Bisanzio, Michele VIII Paleologo che, come voleva una consolidata tradizione, riuscì con il denaro a coagulare queste forze disparate. In seguito all'adesione della città di Messina all'insurrezione antiangioina, l'imponente flotta preparata da Carlo alla fonda nel porto peloritano venne distrutta.

Nei venti anni che seguirono alla perdita della Sicilia Carlo I dapprima e il suo successore Carlo II poi dovettero impegnarsi per il mantenimento del regno di Sicilia, accettando, con il trattato di Caltabellotta del 1302, di perdere temporaneamente l'isola, affidata a una dinastia aragonese ostile agli angioini.

Con la politica angioina nel Mediterraneo orientale per la prima volta da secoli si vide una potenza continentale italiana egemone in Grecia, in Albania, in Siria e nei Balcani su una scala senza paralleli sino al XX secolo.

Vale la pena, a tal proposito, di esporre sia pure per sommi capi, anche gli avvenimenti successivi alla morte di Carlo, andando per una volta al di là dei limiti cronologici della vita di Carlo I.

Per quanto riguarda il Regno di Gerusalemme, Carlo II, una volta divenuto re alla morte del padre nel 1285, comprendendo come una crociata fosse ormai improponibile, ritenne più opportuno tentare di riunire sotto la propria bandiera i rappresentanti dell'Ordine Teutonico, gli Ospitalieri, i Templari, gli ordini di Calatrava e di Roncisvalle, i Premostratensi e altri, per destinarli alla difesa di San Giovanni d'Acri ed alla riconquista della Siria. Pur non riuscendo nell'intento si adoperò per mantenere i diritti della casa d'Angiò sul regno.

Nei Balcani, Carlo II delegò le operazioni al figlio Filippo, cui concesse nel febbraio del 1294 il principato di Taranto, dandogli in sposa intorno al 1295 la figlia del despota d'Epiro Niceforo Ducas, Thamar: costei portava in dote i beni angioini di Grecia, compresi quelli situati nel principato d'Acaia, nel ducato di Atene, nel regno di Albania e in Valacchia.

Thamar ricevette in dono Argirocastro e alcune località dell'Epiro. Il resto della successione le sarebbe stato assegnato metà alla morte di Niceforo e metà alla morte della moglie di questi, Anna Cantacuzena; nonostante la vedova di Niceforo infrangesse i patti, lasciando i beni al figlio Tommaso, i principi di Taranto riuscirono lo stesso ad impadronirsene, investendone Tommaso a titolo di feudo con una rendita annua e l'impegno all'aiuto militare nel caso che il principe Filippo portasse la guerra in quelle regioni. Thamar, di fatto privata della dote successoria, morì nel 1309.

Filippo sposò nel 1313 Caterina di Valois-Courtenay, erede per parte materna dei diritti dell'Impero Latino d'Oriente, aggiungendo così la sovranità nominale sull'Impero a quella sull'Albania e sull'Acaia.

Circa quest'ultimo principato nascerà ben presto un contenzioso tra Filippo e il fratello,

---

[26] Hopf, op. cit., pp. 7-8.

Giovanni duca di Gravina, risolto solo nel 1332, poco dopo la morte di Filippo. Roberto, infatti, combinò un accordo tra le due famiglie in base al quale Giovanni rinunciava alla sovranità diretta sull'Acaia che passava agli eredi di Filippo ricevendo in compenso l'Albania, e costituendo in tal modo il ramo degli Angiò- Durazzo, che però in seguito controllarono ben poco del territorio albanese al di fuori di Durazzo stessa.

Né in Grecia le cose andarono meglio: la minaccia bizantina e quella turca diventarono sempre più pressanti, mentre il ducato d'Atene era già da tempo caduto in mano alla Grande Compagnia catalana. Dopo essersi limitata a modesti invii di truppe e di rifornimenti la corte di Napoli si decide a un grande sforzo nel 1338, quando Caterina di Valois-Courtenay si trasferisce in Acaia con i figli e, grazie soprattutto all'aiuto di Niccolò Acciaiuoli (1310-1365), un mercante fiorentino entrato nelle sue grazie in qualità di tutore dei figli, ristabilisce temporaneamente l'autorità sul principato.

Gli Angiò-Taranto rimasero formalmente titolari del principato fino al 1374, seguiti dai des Baux, fino al 1383, ma dal punto di vista del controllo del territorio l'area ellenica cheandava dalle isole Ionie, passando per il principato d'Acaia e giungeva fino ad Atene fu appannaggio di due famiglie della feudalità angioina: i Tocco di Cefalonia, signori delle isole Ionie e della Leucadia, e gli Acciaiuoli che, grazie all'accorta politica espasionistica e di consolidamento nell'area operata dal capostipite Niccolò, signore di Corinto e di molte altre terre del principato al momento della morte nel 1365, costituirono un potentato destinato a durare tra alti e bassi fino alla metà del XV secolo, in virtù della spregiudicatezza di Neri Acciaiuoli, che nel 1394 strappò Atene ai catalani, e dei suoi discendenti, Antonio, Neri II e Franco , che si destreggiarono tra lealismo angioino, circospetta deferenza verso Venezia e soggezione all'Impero Ottomano, padrone assoluto dell'area a partire dal 1420, dopo la battuta d'arresto determinata a fine Trecento dalla conquista di Tamerlano e la morte di Murad I.

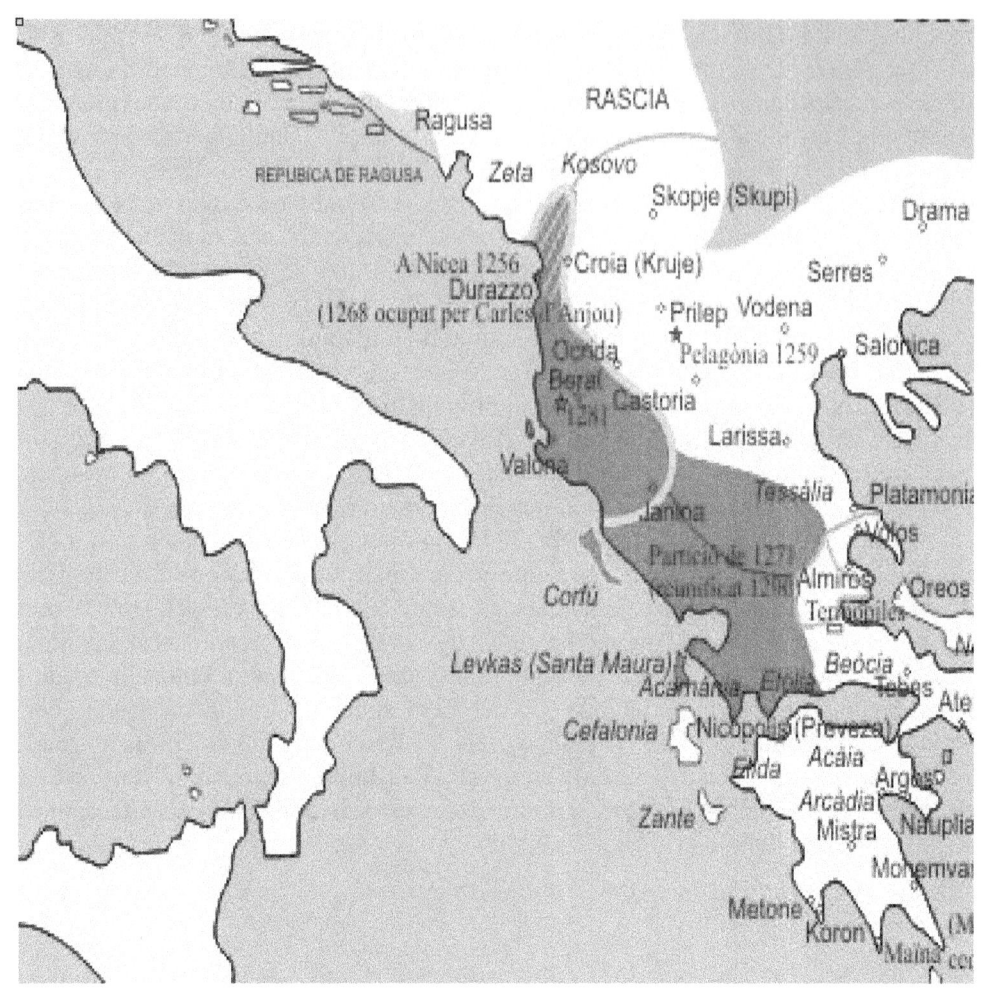

Espansione angioina nei Balcani ed in Morea

GLI ULTIMI ANNI DI REGNO.

Anche al nasuto vanno mie parole
non men ch'a l'altro, Pier, che con lui canta,
onde Puglia e Proenza già si dole.

(*Purg.*, XX, 123-126)

Nel frattempo il principe di Salerno, Carlo, insieme col legato pontificio Gerardo, aveva adottato importanti provvedimenti per riportare la pace interna nel Regno. Dopo che Martino IV, il 21 marzo 1283, ebbe proclamato la deposizione di Pietro d'Aragona, si riunì il 25 marzo nella piana di San Martino (ad est di Palmi in Calabria) un'assemblea generale dell'alto clero, della nobiltà e dei rappresentanti delle città del Regno al di qua dello Stretto; pochi giorni dopo, il 30 marzo, di fronte a questo Parlamento. Carlo di Salerno promulgò nuove costituzioni. La influenza esercitata dal legato è dimostrata dal fatto che molte di esse riguardavano la Chiesa: fu così ribadito l'obbligo del pagamento della decima e furono confermate altre norme come l'esenzione del clero dalla giurisdizione dei tribunali civili tranne che per questioni riguardanti feudi, il diritto di asilo delle chiese, la libertà dall'intromissione di laici nelle elezioni ecclesiastiche e quella di poter concedere feudi e benefici ecclesiastici (senza peraltro mettere in questione il diritto di patronato), l'esenzione fiscale del clero, il diritto delle chiese di fare donazioni ed impegnare proprietà; fu anche pretesa l'osservanza dei propri doveri da parte dei vassalli della Chiesa.
Queste ed altre disposizioni non erano nuove: la loro conferma dimostra quanto poco fossero osservate. Più urgenti erano tuttavia le riforme in campo civile, perché la Chiesa non minacciava il regime di Carlo, anche se approfittò della difficile situazione in cui questi si trovava per ribadire i propri diritti. La nobiltà ottenne una serie di diritti che dovevano legarla più strettamente alla Corona; più che il giovane Carlo di Salerno sembrano aver inspirato queste riforme, con la collaborazione del giurista Bartolomeo da Capua, i potenti feudatari del suo seguito, come il conte Pietro d'Alençon, Roberto d'Artois, Ottone di Borgogna, Giovanni di Montfort conte di Squillace, Adenolfo di Acerra e Pietro Ruffo di Catanzaro. In considerazione dello stato di necessità il re fu costretto a fare concessioni che fece annunciare dal figlio; né si può dire quante ne avrebbe mantenute in seguito in caso di vittoria. La nobiltà ed il clero ottennero una esenzione da dazi e tributi, le prestazioni dei feudatari furono regolate, fu loro accordato il diritto di sposarsi senza il consenso del re e furono fissati la loro posizione giuridica, tasse, tributi e prestazioni di servizi, prendendo come punto di partenza il "buon tempo antico" del re normanno Guglielmo II. Poco dopo Carlo di Salerno diede inizio ai processi contro i nobili corrotti della cerchia del re, tra i quali si trovavano in particolare membri delle famiglie Rufolo e della Marra. Il principe rimase in Calabria fino alla fine di ottobre del 1283, quando tornò a Napoli abbandonando la regione ai saccheggi e alla temporanea occupazione degli Aragonesi, la cui flotta era padrona del mare.
Casi di defezione cominciarono per la verità a manifestarsi anche in Sicilia: una serie di nobili dell'isola, che avevano da principio giurato fedeltà a Pietro d'Aragona, passarono segretamente sul continente dalla parte di Carlo di Salerno e ottennero la revoca della scomunica da parte del legato pontifico. Carlo di Salerno, dopo essere ricorso per un

prestito a Edoardo I d'Inghilterra ed aver inviato ambasciatori a Venezia, Ancona, in Toscana e Lombardia, cercò all'inizio del 1284 soprattutto in Puglia di accelerare i preparativi per la riconquista dell'isola, puntando particolarmente sul rafforzamento della flotta. Per il finanziamento dei preparativi di guerra si utilizzarono aiuti papali, prestiti contratti con banche toscane e un decimo di tutte le entrate ecclesiastiche del Regno, concesso per i due anni successivi dal sinodo tenutosi alla fine di marzo del 1284 a Melfi sotto la presidenza del legato Gerardo. Contemporaneamente il papa e il suo cardinal legato proclamarono la crociata contro gli Aragonesi.

Il conflitto, tuttavia, in un primo momento si svolse, sul mare. L'ammiraglio aragonese Ruggiero di Lauria, dopo aver distrutto una flotta angioina che era partita per liberare Malta, incrociò davanti a Napoli bloccandone il porto. Quando, il 5 giugno 1284, Carlo di Salerno salpò per distruggere la base della flotta aragonese nell'isola di Nisida davanti a Posillipo, le sue navi furono intercettate da Ruggiero di Lauria e il principe fu fatto prigioniero degli Aragonesi che l'avrebbero rimesso in libertà soltanto dopo cinque anni. Ruggiero si servì della cattura del principe anche per ottenere la liberazione della figlia di Manfredi, Beatrice, dalla pluriennale prigionia angioina. La grave sconfitta provocò a Napoli tumulti contro il governo angioino che furono ferocemente repressi quando, l'8 giugno, Carlo tornò in città dalla Provenza con una flotta.

Dopo la commedia di Bordeaux, Carlo aveva progettato insieme col nipote, il re di Francia Filippo, un attacco all'Aragona partendo dalla stessa Francia; Martino IV nell'agosto del 1283 mandò, in appoggio a questo piano, il cardinale Jean Cholet alla corte di Francia per offrire il trono aragonese al figlio più giovane di Filippo, Carlo di Valois. Nonostante le resistenze in seno alla corte - prima moglie di Filippo III, madre dell'erede al trono Filippo il Bello, era stata la principessa aragonese Isabella -, nel febbraio del 1284 Carlo di Valois fu proclamato da Filippo III re d'Aragona e di Valencia ed il 5 maggio anche Martino IV lo investì di questi regni.

Pietro d'Aragona a causa del minacciato attacco, che tuttavia ebbe inizio un anno dopo, non poteva arrischiarsi a tornare in Sicilia dove la regina Costanza fronteggiava crescenti disordini, mentre venivano meno i finanziamenti di Bisanzio (l'imperatore Michele VIII Paleologo era morto l'11 dicembre 1282 e il successore Andronico II non era in grado di continuare la politica italiana, troppo gravosa per le declinanti forze dello Stato). Fu quindi soprattutto grazie alle vittorie navali di Ruggiero di Lauria che la dominazione aragonese sull'isola non fu messa in serio pericolo. Già alla fine di giugno del 1284 Carlo con un grande esercito e la flotta mosse verso la Calabria, dove alla fine del mese di luglio pose l'assedio a Reggio. La campagna si concluse tuttavia con un insuccesso: gli Angioini non riuscirono a conquistare la città né a sbarcare in Sicilia, mentre la loro flotta non fu in grado di bloccare Ruggiero di Lauria. Così all'inizio di agosto Carlo pose fine alla campagna, nominò capitano generale per la guerra in Calabria Tommaso Sanseverino in sostituzione di Pietro Ruffo il 22 agosto e Riccardo d'Acquaviva il 2 settembre e tentò di allestire in Puglia una nuova e questa volta meglio organizzata spedizione, in collegamento con la crociata francese contro l'Aragona. Ma l'ultima campagna aveva dimostrato che i contingenti del Regno erano stanchi della guerra e i mercenari francesi indisciplinati.

Sebbene le forze fisiche lo stessero abbandonando, Carlo, rifacendosi ancora una volta alle giornate di Benevento e Tagliacozzo, tentò di rafforzare l'amministrazione e trovare i necessari mezzi finanziari. Trascorse il Natale del 1284 a Melfi e, a fine dicembre, si trasferì a Foggia, dove si ammalò gravemente. Il 6 gennaio 1285 fece redigere il suo testamento in cui si stabiliva che, nel caso che Carlo, il suo zoppo e da lui disprezzato figlio ed erede non

fosse stato liberato dalla prigionia, la successione sarebbe toccata a suo nipote Carlo Martello.
Fino al rilascio di Carlo di Salerno o al compimento della maggiore età di Carlo Martello, la reggenza sarebbe toccata a suo fratello Roberto d'Artois, al quale Martino IV, dopo la morte del re, associò il cardinal legato Gerardo.
Il testamento prevedeva inoltre la distribuzione di 10.000 once d'oro ai membri della casa del re a condizione che giurassero fedeltà ai suoi eredi. Il papa fu invitato a confermare le disposizioni testamentarie a proteggere il Regno in queste difficili circostanze. Il re morì, a nemmeno 59 anni, la mattina del 7 gennaio 1285.
Secondo Giovanni Villani con le sue ultime parole avrebbe affermato di aver cinto la corona del Regno non a proprio vantaggio, ma per ubbidienza alla Chiesa romana:

Com'egli fu a Foggia in Puglia, e come piacque a·dDio, amalò di forte malatia, e passò di questa vita il seguente giorno della Bifania, dì VII di gennaio, gli anni di Cristo MCCLXXXIIII. Ma innanzi che morisse, con grande contrizione prendendo il corpo di Cristo, disse con grande reverenza "Sire Idius, con ie croi vraiment che vos est mon salveur, ensi vos pri que vos aies mersi de ma arme, ensi con ie fis l'amproise de roiame de Sesilia plus por servir sante Egrise que per mon profit o altre covidise, ensi me perdones mes pecces"; e passò poco appresso di questa vita; e fu recato il suo corpo a Napoli, e dopo il grande lamento fatto di sua morte fu soppellito all'arcivescovado di Napoli con grande onore. Di questa morte del re Carlo fu grande maraviglia, che il dì medesimo ch'elli passò fu piuvicato in Parigi per uno frate Arlotto ministro de' minori e per maestro Giandino da Carmignanola maestro allo Studio, e vegnendo ciò in notizia del re di Francia, mandò per loro per sapere onde l'aveano. Dissono che sapeano la sua natività, ch'era sotto la signoria di Saturno, e per gli suoi effetti erano procedute le sue esultazioni e le sue aversità: e alcuno disse che 'l sapeano per revelazione di spirito, che ciascuno di loro erano grandi astrolagi e negromanti. Quello Carlo fu il più temuto e ridottato signore, e il più valente d'arme e con più alti intendimenti, che niuno re che fosse nella casa di Francia da Carlo Magno infino a·llui, e quegli che più esaltò la Chiesa di Roma; e più avrebbe fatto, se non che alla fine del suo tempo la fortuna gli tornò contraria.

Il suo corpo venne trasportato a Napoli e sepolto nel duomo; nulla rimane del suo monumento sepolcrale, distrutto nel XVI secolo. Oggi vi si trova la figura seduta, che rappresenta Carlo insieme con Carlo Martello e sua moglie Clemenza, dell'enorme sovrastruttura di marmo della facciata interna, progettata da Domenico Fontana e fatta erigere nel 1599 dal viceré Enriquez de Guzmán.
Per il Mezzogiorno con gli Angioini ebbe inizio un processo di amalgamazione e di coesione, che culminò nella formazione di una realtà sociale e culturale unitaria da Teramo a Reggio Calabria, che sarebbe durata fino al 1861, trovando in Napoli il suo centro di gravitazione e di espressione.
Come Regno di Napoli il Mezzogiorno si inserì molto più di prima nel contesto italiano e ne divenne una delle principali componenti e una delle sue maggiori voci anche in Europa.
La società fu organizzata in *Sedili*, organismi che fungevano da mediatori tra il monarca e gli interessi del popolo. Nonostante una forte pressione fiscale, con la nuova dominazione la città cambiò volto: sorsero splendide chiese, fabbriche monumentali, ci fu uno sviluppo di artigianato e commercio, e la popolazione aumentò a dismisura, cosicché Napoli divenne la prima metropoli d'Italia, probabilmente seconda solo a Parigi in Europa.

Al seguito di Carlo d'Angiò giunsero nel regno architetti francesi quali Pierre d'Angicourt e Pierre de Chuale.

La nuova corrente gotica, tuttavia, trovò una difficile assimilazione nelle maestranze locali le quali, pur aderendo al nuovo stile, mantennero la loro tradizione classicheggiante, fortemente ancorata alle istanze romaniche.

A Napoli si darà vita pertanto a un *gotico moderato*, con un carattere verticistico più attenuato, gli edifici saranno meno slanciati rispetto alle grandi cattedrali francesi.

GLI ALTRI ANGIO'.

Da poi che Carlo tuo, bella Clemenza,
m'ebbe chiarito, mi narrò li 'nganni
che ricever dovea la sua semenza.

(Dante Alighieri, *Paradiso*, IX 1-3)

Morto Carlo nel 1285, gli succedette il figlio Carlo II *lo Zoppo*, che venne liberato dalla prigionia aragonese tre anni dopo con il trattato di Campofranco, quando, in cambio del nuovo re, vennero consegnati come ostaggi i figli Carlo Martello, Lodovico, Roberto e Raimondo Berengario. In un breve soggiorno a Napoli, Carlo convocò il parlamento, provvide a regolare i giudizî criminali e civili e allargò anche più i gradi di successione feudale. Quindi, lasciato il governo a Carlo Martello e a un consiglio di reggenza, ripartì per riparare alla violazione dei patti di Campofranco.

Quella reggenza durò circa cinque anni, durante i quali continuò la guerra contro gli Aragonesi, si avviarono trattative di pace con Costantinopoli, fu ceduta la contea d'Angiò, culla della dinastia, alla corona di Francia.

Avvenuta intanto l'elezione di Celestino V e seguite in Napoli la sua rinunzia e l'elezione di Bonifacio VIII, il nuovo papa si diede a favorire intensamente la causa angioina contro l'Aragona. E prima indusse Giacomo re di Sicilia, divenuto per la morte del fratello anche re d'Aragona, a promettere la restituzione dell'isola, poi regolò, per il momento, la reggenza, dovendo il re di nuovo allontanarsi; e, per l'avvenire, la successione. E l'una e l'altra, essendosi il suo secondogenito consacrato alla chiesa, furono assegnate al terzogenito Roberto, duca di Calabria, titolo che da allora in poi soppiantò quello di principe di Salerno per l'erede del trono nel 1297.

Carlo II proseguì fino al 1302 senza successo la lotta per la riconquista della Sicilia dagli angioini, e probabilmente per necessità di denaro distrusse la ricca colonia saracena di Lucera.

Nel 1290 alla morte del re Ladislao IV Arpad d'Ungheria, Carlo impose come sovrano titolare il figlio Carlo Martello: dopo l'assassinio di Ladislao re d'Ungheria, il papa Niccolò IV, che rivendicava l'alta sovranità della S. Sede sull'Ungheria, designò a succedergli la sorella Maria, sposa di Carlo II che a sua volta, spinta dal marito, cedette i proprî diritti al figlio Carlo Martello, che però restò sempre un re nominale, non recandosi mai nel proprio regno.

Solo più tardi, riuscita a prevalere la fazione angioina, il figlio Caroberto d'Angiò poté essere coronato re d'Ungheria.

Carlo *lo Zoppo* restaurò il dominio angioino in Piemonte, mentre in Oriente si dovette limitare al principato d'Acaia. Il re dal 1302 fino alla morte prese larga parte alla vita politica dei comuni toscani, facendovi agire come vicario il figlio Roberto duca di Calabria. Carlo II apportò migliorie alle difese della città di Napoli, che con lui divenne *de iure* oltre che *de facto* capitale del regno, con l'ampliamento delle mura, la ristrutturazione di Castel dell'Ovo e l'ampliamento del Maschio Angioino, e si rivelò anche buon legislatore. Carlo tentò anche l'introduzione dell'arte della seta, ma senza successo, per lo stato di decadenza in cui si trovavano l'agricoltura, l'industria e il commercio.

Carlo II, morendo il 5 maggio 1309, lasciò all'erede Roberto un regno povero, politicamente screditato, dilaniato da continui conflitti sociali, oppresso dall'aumento di numero, di potenza e di audacia della feudalità ecclesiastica e laica.

Nel 1309 ascese al trono napoletano Roberto d'Angiò, detto *il Saggio*, che si ritrovò a regnare sulla sola Napoli in seguito alla cessione della Sicilia a Federico d'Aragona, secondo quanto stabilito nella Pace di Caltabellotta del 1302; Roberto, postosi a capo dei guelfi italiani, affrontò l'imperatore Arrigo VII del Lussemburgo, ma venne sconfitto a Montecatini nel 1215.

I guelfi di tutta la penisola acclamarono Roberto *pacificator Italiae*, lo invocarono come protettore, s'illusero che egli potesse raccogliere l'Italia tutta sotto il suo scettro. Il papa lo creò vicario generale in tutto il dominio della chiesa e, con letterati e poeti, lo esaltò come pio e sapientissimo sovrano; ma i suoi avversari, ripresi da Dante, lo accusarono a lungo di aver fatto avvelenare il fratello Carlo Martello per impadronirsi del trono.

Roberto, permeato di cultura toscana, stante il periodo passato nella regione come vicario di Carlo II, fu amante delle lettere e delle arti, e creò un clima intellettuale notevole: Boccaccio, Giotto, Petrarca, Tino da Camaino risiedettero e lavorarono a Napoli in quel periodo, promosse gli studi legislativi, volle la costruzione della chiesa di S. Chiara, nella quale si trova il suo monumento funebre, e originò una grande fioritura dello stile gotico fiorito di stile francese: si pensi alle chiese di S. Lorenzo, di S. Paolo Maggiore, dell'Incoronata, e alla basilica di S. Domenico Maggiore. Il Petrarca lo proclamò il più grande dei principi del tempo e volle giudice lui per l'incoronazione in Campidoglio. La sua corte abbagliava con le feste, i giochi, le giostre ed i tornei, le musiche, i canti d'amore; con l'affluenza di traduttori dal greco, dall'ebraico, dall'arabo; di architetti, scultori, pittori, chiamati per nuovi magnifici edifici, sacri e profani, di cui fu arricchita la capitale.

Merito sempre dell'Angiò fu quello di invitare a Napoli i rappresentanti delle maggiori scuole pittoriche italiane dell'epoca: Pietro Cavallini da Roma, Giotto da Firenze, Simone Martini da Siena; a quest'ultimo si deve la famosa pala, oggi nella Pinacoteca di Capodimonte, in cui si vede il vescovo Lodovico d'Angiò- canonizzato come San Lodovico da Tolosa- che rinuncia al regno in favore del fratello minore, re Roberto d'Angiò, per indossare l'umile saio francescano.

Le piazze di Napoli, di Bari, di Brindisi, di Taranto, rigurgitavano di banchieri, di mercanti toscani, veneziani, genovesi, in gran moto di affari. Ma sotto questo fasto, sotto quelle apparenze di potenza e di ricchezza, la realtà era ben diversa.

Uno stato, unico in Italia, popolato da milioni di sudditi non aveva mezzi per sostenersi, per mantenere il fasto della corte e continuare la guerra con la Sicilia. Si ricorreva quindi ai prestiti coi banchieri stranieri, soprattutto fiorentini: Bardi, Peruzzi, Acciaiuoli, e via dicendo, allettati con la concessione di redditizi uffici amministrativi.

E, quando non si riusciva a versarne gl'interessi, li si autorizzava ad esportazioni gratuite, e, peggio ancora, a riscuotere per sé tributi dovuti al fisco, i futuri *arrendamenti*.

Una rinuncia a giurisdizioni e ad entrate, che crebbe col cresciuto favore, con nuove concessioni di terre e di privilegi agli enti ecclesiastici e la cessione delle rendite delle sedi e benefici vacanti alla Camera Apostolica.

Premorti intanto al re i figli maschi e vedendo minacciata la successione della nipote Giovanna dalla non estinta pretensione del ramo primogenito regnante in Ungheria, Roberto credette di poterla assicurare unendo in matrimonio la nipote di sette anni col coetaneo principe Andrea, secondogenito del re Caroberto nel 1333, il quale ricevette il titolo di duca di Calabria. Quindi, con la diplomazia e con la forza delle armi, Roberto tentò la riconquista della Sicilia.

Ma, fra l'insuccesso di quegli sforzi e, all'interno, l'impotenza dei giustizieri di fronte alle lotte civili e al dilagare del brigantaggio, il vecchio re morì il13 gennaio 1343.

Dopo la morte di Roberto nel 1343, la nipote Giovanna creò non pochi problemi alla città con i suoi comportamenti frivoli e dissennati; in questo periodo, epidemie di peste, sommosse e incursioni ungheresi tormentarono la città.

Il regno, data la giovane età della coppia, venne affidato dal papa Clemente VI ad un cardinal legato con funzioni di reggente.

Nella notte del 18 settembre 1345, il giovane duca di Calabria fu assassinato nel castello angioino di Aversa da un gruppo di congiurati. L'episodio scatenò violente reazioni da parte dei sostenitori di Andrea e gettò pesanti sospetti sulla regina stessa, che in molti indicavano come la vera artefice e mandante dell'omicidio del marito. Poco tempo dopo, Giovanna metteva al mondo Carlo, figlio del defunto Andrea.

Dell'evento delittuoso si occupò anche la corte pontificia, visto che il Regno di Napoli rimaneva vassallo dello Stato della Chiesa. Clemente VI pretese che si scovassero e punissero tutti i congiurati, cosa che la stessa Giovanna aveva già disposto, non si sa se per amore di giustizia o per allontanare da sé i sospetti. In ogni caso, i responsabili diretti della morte di Andrea d'Ungheria furono tutti giustiziati.

L'assassinio di Andrea provocò l'intervento militare di suo fratello Luigi *il Grande* d'Ungheria, convinto della colpevolezza di Giovanna, il quale penetrò facilmente nel regno, bene accolto dappertutto.

Niccolò Acciaiuoli, il grande banchiere fiorentino fedele a Giovanna, riuscì a salvarla, facendole sposare Ludovico, fratello del principe di Taranto, e conducendola esule in Avignone, riuscendo a farle al papa vendere la città e il territorio circostante per 80.000 fiorini d'oro.

I principi del sangue, da parte loro, abbandonata la causa di Giovanna, accorsero ad Aversa per rendere omaggio a Luigi, ma per tutta risposta furono imprigionati, e uno di loro, Carlo di Durazzo, venne mandato a morte.

Napoli aprì le porte a Luigi, ma egli non volle entrarvi che da conquistatore e nei due mesi che vi si trattenne riuscì a far rimpiangere la regina fuggita.

Infatti come l'ungherese se ne fu allontanato, Napoli richiamò Giovanna, accogliendola con grande gioia popolare. La regina rientrò a Castel Nuovo trovandolo devastato dagli ungheresi, tanto che dovette farlo radicalmente ristrutturare per renderlo nuovamente abitabile.

Luigi per tutta risposta invase nuovamente il regno che fu devastato da una lunga guerra. La pace tornò solo nel 1351.

Giovanna e il marito Ludovico di Taranto furono incoronati, e a memoria, istituirono, primo in Italia, l'ordine cavalleresco del Nodo.

Chiamati poco dopo in Sicilia da una fazione in lotta con un'altra, gli Angioini tentarono di reimpadronirsi dell'isola: dapprima con successo, ma passando poi di sconfitta in sconfitta, fino a che nel 1372 rinunziarono definitivamente alle pretese sull'isola.

Questa rinuncia fu il vero e proprio atto di nascita di ciò che ufficialmente, negli atti diplomatici, continuò ancora per un pezzo a intitolarsi regno di Sicilia, ma che il popolo, e dietro il popolo gli storici chiamarono più veracemente Regno di Napoli. Ma, pacificato fuori, il regno non seppe darsi la pace dentro. La regina entrò in contrasto col marito Ludovico, avido di potere: quindi al terzo marito, Giacomo IV di Maiorca, non concesse altro titolo che quello di duca di Calabria; ed al quarto, Ottone di Brunswick- Grubenhagen solo quello di principe di Taranto.

Le divisioni della corte portarono al rafforzamento della nobiltà feudale ed all'indebolimento del potere centrale e della corona; il popolo era sempre più miserabile, le strade impercorribili per il numero di briganti che le infestavano, senza più la protezione dei giustizieri come al tempo di Carlo I.

Le cose peggiorarono al punto che papa Urbano VI scomunicò la regina e, contro di lei, incoronò re di Gerusalemme e di Sicilia Carlo di Durazzo, ultimo rampollo della numerosa progenie di Carlo II.

Giovanna come contromossa adottò a sua volta come figlio ed erede Luigi duca d'Angiò, fratello del re di Francia, ciò che provocò lo scoppio della guerra civile, conclusasi con la sconfitta della regina: Giovanna, vinta e imprigionata, fu rinchiusa a Muro Lucano dove morì.

La guerra civile continuò anche sotto Carlo III- che regnò dal 1381 al 1386- prima fra il nuovo re e il pretendente Luigi, che, impadronitosi della Provenza, invase il regno, ma che morì improvvisamente; poi, tra il re e il papa, che aveva imposto a Carlo, come prezzo dell'incoronazione, condizioni gravissime non volute e non potute appagare. Sottrattosi il papa, con la fuga, alla guerra, Carlo III concepì l'ambizione di congiungere al regno di Napoli il regno d'Ungheria. Chiamato in Ungheria dal partito avverso alla successione di Maria, figlia del re Ludovico, vi si recò e fu incoronato re; ma vienne assassinato dalla vedova e dalla figlia di Ludovico nel febbraio 1386.

Assunse allora la reggenza, per Ladislao che aveva dieci anni, la vedova Margherita, quando già in Provenza un secondo Luigi d'Angiò, figlio del primo, era stato da Clemente VII antipapa investito re di Gerusalemme e di Sicilia. Costretta soprattutto dall'urgenza di far danaro ad ogni costo, Margherita provocò l'ira della Repubblica di Venezia, sequestrando una nave veneta: la Serenissima reagì impadronendosi di quanto il regno possedeva ancora di là dall'Adriatico; e soprattutto provocò l'ostilità di Napoli, che le oppose un governo di *Otto del buono stato*. La reggente col figlio si rifugiò a Gaeta; i suoi nemici, che si erano proclamati per l'Angiò, entrarono in Napoli e qui ricevettero nel 1390 Luigi II salutandolo come re legittimo.

Così il regno si trovò sotto due sovrani in guerra fra loro, serviti ciascuno da mercenarî, sostenuti ciascuno da baroni, che nel proprio interesse credevano o mostravano di credere legittimo l'uno, usurpatore l'altro.

Prevalse dapprima la parte angioina, tanto che il dominio della Casa di Durazzo si ridusse quasi alla sola fortezza di Gaeta.

La stirpe dei Durazzo, ramo cadetto degli Angiò, portò sul trono di Napoli, dopo Carlo, il giovane Ladislao; grosse ostilità vennero a questi da Luigi II d'Angiò, che aveva pretese al trono, e che portarono alla divisione della città in due fazioni. Tuttavia, Ladislao finì per prevalere, e fu anche un buon sovrano; guerriero nato, ammaestrato e indurito dalla sventura, ebbe a sua disposizione la ricca dote della prima consorte e trovò nel nuovo papa Bonifacio IX un valido alleato, e assunse egli stesso il comando della sua parte, capovolgendo le sorti della guerra, obbligando Luigi prima a rifugiarsi a Taranto, poi a tornare nella sua Provenza nel 1400. Ladislao, chiamato a impadronirsi dell'Ungheria contro il re Sigismondo, dapprincipio mosse verso Zara e occupatala, ma, compresa la difficoltà dell'impresa, vendé la città dalmata a Venezia e se ne tornò nel regno per cercare di impadronirsi del principato di Taranto. Non essendo riuscito a sconfiggere con le armi la resistenza colà oppostagli dalla principessa Maria d'Enghien, vedova quarantenne di Raimondello Orsini e madre di quattro figli, sposò la principessa e restituì alla corona napoletana Taranto nel 1406. Approfittando del Grande Scisma per ingrandire il regno, occupò più volte Roma, tanto che Alessandro V richiamò Luigi II e gli rinnovò l'investitura datagli dall'antipapa. Si riaccese nuovamente la guerra fra le due vecchie fazioni.

Infine la vittoria fu di Ladislao, nonostante una disfatta subita a Roccasecca nel 1411, tanto da costringere anche questa volta il rivale a tornarsene in Provenza. E il regno, ingranditosi con l'annessione di buona parte dello Stato pontificio, mosso a impadronirsi di altri più ricchi paesi, parve per un momento il più potente e più temuto fra gli stati d'Italia

Il sei agosto 1414 però Ladislao morì appena trentanovenne, lasciando il trono alla sorella Giovanna, anch'essa dedita, come la sua omonima antenata, più alle tresche amorose e agli scandali che alle attività di governo. Ma se le sue brighe con la nobiltà napoletana e col secondo marito, la sorte dei suoi amanti[27], la rivalità e il conflitto fra il gran siniscalco Sergianni Caracciolo e il gran contestabile Muzio Attendolo Sforza, amante di Giovanna, furono senza ripercussioni nell'avvenire, non fu così per l'investitura e l'incoronazione della regina, per cui il regno dové restituire quanto possedeva dello Stato pontificio., per la *Prammatica Filingiera* del 1418, che estese ancora di più i gradi di successione feudale, ammettendo la sorella maritata a succedere nel feudo: in questo modo i Caracciolo soppiantarono i Filangieri nella contea di Avellino. Sotto Giovanna II si ebbe l'ampliamento della giurisdizione dei feudatari, che ebbero aggiunta la giurisdizione criminale a quella civile.

Ma le conseguenze più funeste provennero dal modo come la regina, priva di discendenza, provvide alla successione: chiamato a toglierle il regno Luigi d'Angiò, Giovanna adottò come erede Alfonso V, re di Aragona, di Sardegna e di Sicilia.

Successivamente, però, non fidandosi di Alfonso, annullatane l'adozione, Giovanna gli

---

[27]Diverse leggende sono nate intorno alla figura della *Riggina Giuvanna,* famosa per essere una vera e propria cacciatrice di uomini, ritenuta oltretutto "folle", in riferimento ad alcuni atti compiuti considerati fuori dal comune, sintomo di perdita del senno. Si dice che il suo fantasma vaghi ancora tra le mura della Rocca di Arquata del Tronto.

I racconti leggendari, tramandati oralmente, sono per lo più incentrati sulla intricata dedizione ai piaceri sessuali ed alla passione della carne: secondo la tradizione aveva un numero cospicuo ed indefinito di amanti, tra cui giovani ed aitanti popolani, che "riceveva" nella sua alcova, per soddisfare i suoi desideri e di cui poi si liberava: all'interno del Maschio Angoino, altri dicono di Castelcapuano, c'era una botola da cui faceva precipitare gli amanti.

Della leggenda si è occupato anche Benedetto Croce che le dedica un capitolo nel suo *Storie e Leggende Napoletane*, pubblicato da Laterza nel 1919. Il filosofo abruzzese cerca di contestualizzare i racconti tentando in primo luogo di dare un volto a *Giovanna la Pazza*. Fu la prima Giovanna o la seconda? Secondo Croce la vulgata attribuisce a Giovanna I l'identità della *riggina Giuvanna* della leggenda, anche se sembrerebbe più probabile l'ipotesi che la vera "pazza" fosse Giovanna II. Tutte e due le regine, però, sono storicamente unite da una certa disinvoltura amorosa, una grande sensualità ed una fortissima personalità.

Secondo alcuni ancora oggi, sulla Riviera di Chiaia e nei sotterranei di Castel Capuano, in certe notti si sentirebbero le grida disperate degli amanti della regina folle.

Benedetto Croce, nel riportare gli aspetti più boccacceschi delle storie su Giovanna scrisse:

Più tardi ascoltai particolari più giovenaleschi: la regina che andava in giro per le scuderie a godere l'uno dopo l'altro di tutti i palafrenieri; la legge che ella, nuova Semiramide, comandò di bandire nel suo regno, facendo lecito il libito; la sua orrenda morte da Pasifae in abbracciamenti non già con un toro, ma con un cavallo, del quale, sazia degli uomini, si era bestialmente innamorata; e colsi sulla bocca del popolo la frase non elogiativa, detta di qualche donna di sfrenate voglie: E' come la regina Giovanna.

sostituì il rivale Luigi; e, morto questi nel 1434, il fratello Renato d'Angiò. Poco dopo, Giovanna II, costituita una reggenza per la lontananza del successore, prigioniero allora in Borgogna, morì, lasciando un regno ridotto agli estremi e dilaniato dalle lotte intestine tra fazioni.

I napoletani, non riconoscendo la reggenza nominata dalla defunta, la sostituirono una balìa, che riconobbe come legittimo successore Renato d'Angiò, chiamando a Napoli, come reggente, sua moglie Isabella, che venne poi raggiunta dal consorte: quel breve dominio rimase caro nella memoria dei sudditi per la bontà dei sovrani. Ma, Renato d'Angiò non poté resistere alla potenza degli aragonesi e dei loro sostenitori, ed Alfonso d'Aragona entrò trionfalmente a Napoli nel 1443. Era l'inizio di una nuova dinastia.

Gli Angioini, che pure vi regnarono per circa 170 anni, non riuscirono mai a dare al Mezzogiorno una solidità che lo rendesse padrone di se stesso, e la tradizione del *malgoverno angioino* sebbene esagerata, non è tutta e solo una leggenda storiografica, così come non lo è quella sulla parte giocata dal Papato nella storia della monarchia meridionale. Nel corso di sei secoli sei dinastie si susseguirono sul trono di Napoli, tutte straniere (Angioini, Aragonesi, Asburgo di Spagna, Asburgo di Vienna, Borbone di Spagna, Murat).

Mai, però, per decisione dei meridionali, bensì per decisione e azione delle grandi potenze europee, e sollevando sempre le stesse discussioni sull'interna tenuta morale di un tale organismo politico.

CONCLUSIONI.

Come giudicare una figura tanto complessa e controversa quale quella di Carlo I?
Il più grande conoscitore di documenti angioini, Camillo Minieri Riccio scriveva di lui a metà del XIX secolo:

Colla morte di Manfredi rovinò la possente casa di Svevia, e Carlo di Angiò divenuto assoluto padrone dell'una e dell'altra Sicilia, per tenersi sicuro sul conquistato trono fu largo a dismisura verso i suoi provenzali e francesi, arricchendoli di feudi tanto, che tra i baroni del reame pochi furono risparmiati all'ira sua e conservati ne' propri stati. Liberatosi di Corradino, Carlo tutte le sue cure e l'animo applicò ad innalzarsi sopra quanti eranvi potentati in quel tempo per isplendidezza e magnificenza di Corte, per possanza di Stati e per alleanze, per eserciti e per flotte, e per la prosperità dei propri regni.
Ai sette grandi uffizi del Regno aggiunse egli altri due, il Maresciallo ed il Panettiere.
Oltre delle contee di Angiò, del Maine, di Provenza e di Forcalquier, di Avignone e di Tonnerre, che ricevè dal fratello e dalle due sue mogli, fu egli investito del reame di Napoli e di Sicilia. Balduino II imperadore di Costantinopoli dichiarandolo suo successore in mancanza di discendenti, fecegli cessione del principato di Acaia e della Morea, del regno di Tessalonica, e di tutte le città e le isole dell'impero, eccetto la città di Costantinopoli e le isole di Lesbo, di Samo, di Cos e di Chios. Perciò Guglielmo de Ville-Hardoin principe di Acaia sollecito gli prestò il giuramento di omaggio, e tosto il regno di Albania, la città di Durazzo e l'isola di Corfù lo riconobbero per loro sovrano.
Maria di Antiochia fecegli cessione del regno di Gerusalemme, e quindi signoreggiò la Lombardia, la Toscana e Roma istessa.
A forza di armi si rese tributario il re di Tunisi; il despota di Arta, il duca di Atene e il conte di Cefalonia e di Giacinto, i marchesi di Saona, il conte Radusio e molti altri potenti signori da lui riconobbero i propri stati.
Capo dei guelfi, dominò egli quasi intera l'Italia, e tra tutti i sovrani del suo tempo il più possente ed il più temuto egli era. In Tolemaide residenza del suo vicario, in Acaia, in Durazzo, in Albania, in Roma e nelle altre città dello Stato di S. Chiesa, in tutta la Lombardia, in Firenze e nelle altre città della Toscana da lui governate, contro Tunisi, in Ungheria, contro Costantinopoli, contro la ribelle Sicilia e pel reame di Napoli, tenne Carlo forti eserciti e possenti flotte. Guido conte di Fiandra, il suo figliuolo Roberto, il conte di Soisson, Ottone conte di Borgogna, Giovanni de Bertan conte di Richemont, Ferrante figliuolo del re di Aragona e Pietro figliuolo del re di Tunisi, non che Filippo de Courtenay imperadore di Costantinopoli, in qualità di duci militavano nel suo esercito.
(...)
Egli fu riputato il più savio tra i sovrani del suo tempo, perciò Filippo re di Francia personalmente viene nel reame di Napoli ed il re d'Inghilterra vi manda Odoardo suo fratello, onde consultare Carlo di Angiò intorno alla spedizione di Terra-Santa.
(...)
Fra tante cure di guerre e di ambizione Carlo di Angiò innanzi a tutte tenne fermo l'animo suo nel consolidarsi sul conquistato soglio ed a rendere prosperi i suoi regni.
Severo verso coloro a' quali affidava il governo dei suoi stati, inesorabile contro i suoi nemici, seppe si bene governare, che nel mezzo di quotidiane belliche imprese e nel bisogno

con tinuo di immense somme di danaro per le sue armate terrestri e navali, il reame di Napoli e di Sicilia prosperò nelle finanze, nell'agricoltura, nella pastorizia, nel commercio, nelle industrie, nelle arti e nelle lettere, essendone lo stesso Carlo fautore e mecenate. Emanò egli nuove leggi, ed innalzò superbi edilìzi e sacri templi, edificò nuove città, altre abbellì.
Questo sovrano non perdonando mai ad offesa, per favorire ed incoraggiare le scienze e le lettere diveniva il protettore de' suoi più fieri ed ostinati nemici.
E siffatta virtù col suo splendore nasconde tutti gli eccessi, ne' quali Carlo fu trascinato dalla sua ambizione e dalla fierezza dell'animo suo.

Scrive di lui Peter Herde che, pur essendo dotato di grande abilità politica e diplomatica, l'Angiò fu privo dei tratti di simpatia umana del fratello Luigi IX. Con soggettiva onestà univa in sé una religiosità personale, che arrivava talvolta alla bigotteria, ed una politica di potenza che non arretrava neppure di fronte a duri atti di brutalità. Una volta consolidata la sua autorità nel Regno, egli si preoccupò di assicurare un governo equo e nella vita privata si mantenne fedele ai precetti dell'etica cristiana più di qualcuno dei suoi predecessori normanni e svevi, cosa non certo difficile. Carlo era di carattere chiuso, senza la cultura di un Federico II o di un Manfredi, ma non mancava di sensibilità per l'*ethos* della società cavalleresca: così si circondò di trovatori come Adam de la Halle e Raimond de la Tour, che ne lodarono la figura di re e di cavaliere.

La sua politica di forza, spesso crudele, iniziò veramente soltanto dopo la conquista del Regno, quando il suo potere era continuamente minacciato dalle rivolte. Appare comprensibile, dal punto di vista del re, che per frenare l'anarchia e rafforzare il proprio potere in una terra straniera e spesso ostile egli affidasse le cariche principali dell'amministrazione centrale ereditata dagli Svevi ed i grandi feudi prevalentemente ad uomini di sua fiducia, che erano quasi sempre francesi e provenzali[28].

Il giudizio degli storici nei confronti del re angioino è stato sin dall'inizio molto controverso, diviso tra coloro che hanno fermamente condannato la sua eccessiva sete di potere, la sua spietatezza, i suoi atteggiamenti dispotici e la sua spregiudicatezza, la crudeltà verso gli avversari, la religiosità spinta sino alla bigotteria ed al fanatismo piuttosto che alla spiritualità, e coloro che, invece, ne hanno generosamente elogiato il coraggio, la devozione e la fermezza. Così gli storici francesi si sono abitualmente espressi con toni molto positivi fino ad autentiche apologie, specie da parte di quelli che hanno visto in lui il vero erede e successore di Carlo Magno; pure positivo è il giudizio su Carlo espresso anche più recentemente dal Runciman. La storiografia tedesca del secolo XIX, ed in parte anche del XX, ha proiettato indietro fino al secolo XIII l'antagonismo con la Francia dell'epoca bismarckiana- si leggano le pagine del Gregorovius riportate in apertura!- dimostrando una particolare sensibilità per episodi come l'esecuzione di Corradino e l'annientamento della casa di Svevia, considerata anacronisticamente un esempio di illuminato progresso.

Nella storiografia italiana hanno prevalso, fino alla fine del XIX secolo, i toni nazionalistici ed antifrancesi, specie con riferimento alla vicenda dei Vespri Siciliani, di cui non veniva preso in considerazione peraltro il ruolo svolto dagli Aragonesi nella preparazione dell'insurrezione. Va però detto come oggi gli storici si esprimano quasi ovunque con

---

[28] P. Herde, "CARLO I d'Angiò, re di Sicilia", *Dizionario Biografico degli Italiani*, XX, Roma 1977, s.v.

maggiore equilibrio, sottolineando sia le luci che le ombre del regno di Carlo e finendo per descriverlo come un sovrano brutale ma dotato di una religiosità quasi bigotta, introverso ma capace di impensabili momenti di sensibilità, onesto e cavalleresco ma anche crudele ed arrogante; esemplari, per queste valutazioni, rimangono le due guerre combattute contro gli ultimi Hohenstaufen, Manfredi e contro Corradino, in cui le sue vittorie risultarono favorite sia da coraggiosa determinazione che da spregiudicata astuzia. Per Dante, Carlo I rappresentava l'odioso discendente della volgare stirpe capetingia che traeva origine da un *beccaio*, il quale, dopo *la gran dota provenzale*, era l'incarnazione dell'avidità di bottino, della menzogna e dell'inganno, accusato tra l'altro - ci crede anche Giovanni Villani[29] che pure era un guelfo fanatico! - di aver assassinato Tommaso d'Aquino:

Figliuol fu' io d'un beccaio di Parigi:
quando li regi antichi venner meno
tutti, fuor ch'un renduto in panni bigi,

trova'mi stretto ne le mani il freno
del governo del regno, e tanta possa
di nuovo acquisto, e sì d'amici pieno,

ch'a la corona vedova promossa
la testa di mio figlio fu, dal quale
cominciar di costor le sacrate ossa.

Mentre che la gran dota provenzale
al sangue mio non tolse la vergogna,
poco valea, ma pur non facea male.

Lì cominciò con forza e con menzogna
la sua rapina; e poscia, per ammenda,
Pontì e Normandia prese e Guascogna.

Carlo venne in Italia e, per ammenda,
vittima fé di Curradino; e poi
ripinse al ciel Tommaso, per ammenda[30].

Le difficoltà create al papa da Carlo sin dal momento del suo arrivo, il fiscalismo oppressivo, l'afflusso dei francesi considerati non a torto arroganti dagli italiani, tutto ciò lasciò tracce anche negli ambienti guelfi che cercarono di sviluppare una politica indipendente e di moderare attraverso alcune riforme la pesante oppressione francese nel regno di Sicilia.

---

[29]*E andando lui a corte di papa al concilio a Leone, si dice che per uno fisiziano del detto re, per veleno gli mise in confetti, il fece morire, credendone piacere al re Carlo, però ch'era del legnaggio de' signori d'Aquino suoi ribelli, dubitando che per lo suo senno e virtù non fosse fatto cardinale; onde fu grande dammaggio a la chiesa di Dio: morì a la badia di Fossanuova in Campagna: Nuova Cronica*, IX, CCXVIII.
[30]*Purg*, XX, 52 ss.

Sia ben chiaro: Carlo non si sentì mai e mai volle essere un italiano del Sud, come invece si sentirono Federico e Manfredi pur restando tedeschi.

Carlo fu e rimase francese nella lingua e nei sentimenti fino alla morte ; non volle proseguire sulla via della modernizzazione, ma preferì comportarsi come una dinastia straniera in terra di conquista sostituendo gli italiani con i più affidabili- per lui- provenzali e francesi. Per lui il regno di Sicilia, come l'Albania e l'Acaia erano territori di conquista e nient'altro.

Carlo, per quanto oggi dimenticato, si rivelò indubbiamente il più grande sovrano della storia del Meridione d'Italia, da lui considerato in un'ottica mediterranea: oltre a recuperare i rapporti con il Maghreb, i Balcani e l'Egitto, ereditati dagli Hohenstaufen, il nuovo sovrano intese creare legami più stretti e capillari con gli Stati franchi del Levante che lo resero di fatto il tutore dell'Oriente latino, combinando così le sue aspirazioni personali con le esigenze di gruppi socio-economici presenti nel Regno di Sicilia.

Fu un re capace di rafforzare una struttura statale capace di sopravvivere, al di là della dinastia aragonese e delle dominazioni spagnola ed austriaca, che durò sino alla caduta ingloriosa della dinastia dei suoi discendenti francesi della Casa di Borbone, di ben altra solidità, almeno come durata, rispetto all'effimero dominio di Federico II e di Manfredi.

Stemma di Carlo I, re di Sicilia e di Gerusalemme.

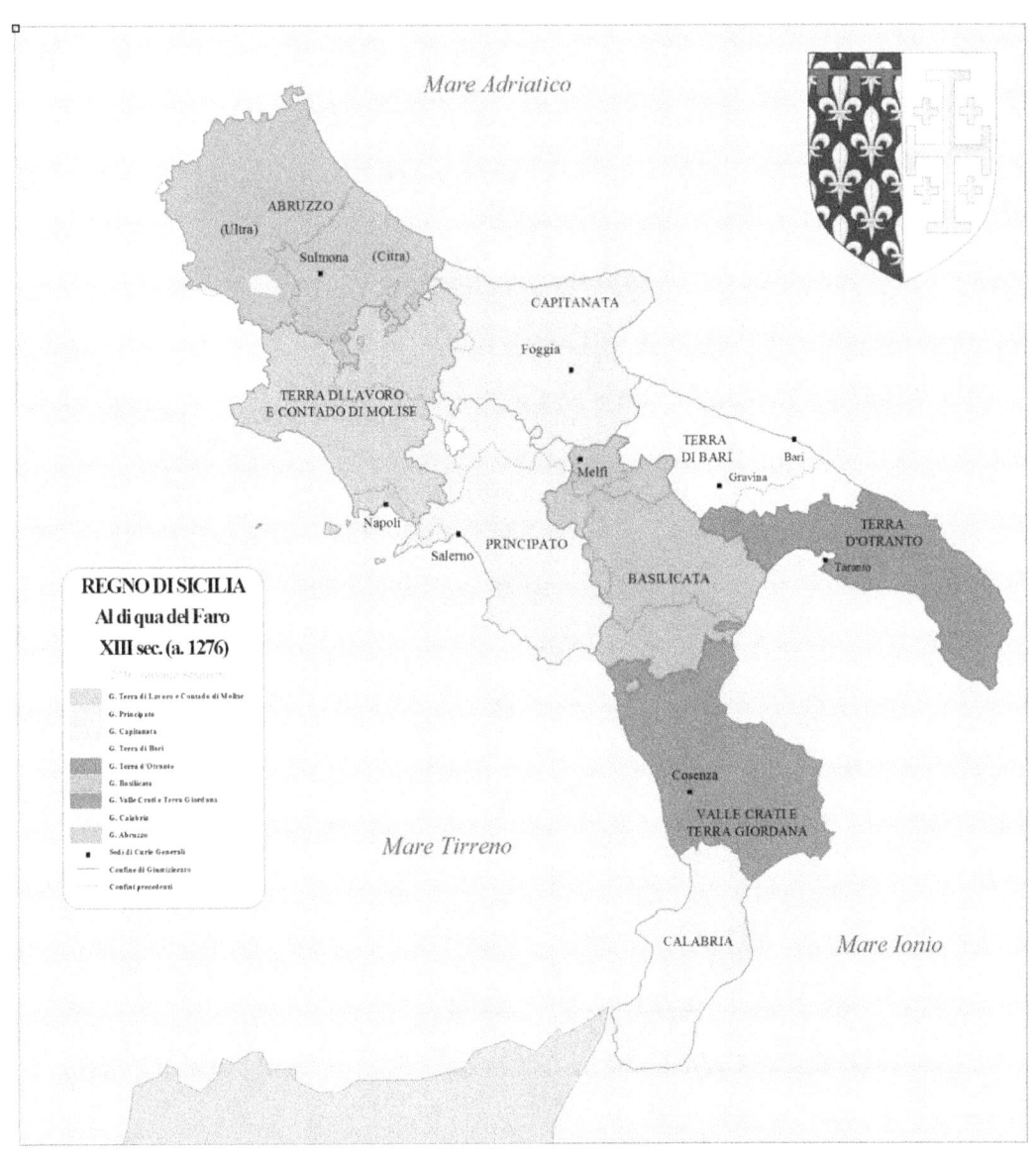

Il Regno di Sicilia al di qua del Faro

Napoli al tempo di Carlo I, che ne fece la capitale *de facto* al posto di Palermo.

Carlo I incoronato re di Sicilia da Clemente IV in San Giovanni in Laterano in una miniatura del XV secolo.

Sigillo di Carlo d'Angiò, conte di Provenza, con il futuro sovrano a cavallo.

Manfredi incoronato re di Sicilia. Miniatura della *Nuova Cronica* di Giovanni Villani.

Ritratto di Manfredi, da una miniatura dell' *Ars venandi cum Avibus*

La battaglia di Benevento in una miniatura del XV secolo: Carlo trapassa Manfredi con la propria lancia.

I cavalieri svevi in rotta dopo la battaglia. Miniatura della *Nuova Cronica* di Giovanni Villani. Si noti l'aquila sveva in campo d'argento, stemma del regno di Sicilia.

Carlo I in armatura, in una miniatura coeva.

Giuseppe Bezzuoli, Il ritrovamento del corpo di Manfredi, 1838

Carlo d'Angio. Scultura di Arnolfo di Cambio, Roma, Palazzo Senatorio.

Beatrice e Carlo I in trono. Affresco del XIII secolo.

Incoronazione di Corradino come Corrado V. Miniatura del XIII secolo.

La battaglia di Tagliacozzo in una miniatura della fine del XIII secolo

Decapitazione di Corradino in piazza del Mercato a Napoli, miniatura dalla *Nuova Cronica* **di G. Villani**

Monumento funebre di Corradino, B. Thorvaldsen, chiesa del Carmine, Napoli.

La rivolta del Vespro in un'incisione del XIX secolo.

Carlo I assedia Messina durante la Guerra del Vespro.

**Pietro III d'Aragona sbarca a Trapani, 1282.
Miniatura dalla *Nuova Cronica* del Villani.**

Napoli, stemma di Carlo I d'Angiò.

Carlo I morì a Foggia il 7 gennaio 1284, venendo sepolto nel duomo di Napoli, da lui elevata a rango di capitale.

T. Soleri, Carlo I d'Angiò. Napoli, Palazzo Reale..

APPENDICE 1.

LE GUERRE DI RE CARLO I NELLA *NUOVA CRONICA* DI GIOVANNI VILLANI.

BENEVENTO, 1266.

Libro VIII, *cap.* III
Come il conte Carlo si partì di Francia, e per mare si passò di Proenza a Roma.

Negli anni di Cristo MCCLXV Carlo conte d'Angiò e di Proenza, fatta sua raunata di baroni e di cavalieri di Francia, e di moneta per fornire suo viaggio, e fatta sua mostra, si lasciò il conte Guido di Monforte capitano e guidatore di MD cavalieri franceschi, i quali dovessono venire a Roma per la via di Lombardia. E fatta la festa della Pasqua della Resurressione di Cristo col re Luis di Francia e cogli altri suoi fratelli e amici, subitamente si partì di Parigi con poca compagnia: sanza soggiorno venne a Marsilia in Proenza, là dove avea fatte apparecchiare XXX galee armate, in su le quali si ricolse con alquanti baroni che di Francia avea menato seco, e con certi de' suoi baroni e cavalieri provenzali, e misesi in mare per venire a Roma a grande pericolo; però che 'l re Manfredi colle sue forze avea fatte armare in Genova, e in Pisa, e nel Regno più di LXXX galee, le quali stavano in mare alla guardia, acciò che 'l detto Carlo non potesse passare. Ma il detto Carlo, come franco e ardito signore, si mise a passare, non guardando agli aguati de' suoi nimici, dicendo uno proverbio, overo sentenzia di filosofo, che dice: "Buono studio rompe rea fortuna". E ciò avenne al detto Carlo bene a bisogno; ché essendo colle sue galee sopra il mare di Pisa, per fortuna di mare si sciarrarono, e Carlo con III delle sue galee, per forza straccando, arrivò a Porto Pisano. Sentendo ciò il conte Guido Novello, ch'allora era in Pisa vicaro del re Manfredi, s'armò colle sue masnade di Tedeschi per cavalcare a Porto, e prendere il conte Carlo; i Pisani presono loro punto, e chiusono le porte della città, e furono ad arme, e mossono questione al vicario, che rivoleano il cassero del Mutrone ch'egli tenea per gli Lucchesi, il quale era a·lloro molto caro e bisognevole; e così convenne che fosse fatto innanzi si potesse partire. E per lo detto intervallo e dimoro, quando il conte Guido partito di Pisa e giunto a Porto, il conte Carlo, cessata alquanto la fortuna, e con grande sollecitudine fatte racconciare le sue galee, e messosi in mare, di poco dinanzi s'era partito di Porto, e cessato tanto pericolo e isventura: e così come piacque adDio, passando poi assai di presso del navilio del re Manfredi, prendendo alto mare, arrivò colla sua armata sano e salvo alla foce del Tevero di Roma del mese di maggio del detto anno, la cui venuta fu tenuta molto maravigliosa e sùbita, e dal re Manfredi e da sua gente appena si potea credere. Giunto Carlo a Roma, da' Romani fu ricevuto a grande onore, imperciò che non amavano la signoria di Manfredi, e incontanente fu fatto sanatore di Roma per volontà del papa e del popolo di Roma. Con tutto che papa Chimento fosse a Viterbo, li diede ogni aiuto e favore contro a Manfredi, spirituale e temporale; ma per cagione che·lla sua cavalleria che venia di Francia per terra, per molti impedimenti apparecchiati per le genti di Manfredi in Lombardia, penarono molto a giugnere a Roma, come faremo menzione, sicché al conte Carlo convenne soggiornare a Roma, e in Campagna, e a Viterbo tutta quella state, nel quale soggiorno provide e ordinò come potesse entrare nel Regno con sua oste.

IV
Come il conte Guido di Monforte colla cavalleria del conte Carlo passò per Lombardia a Roma.

Il conte Guido di Monforte colla cavalleria che 'l conte Carlo gli lasciò a guidare, e colla contessa moglie del detto Carlo, e co' suoi cavalieri si partirono di Francia del mese di giugno del detto anno. E questi furono i caporali de' baroni col conte di Monforte: messer Boccardo conte di Vandomo, e messere Giovanni suo fratello, messer Guido di Bieluogo vescovo d'Alsurro, messere Filippo di Monforte, messere Guiglielmo e messer Piero di Bielmonte, messer Ruberto di Bettona primogenito del conte di Fiandra il quale era genero del conte Carlo, messer Gilio il Bruno conastabolo di Francia, maestro e balio del detto Ruberto, il maliscalco di Mirapesce, messere Guiglielmo lo Stendardo, messer Gianni di Bresiglia maliscalco del conte Carlo, cortese e valente cavaliere; e feciono la via di Borgogna e di Savoia, e passarono le montagne di Monsanese; e arrivati nella contrada di Torino e d'Asti, dal marchese di Monferrato ch'era signore di quello paese furono ricevuti onorevolmente, perché 'l detto marchese tenea colla Chiesa, e era contro a Manfredi; e per lo suo condotto, e coll'aiuto de' Melanesi, si misono a passare la Lombardia tutti in arme, e cavalcando schierati, e con molto affanno di Piemonte infino a Parma, però che 'l marchese Palavigino parente di Manfredi, colla forza de' Chermonesi e dell'altre città ghibelline di Lombardia ch'erano in lega con Manfredi, era a guardare i passi con più di IIIm cavalieri, che Tedeschi e che Lombardi. Alla fine, come piacque a·dDio, veggendosi assai di presso le dette due osti al luogo detto...., i Franceschi passarono sanza contasto di battaglia, e arrivarono alla città di Parma. Bene si disse che uno messer Buoso della casa di que' da Duera di Chermona, per danari ch'ebbe da' Franceschi, mise consiglio per modo che l'oste di Manfredi non fosse al contasto al passo, com'erano ordinati, onde poi il popolo di Chermona a·ffurore distrussono il detto legnaggio di quegli da Duera. Giunti i Franceschi alla città di Parma, furono ricevuti graziosamente; e gli usciti guelfi di Firenze e dell'altre città di Toscana, con più di CCCC cavalieri, onde aveano fatto loro capitano il conte Guido Guerra de' conti Guidi, andarono loro incontro infino a Mantova. E quando i Franceschi si scontrarono con gli usciti guelfi di Firenze e di Toscana, parve loro sì bella gente e sì riccamente a cavagli e ad arme, che molto si maravigliarono che usciti di loro terre potessono esser così nobilemente adobbati, e la loro compagnia ebbono molto cara de' detti nostri usciti. E poi gli scorsono e condussono per Lombardia a Bologna, e per Romagna, e per la Marca, e per lo Ducato, che per Toscana non potérono passare, però che tutta era a parte ghibellina e alla signoria di Manfredi; per la qual cosa misono molto tempo in loro viaggio, sicché prima fu l'entrante del mese di dicembre del detto anno MCCLXV, che giugnessono a Roma; e giunti loro alla città di Roma, il conte Carlo fu molto allegro, e gli ricevette a gran festa e onore.

V
Come lo re Carlo fu coronato in Roma re di Cicilia, e come incontanente si partì con sua oste per andare incontro al re Manfredi.

Come la cavalleria del conte Carlo fu giunta a Roma, sì intese a prendere sua corona, e il dì della Befania, gli anni detti MCCLXV, per due cardinali legati e mandati dal papa fue consecrato in Roma e coronato del reame di Cicilia e di Puglia, egli e la donna sua, a grande onore; e sì tosto come fu finita la festa della sua coronazione, sanza alcuno soggiorno si mise al camino con sua oste per la via di Campagna inverso il regno di Puglia; e Campagna ebbe assai tosto grande parte sanza contasto al suo comandamento. Lo re Manfredi sentendo la loro venuta, del detto Carlo, e poi della sua gente, com'era passata per difalta della sua grande oste ch'era in Lombardia, fu molto cruccioso: incontanente mise tutto suo studio alla guardia de' passi del Regno, e al passo al ponte a Cepperano mise il conte Giordano e quello di Caserta, i quali erano della casa di quegli d'Aquino, e con genti assai a piè e a cavallo, e in San Germano mise grande parte di sua baronia, Tedeschi e Pugliesi, e tutti i Saracini di Nocera coll'arcora e balestra e con molto saettamento, confidandosi più in quello riparo che inn-altro, per lo forte luogo e per lo sito, che dall'una parte ha grandi montagne e dall'altra paduli e marosi, ed era fornito di vittuaglia e di tutte cose bisognevoli per più di due anni. Avendo fatto il re Manfredi di fornimento a' passi, come detto avemo, sì mandò suoi ambasciadori al re Carlo, per trattare co·llui triegue o pace; ed isposta loro ambasciata, il re Carlo di sua bocca volle fare la risposta, e disse in sua lingua in francesco: "Ales e dite moi a le sultam de Nocere: o gie metterai lui en enferne o il mettra moi em paradis"; ciò vuole dire: "Io non voglio altro che·lla battaglia, ove o io ucciderò lui, o egli me"; e ciò fatto, sanza soggiorno si mise al cammino. Avenne che giunto il re Carlo con sua oste a Fresolone in Campagna, iscendendo verso Cepperano, il detto conte Giordano che a quello passo era a guardia, veggendo venire la gente del re per passare, volle difendere il passo; il conte di Caserta disse ch'era meglio a lasciarne prima alquanti passare, sì gli avrebbono di là dal passo sanza colpo di spada. Il conte Giordano credendo che consigliasse il migliore, aconsentì, ma quando vide ingrossare la gente, ancora volle assalirgli con battaglia; allora il conte di Caserta, il quale era nel trattato, disse che·lla battaglia era di gran rischio, imperciò che troppi n'erano passati. Allora il conte Giordano veggendo sì possente la gente del re, abandonarono la terra e 'l ponte, chi dice per paura, ma i più dissono per lo trattato fatto da·re al conte di Caserta, imperciò ch'egli nonn-amava Manfredi, però che per la sua disordinata lussuria per forza avea giaciuto colla moglie del conte di Caserta, onde da·llui si tenea forte ontato, e volle fare questa vendetta col detto tradimento. E a questo diamo fede, però che furono de' primi egli e' suoi che s'arrenderono al re Carlo, e lasciato Cepperano, non tornaro a l'oste del re Manfredi a San Germano, ma si tennero in loro castella.

VI
Come il re Carlo, avuto il passo di Cepperano, ebbe per forza la terra di San Germano.

Come lo re Carlo e sua oste ebbono preso il passo di Cepperano, presono Aquino sanza contasto, e per forza ebbono la rocca d'Arci, ch'è delle più forti tenute di quello paese; e ciò fatto, si misono a campo coll'oste a San Germano. Quegli della terra per lo forte luogo, e perch'era bene fornito di genti e di tutte cose, aveano per niente la gente del re Carlo, ma per dispregio, a·lloro ragazzi che menavano i cavagli a l'acqua faceano spregiare, e dire onta e villania, chiamando: "Ov'è il vostro Carlotto?". Per la qual cosa i ragazzi de' Franceschi si misono a badalucare e a combattere con quegli d'entro, per la qual cosa tutta l'oste de' Franceschi si levò a romore. E temendo che 'l campo non fosse assalito, tutti furono ad arme i Franceschi subitamente, correndo inverso la terra; quegli d'entro non prendendosi di ciò guardia, non furono così tosto tutti a l'arme. I Franceschi con grande furore assaliron la terra, e dando battaglia da più parti; e chi migliore schermo non potea avere, ismontando de' cavagli, e levando loro le selle, e con esse in capo andavano sotto le mura e torri della terra. Il conte di Vandomo con messer Gianni suo fratello, e co·lloro bandiera, i quali furono de' primi che s'armarono, seguirono i ragazzi di que' d'entro ch'erano usciti al badalucco, e cacciandogli, co·lloro insieme si misono dentro per una postierla ch'era aperta per ricoglierli; e ciò non fu sanza grande pericolo, imperciò che·lla porta era bene guardata da più gente d'arme, e rimasonvene e morti e fediti di quegli che seguivano il conte di Vandomo e 'l fratello; ma eglino per loro grande ardire e virtù pur vinsono la punga a la porta per forza d'arme, e entrarono dentro, e incontanente la loro insegna misono in su le mura. E de' primi che gli seguirono furono gli usciti guelfi di Firenze, ond'era capitano il conte Guido Guerra, e la 'nsegna portava messer Stoldo Giacoppi de' Rossi: i quali Guelfi alla presa del detto San Germano si portarono maravigliosamente e come buona gente, per la qual cosa quegli di fuori presono cuore e ardire, e chi meglio poteva si mettea dentro alla terra. Quegli d'entro, vedute le 'nsegne de' nemici in su le mura, e presa la porta, molti ne fuggirono, e pochi ne stettono alla difensione; per la qual cosa la gente del re Carlo combattendo ebbono la terra di San Germano a dì X di febbraio MCCLXV, e fu tenuta grandissima maraviglia, per la fortezza della terra, e piuttosto fattura di Dio che forza umana, perché dentro v'avea più di M cavalieri e più di Vm pedoni, intra' quali avea molti arcieri saracini di Nocera; ma per una zuffa che la notte dinanzi, come a Dio piacque, surse tra' Cristiani e' Saracini, della quale i Saracini furono soperchiati, il giorno appresso non furono in fede alla difensione della terra; e questa infra l'altre fu bene una delle cagioni perché perderono la terra di San Germano. Delle masnade di Manfredi furono assai morti e presi, e la terra tutta corsa e rubata per li Franceschi, e ivi soggiornò lo re e sua oste alquanto per prendere riposo, e per sapere gli andamenti di Manfredi.

VII
Come lo re Manfredi andò a Benivento, e come ordinò sue schiere per combattere col re Carlo.

Lo re Manfredi intesa la novella della perdita di San Germano, e tornandone la sua gente sconfitti, fu molto isbigottito, e prese suo consiglio quello ch'avesse a·ffare, il quale fu consigliato per lo conte Calvagno, e per lo conte Giordano, e per lo conte Bartolomeo, e per lo conte camerlingo, e per gli altri suoi baroni ch'egli con tutto suo podere si ritraesse alla città di Benivento per forte luogo, e per avere la signoria di prendere la battaglia a sua posta, e per ritrarsi inverso Puglia, se bisognasse, e ancora per contradiare il passo al re Carlo, imperciò che per altra via non potea entrare in Principato e a Napoli, né passare in Puglia se non per la via di Benivento; e così fu fatto. Lo re Carlo sentendo l'andata di Manfredi a Benivento, incontanente si partì da San Germano, per seguirlo con sua oste, e non tenne il cammino diritto di Capova, e per Terra di Lavoro, imperciò che al ponte di Capova non avrebbe potuto passare, per la fortezza ch'è in su il fiume delle torri del ponte, e il fiume è grosso; ma si mise a passare il fiume del Voltorno presso a Tuliverno, ove si può guadare, e tenne per la contrada d'Alifi, e per aspri cammini delle montagne di beneventana, e sanza soggiorno, e con grande disagio di muneta e di vittuaglia, giunse all'ora di mezzogiorno a piè di Benevento, alla valle d'incontro alla città, per ispazio di lungi di due miglia alla riva del fiume di Calore, che corre a piè di Benevento. Lo re Manfredi veggendo apparire l'oste del re Carlo, avuto suo consiglio, prese partito del combattere, e d'uscire fuori a campo con sua cavalleria, per assalire la gente del re Carlo anzi che si riposassono; ma in ciò prese mal partito, che se fosse atteso uno o due giorni, lo re Carlo e sua oste erano morti e presi sanza colpo di spada, per difalta di vivanda per loro e per gli loro cavagli; ché 'l giorno dinanzi che giugnessono a piè di Benevento, per necessità di vittuaglia, molti di sua oste convenne vivesse di cavoli, e' loro cavagli di torsi, sanza altro pane, o biada per gli cavagli, e la moneta per dispendere era loro fallita. Ancora era la gente e forza del re Manfredi molto sparta, che messer Currado d'Antioccia era in Abruzzi con gente, il conte Federigo era in Calavra, il conte di Ventimiglia era in Cicilia: che se avesse alquanto atteso crescevano le sue forze; ma a cui Iddio vuole male gli toglie il senno. Manfredi uscito di Benevento con sua gente, passò il ponte ch'è sopra il detto fiume di Calore, nel piano ove si dice Santa Maria della Grandella, il luogo detto la pietra a Roseto; ivi fece tre battaglie overo schiere: l'una fu di Tedeschi di cui si rifidava molto, e erano bene MCC cavalieri, ond'era capitano il conte Calvagno; la seconda era di Toscani e Lombardi, e anche Tedeschi, in numero di M cavalieri, la quale guidava il conte Giordano; la terza fu de' Pugliesi co' Saracini di Nocera, la quale guidava lo re Manfredi, la quale era di MCCCC cavalieri, sanza i pedoni e gli arcieri saracini ch'erano in grande quantità.

VIII
Come il re Carlo ordinò sue schiere per combattere col re Manfredi.

Lo re Carlo veggendo Manfredi e sua gente venuti a campo per combattere, ebbe suo consiglio di prendere la battaglia il giorno o d'indugiarla. Gli più de' suoi baroni consigliarono del soggiorno infino a la mattina vegnente, per riposare i cavagli dell'affanno avuto per lo forte cammino, e messer Gilio il Bruno conastabole di Francia disse il contrario, e che indugiando, i nimici prenderanno cuore e ardire, e a·lloro potea al tutto fallire la vivanda, e che se altri dell'oste no·lla volese la battaglia, egli solo col suo signore Ruberto di Fiandra e con sua gente si metterebbe alla ventura del combattere, avendo fidanza in Dio d'avere la vittoria contra' nemici di santa Chiesa. Veggendo ciò il re Carlo, s'attenne e prese il suo consiglio, e per la grande volontà ch'avea del combattere, disse con alta voce a' suoi cavalieri: "Venus est le iors ce nos avons tant desiré"; e fece sonare le trombe, e comandò ch'ogni uomo s'armasse e apparecchiasse per andare alla battaglia, e così in poca d'ora fu fatto. E ordinò, sì come i suoi nemici, a petto di loro tre schiere principali: la prima schiera era de' Franceschi in quantità di M cavalieri, ond'erano capitani messer Filippo di Monforte e 'l maliscalco di Mirapesce; la seconda lo re Carlo col conte Guido di Monforte, e con molti de' suoi baroni e cavalieri della reina, e co' baroni e cavalieri di Proenza, e Romani, e Campagnini, ch'erano intorno di VIIIIc cavalieri, e le 'nsegne reali portava messer Guiglielmo lo Stendardo, uomo di grande valore; la terza fu guidatore Ruberto conte di Fiandra col suo maestro Gilio maliscalco di Francia, con Fiamminghi, e Bramanzoni, e Annoieri, e Piccardi, in numero di VIIc cavalieri.
E di fuori di queste schiere furono gli usciti guelfi di Firenze con tutti gl'Italiani, e furono più di CCCC cavalieri, de' quali molti di loro delle maggiori case di Firenze si feciono cavalieri per mano del re Carlo in su il cominciare della battaglia; e di questa gente, Guelfi di Firenze e di Toscana, era capitano il conte Guido Guerra, e la 'nsegna di loro portava in

quella battaglia messer Currado da Montemagno di Pistoia. E veggendo il re Manfredi fatte le schiere, domandò della schiera quarta che gente erano, i quali comparivano molto bene inn-arme e in cavagli e in arredi e sopransegne; fugli detto ch'erano la parte guelfa usciti di Firenze e dell'altre terre di Toscana. Allora si dolfe Manfredi dicendo: "Ov'è l'aiuto ch'io hoe dalla parte ghibellina, ch'io ho cotanto servita, e messo in loro cotanto tesoro?", e disse: "Quella gente", cioè la schiera de' Guelfi, "non possono oggi perdere"; e ciò venne a dire, s'egli avesse vittoria ch'egli sarebbe amico de' Guelfi di Firenze, veggendogli sì fedeli al loro signore e a·lloro parte, e nemico de' Ghibellini.

IX
Come la battaglia dal re Carlo al re Manfredi fu, e come il re Manfredi fu sconfitto e morto.

Ordinate le schiere de' due re nel piano della Grandella per lo modo detto dinanzi, e ciascuno de' detti signori amonita la sua gente di ben fare, e dato il nome per lo re Carlo a' suoi, "Mongioia, cavalieri", e per lo re Manfredi a' suoi, "Soavia, cavalieri", il vescovo d'Alsurro, siccome legato del papa, asolvette e benedisse tutti quelli dell'oste del re Carlo, perdonando colpa e pena, però ch'essi combatteano in servigio di santa Chiesa. E ciò fatto, si cominciò l'aspra battaglia tra le prime due schiere de' Tedeschi e de' Franceschi, e fu sì forte l'asalto de' Tedeschi, che malamente menavano la schiera de' Franceschi, e assai gli fecero rinculare adietro, e presono campo. E 'l buono re Carlo veggendo i suoi così malmenare, non tenne l'ordine della battaglia di difendersi colla seconda schiera, avisandosi che se la prima schiera de' Franceschi ove avea tutta sua fidanza fosse rotta, piccola speranza di salute attendea dell'altre; incontanente colla sua schiera si mise al soccorso della schiera de' Franceschi contro a quella de' Tedeschi; e come gli usciti di Firenze e loro schiera
vidono lo re Carlo fedire alla battaglia, si misono appresso francamente, e fecero maravigliose cose d'arme il giorno, seguendo sempre la persona del re Carlo; e simile fece il buono Gilio il Bruno conastabile di Francia con Ruberto di Fiandra con sua schiera, e da l'altra parte fedì il conte Giordano colla sua schiera, onde la battaglia fu aspra e dura, e grande pezza durò, che non si sapea chi avesse il migliore; però che gli Tedeschi per loro virtude e forza colpendo di loro spade, molto danneggiavano i Franceschi. Ma subitamente si levò uno grande grido tra·lle schiere de' Franceschi, chi che 'l si cominciasse, dicendo: "Agli stocchi, agli stocchi, a fedire i cavagli!"; e così fu fatto, per la qual cosa in piccola d'ora i Tedeschi furono molto malmenati e molto abattuti, e quasi inn isconfitta volti. Lo re Manfredi, lo quale con sua schiera de' Pugliesi stava al soccorso dell'oste, veggendo gli suoi che non poteano durare la battaglia, sì confortò la sua gente della sua schiera, che 'l seguissono alla battaglia, da' quali fu male inteso, però che la maggiore parte de' baroni pugliesi e del Regno, in tra gli altri il conte camerlingo, e quello della Cerra, e quello di Caserta e altri, o per viltà di cuore, o veggendo a loro avere il peggiore, e chi disse per tradimento, come genti infedeli e vaghi di nuovo signore, si fallirono a Manfredi, abandonandolo e fuggendosi chi verso Abruzzi e chi verso la città di Benevento. Manfredi rimaso con pochi, fece come valente signore, che innanzi volle in battaglia morire re, che fuggire con vergogna; e mettendosi l'elmo, una aquila d'argento ch'egli avea ivi su per cimiera gli cadde in su l'arcione dinanzi. E egli ciò veggendo isbigottì molto, e disse a' baroni che gli erano dal lato in latino: "Hoc est signum Dei, però che questa cimiera appiccai io colle mie mani in tal modo che non dovea potere cadere". Ma però non lasciò,

ma come valente signore prese cuore, e incontanente si mise alla battaglia, non con sopransegne reali per non esser conosciuto per lo re, ma come un altro barone, lui fedendo francamente nel mezzo della battaglia. Ma però i suoi poco duraro, che già erano in volta: incontanente furono sconfitti, e lo re Manfredi morto in mezzo de' nemici, dissesi per uno scudiere francesco, ma non si seppe il certo. In quella battaglia ebbe gran mortalità d'una parte e d'altra, ma troppo più della gente di Manfredi. E fuggendo del campo verso Benevento, cacciati da quegli dell'oste del re Carlo, infino nella terra, che·ssi facea già notte, gli seguirono, e presono la città di Benevento, e quegli che fuggieno. Molti de' baroni caporali del re Manfredi rimasono presi: intra gli altri furono presi il conte Giordano, e messer Piero Asini degli Uberti, i quali il re Carlo mandò in pregione in Proenza, e di là d'aspra morte in carcere gli fece morire. Gli altri baroni pugliesi e tedeschi ritenne in pregione in diversi luoghi nel Regno. E pochi dì apresso la moglie del detto Manfredi e' figliuoli e la suora, i quali erano in Nocera de' Saracini in Puglia, furono renduti presi al re Carlo, i quali poi morirono in sua pregione. E bene venne a Manfredi e a sue rede la maladizione d'Iddio, e assai chiaro si mostrò il giudizio d'Iddio in lui, perch'era scomunicato e nimico e persecutore di santa Chiesa. Nella sua fine, di Manfredi si cercò più di tre giorni, che non si ritrovava, e non si sapea se fosse morto, o preso, o scampato, perché nonn-avea avuto a la battaglia indosso armi reali. Alla fine per uno ribaldo di sua gente fu riconosciuto per più insegne di sua persona in mezzo il campo ove fu la battaglia. E trovato il suo corpo per lo detto ribaldo, il mise traverso in su uno asino, vegnendo gridando: "Chi acatta Manfredi, chi acatta Manfredi?"; il quale ribaldo da uno barone del re fu battuto, e recato il corpo di Manfredi dinanzi al re, fece venire tutti i baroni ch'erano presi, e domandato ciascuno s'egli era Manfredi, tutti temorosamente dissono di sì. Quando venne il conte Giordano sì si diede delle mani nel volto piagnendo e gridando: "Omè, omè, signore mio!"; onde molto ne fu commendato da' Franceschi, e per alquanti de' baroni del re fu pregato che gli facesse fare onore alla seppultura. Rispuose il re: "Si feisse ie volontiers, s'il non fust scomunié"; ma imperciò ch'era scomunicato, non volle il re Carlo che fosse recato in luogo sacro; ma appiè del ponte di Benevento fu soppellito, e sopra la sua fossa per ciascuno dell'oste gittata una pietra, onde si fece grande mora di sassi. Ma per alcuni si disse che poi per mandato del papa il vescovo di Cosenza il trasse di quella sepultura, e mandollo fuori del Regno, ch'era terra di Chiesa, e fu sepolto lungo il fiume del Verde a' confini del Regno e di Campagna: questo però nonn-affermiamo. Questa battaglia e sconfitta fu uno venerdì, il sezzaio di febbraio, gli anni di Cristo MCCLXV.

TAGLIACOZZO, 1268.

Libro VIII, *cap.* XXVI
Come l'oste di Curradino e quella del re Carlo s'affrontarono per combattere a Tagliacozzo.

Lo re Carlo sentendo come Curradino era partito di Roma con sua gente per entrare nel Regno, si levò da oste da Nocera, e con tutta sua gente a grandi giornate venne incontro a Curradino, e alla città dell'Aquila in Abruzzi attese sua gente. E stando lui nell'Aquila, e tenendo consiglio cogli uomini della terra, amonendogli fossono fedeli e leali, e fornissono l'oste, uno savio villano e antico si levò, e disse: "Re Carlo, non tenere più consigli, e non schifare uno poco di fatica, acciò che tu ti possi riposare sempre; togli ogni dimoranza, e va' contra il nimico, e nol lasciare prendere più campo, e noi ti saremo leali e fedeli". Lo re udendosi sì saviamente consigliare, sanza nullo indugio o più parole di là si partìo per la via traversa delle montagne, e acozzossi assai di presso all'oste di Curradino nel luogo e piano di San Valentino, e nonn-avea in mezzo se non il fiume del... Lo re Carlo avea di sua gente, tra Franceschi e Provenzali e Italiani, meno di IIIm cavalieri, e veggendo che Curradino avea troppa più gente di lui, per lo consiglio del buon messere Alardo di Valleri, cavaliere francesco di grande senno e prodezza, il quale di quegli tempi era arrivato in Puglia tornando d'oltremare dalla Terrasanta, sì disse al re Carlo se volesse essere vincitore gli convenia usare maestria di guerra più che forza. Il re Carlo confidandosi molto nel senno del detto messer Alardo, al tutto gli commise il reggimento dell'oste e della battaglia; il quale ordinò della gente del re tre schiere, e dell'una fece capitano messer Arrigo di Cosance, grande di persona e buono cavaliere d'arme: questi fu armato colle sopransegne reali in luogo della persona de·re, e guidava Provenzali, e Toscani, e Lombardi, e Campagnini. L'altra schiera furono de' Franceschi, onde furono capitani messer Gianni di Crarì e messer Guiglielmo lo Stendardo. E mise i Provenzali a la guardia del ponte del detto fiume, acciò che l'oste di Curradino non potesse passare sanza disavantaggio della battaglia. Il re Carlo col fiore della sua baronia, di quantità di VIIIc cavalieri, fece riporre in aguato dopo uno colletto in una vallea, e col re Carlo rimase il detto messer Alardo di Valleti con messer Guiglielmo di Villa, e Arduino prenze della Morea, cavaliere di grande valore. Curradino dall'altra parte fece di sua gente tre schiere: l'una de' Tedeschi, ond'egli era capitano col dogi d'Osteric, e con più conti e baroni; l'altra degl'Italiani, onde fece capitano il conte Calvagno con alquanti Tedeschi; l'altra fu di Spagnuoli, ond'era capitan don Arrigo di Spagna loro signore. In questa stanza, l'una oste appetto a l'altra, i baroni del Regno ribelli del re Carlo fittiziamente, per fare isbigottire lo re Carlo e sua gente, feciono venire nel campo di Curradino falsi ambasciadori molto parati, con chiavi in mano e con grandi presenti, dicendo ch'egli erano mandati dal Comune dell'Aquila per dargli le chiavi e signoria della terra, sì come suoi uomini e fedeli, acciò che gli traesse della tirannia del re Carlo. Per la qual cosa l'oste di Curradino e egli medesimo, stimando fosse vero, feciono grande allegrezza; e sentito ciò nell'oste del re Carlo, n'ebbe grande isbigottimento, temendo non fallisse loro la vittuaglia che veniva loro di quella parte, e l'aiuto di quegli dell'Aquila. Lo re medesimo sentendo ciò, n'entròe in tanta gelosia, che di notte tempore si partì con pochi dell'oste in sua compagnia, e venne all'Aquila la notte medesima, e faccendo domandare le guardie delle porte per cui si tenea la terra, rispuosono: "Per lo re Carlo"; il quale entrato dentro sanza ismontare de' cavagli, amonitigli di buona guardia, incontanente tornò all'oste, e fuvi la mattina a buona ora, e per l'affanno dell'andare e tornare la notte lo re Carlo dall'Aquila si posava e dormiva.

XXVII
Come Curradino e sua gente furono sconfitti dal re Carlo.

Curradino e sua oste avendo vana speranza che l'Aquila fosse ribellata al re Carlo, con grande vigore e grida, fatte le sue schiere, si strinse a valicare il passo del fiume per combattere col re Carlo. Lo re Carlo, con tutto si posasse, come detto avemo, sentendo il romore de' nimici, e com'erano inn-arme per venire a la battaglia, incontanente fece armare e schierare sua gente per l'ordine e modo che dinanzi facemmo menzione. E stando la schiera de' Provenzali, la quale guidava messer Arrigo di Consancia, alla guardia del ponte, contastando a don Arrigo di Spagna e a sua gente il passo, gli Spagnuoli si misono a passare il guado della riviera ch'era assai piccolo, e incominciarono a inchiudere la schiera de' Provenzali, che difendeano il ponte. Curradino e l'altra sua oste veggendo passati gli Spagnuoli, si mise a passare il fiume, e con grande furore assaliro la gente del re Carlo, e in poca d'ora ebbono barattati e sconfitti la schiera de' Provenzali; e 'l detto messer Arrigo di Consancia colle 'nsegne del re Carlo abattute, e egli morto e tagliato; credendosi don Arrigo e' Tedeschi avere la persona del re Carlo, perché vestiva le sopransegne reali, tutti gli s'agreggiarono adosso. E rotta la detta schiera de' Provenzali, simile fecione di quella de' Franceschi e degl'Italiani, la quale guidava messer Gianni di Crarì, e messer Guiglielmo lo Stendardo, però che·lla gente di Curradino erano per uno due che quegli del re Carlo, e fiera gente e aspra in battaglia: e veggendosi la gente del re Carlo così malmenare, si misono in fuga e abandonarono il campo. I Tedeschi si credettero avere vinto, che non sapeano dell'aguato del re Carlo, si cominciarono a spandere per lo campo, e intendere a la preda e alle spoglie. Lo re Carlo era in sul colletto di sopra alla valle, dov'era la sua schiera, con messer Alardo di Valleri e col conte Guido di Monforte per riguardare la battaglia, e veggendo la sua gente così barattare, prima l'una schiera e poi l'altra, e venire in fuga, moria a dolore, e volea pure fare muovere la sua schiera per andare a soccorrere i suoi. Messer Alardo, maestro dell'oste e savio di guerra, con grande temperanza e con savie parole ritenne assai lo re, dicendo che per Dio sì sofferisse alquanto, se volesse l'onore della vittoria, però che conoscea la covidigia de' Tedeschi, come sono vaghi delle prede, per lasciargli più spartire dalle schiere, e quando gli vide bene sparpagliati, disse al re: "Fa' muovere le bandiere, ch'ora è tempo"; e così fu fatto. E uscendo la detta schiera della valle, Curradino né' suoi non credeano che fossono nimici, ma che fossono di sua gente, e non se ne prendeano guardia. E vegnendo lo re con sua gente stretti e serrati, al diritto se ne vennero ov'era la schiera di Curradino co' maggiori di suoi baroni, e quivi si cominciò la battaglia aspra e dura, con tutto che poco durasse, però che·lla gente di Curradino erano lassi e stanchi per lo combattere, e non erano tanti cavalieri schierati ad assai quanti quegli del re, e sanza ordine di battaglia, però che·lla maggiore parte di sua gente, chi era cacciando i nemici, e chi ispartito per lo campo per guadagnare preda e pregioni, e la schiera di Curradino per lo improviso assalto de' nimici tuttora scemava, e quella del re Carlo tuttora cresceva per gli primi di sua gente ch'erano fuggiti della prima sconfitta, conoscendo le 'nsegne del re si metteano in sua schiera, sicché in poca d'ora Curradino e sua gente furono sconfitti.

E quando Curradino s'avide che·lla fortuna della battaglia gli era incontro, e per consiglio de' suoi maggiori baroni, si mise alla fugga egli, e 'l dogi d'Osteric, e il conte Calvagno, e il conte Gualferano, e 'l conte Gherardo da Pisa, e più altri. Messere Alardo di Valleri veggendo fuggire i nimici, con grandi grida dice e pregava lo re e' capitani della schiera non si partissono né seguissono caccia de nimici né altra preda, temendo che·lla gente di Curradino non si ranodasse, o niuno aguato uscisse fuori, ma stessono fermi e schierati in sul campo; e così fu fatto. E venne bene a bisogno, che don Arrigo co' suoi Spagnoli e altri Tedeschi i quali aveano seguita la caccia de' Provenzali e Italiani, i quali aveano prima sconfitti per una valle, e non aveano veduta la battaglia del re Carlo e la sconfitta di Curradino, alla ricolta che fece di sua gente, e ritornando al campo, veggendo la schiera del re Carlo, credette che fosse Curradino e sua gente; sì scese il colle dov'era ricolto per venire a' suoi, e quando si venne appressando conobbe le 'nsegne de' nimici, e come ingannato si tenne confuso; ma com'era valente signore, si strinse a schiera, e serrò colla sua gente per tale modo che 'l re Carlo e' suoi, i quali per l'afanno della battaglia erano travagliati, non s'ardirono di fedire alla schiera di don Arrigo, e per non recare in giuoco vinto a partito stavano aringati l'una schiera appetto a l'altra buona pezza. Il buono messer Alardo veggendo ciò, disse al re che bisognava di fargli dipartire da schiera per rompergli: lo re gli commise facesse a suo senno. Allora prese de' migliori baroni della schiera del re da XXX in XL, e uscirono della schiera faccendo sembianti che per paura si fuggissono, siccome gli avea amaestrati. Gli Spagnuoli veggendogli con più delle bandiere di quegli signori si metteano in volta e in vista di fuggire, con vana speranza cominciarono a gridare: "E' sono in fugga!", e cominciarono a dipartirsi da schiera e volergli seguire. Lo re Carlo veggendo schiarire e aprire la schiera degli Spagnuoli e altri Tedeschi, francamente si misono a fedire tra·lloro; e messer Alardo co' suoi saviamente si raccolsono e tornarono alla schiera. Allora fu la battaglia aspra e dura; ma gli Spagnuoli erano bene armati, per colpi di spade non gli poteano aterrare, e spesso al loro modo si rannodavano insieme. Allora i Franceschi cominciarono con gridare ad ire, e a prendelli a braccia, e abattergli de' cavagli a modo de' torniamenti; e così fu fatto, per modo che in poca d'ora gli ebbono rotti, e sconfitti, e messi in fugga, e molti ve ne rimasono morti.

Don Arrigo con assai de' suoi si fuggì in Montecascino, e diceano che 'l re Carlo era sconfitto. L'abate ch'era signore di quella terra conobbe don Arrigo, e a' segnali di loro com'erano fuggiti, sì fece prendere lui e gran parte di sua gente. Lo re Carlo con tutta sua gente rimasono in sul campo armati e a cavallo infino alla notte per ricogliere i suoi e per avere de' nemici piena e sicura vittoria. E questa sconfitta fu la vilia di santo Bartolomeo a dì XXIII d'agosto, gli anni di Cristo MCCLXVIII. E in quello luogo fece poi fare lo re Carlo una ricca badia per l'anime della sua gente morta, che si chiama Santa Maria della Vittoria, nel piano di Tagliacozzo.

XXVIII
Della avisione ch'avenne a papa Chimento della sconfitta di Curradino.

Avenne grande maraviglia che, essendo stata la detta sconfitta di Curradino, la vilia di santo Bartolomeo, e era già notte anzi che 'l certo si sapesse a cui fosse rimaso il campo colla vittoria, per le molte riprese e variazioni ch'ebbe la detta battaglia, la mattina per tempo vegnente della festa di santo Bartolomeo, essendo papa Chimento in Viterbo, e sermonava, e vegnendoli subitamente uno pensiero per lo quale parve al popolo che contemplasse uno buono pezzo lasciando la materia del sermone, levato della detta contemplazione disse: "Correte, correte alle strade a prendere i nimici di santa Chiesa, che sono sconfitti e morti"; e della detta sconfitta nulla novella né messo era venuto al papa, né potea venire in così corto spazio di tempo come una notte, però che da Viterbo al luogo dove fu la battaglia avea più di C miglia; e fu l'altro giorno, inanzi che nullo messaggio ne venisse in corte; ma di certo si disse per gli savi che in corte erano che il papa l'ebbe per ispirazione divina, e egli era uomo di santa vita.

XXIX
Come Curradino con certi suoi baroni furono presi dal re Carlo, e fece loro tagliare la testa.

Curradino col dogio d'Ostaric e con più altri, i quali del campo erano fuggiti co·llui, sì arrivarono alla piaggia di Roma in su la marina a una terra ch'ha nome Asturi, ch'era degl'Infragnipani di Roma, gentili uomini; e in quella arrivati, feciono armare una saettia per passare in Cicilia, credendo scampare dal re Carlo, e in Cicilia, che era quasi tutta rubellata a lo re, ricoverare suo stato e signoria. Essendo loro già entrati in mare sconosciuti nella detta barca, uno de' detti Infragnipani ch'era in Asturi, veggendo ch'erano gran parte Tedeschi, e begli uomini, e di gentile aspetto, e sappiendo della sconfitta, sì s'avisò di guadagnare e d'esser ricco, e però i detti signori prese; e saputo di loro esser, e com'era tra quegli Curradino, sì gli menò al re Carlo pregioni, per gli quali lo re gli donò terra e signoraggio a la Pilosa, tra Napoli e Benevento. E come lo re ebbe Curradino e que' signori in sua balia, prese suo consiglio quello ch'avesse a·ffare. Alla fine prese partito di fargli morire, e fece per via di giudicio formare inquisizione contro a·lloro, come a traditori della corona e nemici di santa Chiesa; e così fu fatto; che a dì.... fu dicollato Curradino, e 'l duca d'Osteric, e 'l conte Calvagno, e 'l conte Gualferano, e 'l conte Bartolomeo e due suoi figliuoli, e 'l conte Gherardo de' conti da Doneratico di Pisa in sul mercato di Napoli lungo il ruscello dell'acqua che corre di contra alla chiesa de' frati del Carmino; e non sofferse il re che fossono soppelliti in luogo sacro, ma in su il sabbione del mercato, perch'erano scomunicati. E così in Curradino finì il legnaggio della casa di Soave, che fu in così grande potenzia d'imperadori e di re, come adietro è fatta menzione. Ma di certo si vede per ragione e per isperienza che chiunque si leva contra santa Chiesa e è scomunicato conviene che·lla fine sia rea per l'anima e per lo corpo; e però è sempre da temere la sentenza della scomunicazione di santa Chiesa giusta o ingiusta, che assai aperti miracoli ne sono stati, chi legge l'antiche croniche, e per questa il può vedere per gl'imperadori e signori passati, che furono ribelli e persecutori di santa Chiesa. Della detta sentenzia lo re Carlo ne fu molto ripreso, e dal papa, e da' suoi cardinali, e da chiunque fu savio, però ch'egli avea preso Curradino e' suoi per caso di battaglia, e non per tradimento, e meglio era a tenerlo pregione che farlo morire. E chi disse che 'l papa l'asentì; ma non ci diamo fede, perch'era tenuto santo uomo. E parve che·lla innocenzia di Curradino, ch'era di così giovane etade a giudicarlo a morte, Iddio ne mostrasse miracolo contra lo re Carlo, che non molti anni appresso Iddio gli mandò di grandi aversitadi quando si credea essere in maggiore stato, sì come innanzi nelle sue storie faremo menzione. Al giudice che condannò Curradino Ruberto figliuolo del conte di Fiandra, genero del re Carlo, com'ebbe letta la condannagione, gli diede d'uno stocco, dicendo ch'a·llui nonera licito di sentenziare a morte sì grande e gentile uomo; del quale colpo il giudice, presente lo re, morì, e non ne fu parola, però che Ruberto era molto grande apo lo re, e parve al re e a tutti i baroni ch'egli avesse fatto come valente signore. Don Arrigo di Spagna, il quale era de' pregioni del re, però ch'egli era suo cugino carnale, e perché l'abate di Montecascino che·ll'avea dato preso al re, per non essere inregolare, per patti l'avea dato che nol farebbe morire, nol fece giudicare il re a morte, ma condannollo a perpetuale carcere, e mandollo in pregione al castello del Monte Sante Marie in Puglia; molti degli altri baroni di Puglia e d'Abruzzi ch'erano stati contro a lo re Carlo e suoi ribelli fece morire con diversi tormenti.

XXX
Come lo re Carlo raquistò tutte le terre di Cicilia e di Puglia che gli s'erano rubellate.

Lo re Carlo avuta la vittoria contra Curradino, tutte le terre del regno di Puglia ch'erano rubellate s'arrenderono al re sanza contasto; e molti de' caporali ribelli che·ll'aveano ribellate gli fece morire di mala morte. E in Cicilia mandò incontanente il conte Guido di Monforte, e messer Filippo suo fratello, e messer Guiglielmo di Belmonte, e messer Guiglielmo lo Stendardo, suoi baroni, con grande armata di galee e con grande compagnia di cavalieri franceschi e provenzali per racquistare le terre dell'isola, le quali quasi tutte s'erano rubellate dal re, salvo che Messina e Palermo; ed erane capitano uno messer Currado, detto Caputo overo d'Antioccia, de' discendenti dello 'mperadore Federigo, il quale con suo seguito de' rubelli mantenea le terre rubellate contro al re Carlo, e fecegli grande guerra. Ma come i detti signori furono in Cicilia, e per la vittoria che 'l re avea avuta contra Curradino, molte delle terre s'arrenderono a' detti signori, e assediarono il detto Currado nel castello di Santo Orbe, il quale per assedio vinsono, e 'l detto Currado presono, e feciongli cavare gli occhi, e poi il feciono impiccare. E morto il detto Currado e i più de' caporali rubelli suoi seguaci, tutte le terre dell'isola furono all'ubidenza del re Carlo. E ciò fatto, riformò il reame di Cicilia e di Puglia in buono e pacifico stato, e guidardonò i suoi baroni che·ll'aveano servito di terre e di signoraggi. Lasceremo alquanto de' fatti del re Carlo, e torneremo a nostra materia de' fatti di Firenze.

LA GUERRA DEI VESPRI, 1282.

Libro VIII, LXI
Come e per che modo si rubellò l'isola di Cicilia al re Carlo.

Negli anni di Cristo MCCLXXXII, i·llunedì di Pasqua di Risoresso, che fu a dì XXX di marzo, sì come per messer Gianni di Procita era ordinato, tutti i baroni e' caporali che teneano mano al tradimento furono nella città di Palermo a pasquare. E andandosi per gli Palermitani, uomini e femmine, per comune a cavallo e a piè alla festa di Monreale fuori della città per tre miglia (e come v'andavano quelli di Palermo, così v'andavano i Franceschi, e il capitano del re Carlo a diletto), avenne, come s'adoperò per lo nimico di Dio, ch'uno Francesco per suo orgoglio prese una donna di Palermo per farle villania: ella cominciando a gridare, e la gente era tenera, e già tutto il popolo commosso contra i Franceschi, per famigliari de' baroni dell'isola si cominciò a difendere la donna, onde nacque grande battaglia tra' Franceschi e' Ciciliani, e furonne morti e fediti assai d'una parte e d'altra; ma il peggiore n'ebbono quegli di Palermo. Incontanente tutta la gente si ritrassono fuggendo alla città, e gli uomini ad armarsi, gridando: "Muoiano i Franceschi!". Si raunavano in su la piazza, com'era ordinato per gli caporali del tradimento, e combattendo al castello il giustiziere che v'era per lo re, e lui preso e ucciso, e quanti Franceschi furono trovati nella città furono morti per le case e nelle chiese, sanza misericordia niuna. E ciò fatto, i detti baroni si partirono di Palermo, e ciascuno in sua terra e contrada feciono il somigliante, d'uccidere tutti i Franceschi ch'erano nell'isola, salvo che in Messina s'indugiarono alquanti dì a ribellarsi; ma per mandato di quegli di Palermo, contando le loro miserie per una bella pistola, e ch'egli doveano amare libertà e franchigia e fraternità co·lloro, sì·ssi mossono i Missinesi a ribellazione, e poi feciono quello e peggio che' Palermitani contra' Franceschi. E trovarsene morti in Cicilia più di IIIIm, e nullo non potea nullo scampare, tanto gli fosse amico, come amasse di perdere sua vita; e se l'avesse nascoso, convenia che 'l rassegnasse o uccidesse. Questa pestilenzia andò per tutta l'isola, onde lo re Carlo e sua gente ricevettono grande dammaggio di persone e d'avere. Queste contrarie e ree novelle l'arcivescovo di Monreale incontanente le fece assapere al papa e al re Carlo per suoi messi.

LXII
Come lo re Carlo si compianse alla Chiesa e al re di Francia e a tutti suoi amici e l'aiuto ch'ebbe da·lloro.

Nel detto tempo lo re Carlo era in corte col papa: com'ebbe la dolorosa novella della rubellazione di Cicilia, cruccioso molto nell'animo e ne' sembianti, e' disse: "Sire Iddio, dapoi t'è piaciuto di farmi aversa la mia fortuna, piacciati che 'l mio calare sia a petitti passi". E incontanente fu a papa Martino e a' suoi cardinali, domandando loro aiuto e consiglio, i quali si dolfono assai co·llui insieme, e confortarono lo re che sanza indugio intendesse a raquisto, prima per via di pace, se potesse, e se non, per via di guerra, promettendogli ogni aiuto che·lla Chiesa potesse fare, spirituale e temporale, sì come a figliuolo e campione di santa Chiesa. E fece il papa legato per andare in Cicilia a trattare l'accordo, e con molte lettere e processi, messer Gherardo da Parma cardinale, uomo di gran senno e bontà, il quale si partì di corte col re Carlo insieme, e andarne in Puglia. Per simile modo si pianse lo re Carlo per lettere e ambasciadori al re di Francia suo nipote, e mandò a Carlo suo figliuolo prenze di Salerno, ch'era in Proenza, che 'ncontanente dovesse andare in Francia al re, e al conte d'Artese, e agli altri baroni a pregargli che 'l dovessono aiutare. Il quale prenze dal re di Francia fu ricevuto graziosamente, dogliendosi lo re co·llui della perdita del re Carlo, dicendo: "Io temo forte che questa ribellazione di Cicilia non sia fatta a sommossa del re d'Araona, però che quand'egli facea sua armata, e ch'io gli prestai libbre XLm di tornesi, e mandalo pregando mi facesse assapere ove e in che parte dovesse andare, nol mi volle manifestare; ma non port'io mai corona, s'egli avrà fatta questa tradigione alla casa di Francia, s'io non ne fo alta vendetta". E ciò attenne bene, ch'assai ne fece innanzi, sì ch'egli ne morì con molta di sua baronia, come innanzi a·lluogo e a tempo ne faremo menzione. E di presente disse lo re al prenze, che ne tornasse in Puglia, e appresso di lui mandò il conte di Lanzone della casa di Francia con più altri conti e baroni e grande cavalleria alle spese del re di Francia per aiuto del re Carlo.

LXIII
Come quegli di Palermo e gli altri Ciciliani mandarono a papa Martino loro ambasciadori.

In questo tempo, parendo a quegli di Palermo e agli altri Ciciliani avere mal fatto, e sentendo l'apparecchiamento che il re Carlo facea per venire sopra loro, sì mandarono loro ambasciadori frati e religiosi a papa Martino, dimandandogli misericordia, proponendo in loro ambasciata solamente: "Agnus Dei qui tollis peccata mundi, miserere nobis; Agnus Dei qui tollis peccata mundi, miserere nobis; Agnus Dei qui tollis peccata mundi, dona nobis pacem". E il papa in pieno concestoro fece loro questa risposta, sanza altre parole, che questo è scritto nel Passio Domini: "Ave rex Iudeorum, et dabant ei alapam. Ave rex Iudearum, et dabant ei alapam. Ave rex Iudeorum, et dabant ei alapam". Onde si partirono molto sconsolati.

LXIV
Dell'aiuto che 'l Comune di Firenze mandò al re Carlo.

Il Comune di Firenze mandò in aiuto del re Carlo cinquanta cavalieri di corredo, e cinquanta donzelli gentili uomini di tutte le case di Firenze per farli cavalieri, e con loro compagnia furono Vc bene a cavallo e in arme, e loro capitano fu per lo Comune il conte Guido da Battifolle della casa de' conti Guidi, e giunsono a la Catona in Calavra, quando lo re v'era con sua oste e stuolo per valicare a Messina, onde lo re si tenne dal Comune di Firenze riccamente servito, e ricevette la detta cavalleria graziosamente; e molti di loro fece cavalieri, e servirlo mentre dimorò a Messina alle spese del detto Comune. E portovvi il detto conte e capitano il padiglione grande del Comune di Firenze, il quale rimase alla partita da Messina, e' Missinesi il misono per ricordanza nella loro grande chiesa. E per simile modo molte città di Toscana e di Lombardia mandarono aiuto di genti a lo re, ciascuno secondo suo podere.

LXV
Come lo re Carlo si puose a oste a Messina per mare e per terra.

Lo re Carlo ordinata sua oste a Napoli per andare in Cicilia, tutta sua cavalleria e gente a piè mandò per terra in Calavra alla Catona incontra a Messina, il Faro in mezzo, e lo re n'andò a Brandizio, ov'era in concio il suo navilio, il quale avea apparecchiato più tempo dinanzi per passare in Gostantinopoli, e furono CXXX tra galee, e usciari, e legni grossi, sanza gli altri legni di servigio, che furono in grande quantità; e di Brandizio sì partirono col detto navilio, e giunse incontra Messina a dì VI di luglio, gli anni di Cristo MCCLXXXII, e puosesi a campo da la parte di Tavermena a Santa Maria di Rocca Maiore; e poi ne venne a le Paliare, assai presso alla città di Messina, e il navilio nel Fare incontro al porto. E fu lo re con più di Vm uomini a cavallo tra Franceschi, e Provenzali, e Italiani, e popolo sanza numero. E ciò veggendo i Missinesi impaurirono forte, veggendosi abandonati d'ogni salute, e la speranza del soccorso del re d'Araona pareva loro lunga e vana, sì mandarono incontanente loro ambasciadori nel campo al re Carlo e al legato, pregandogli per Dio che perdonasse il loro misfatto, e avesse di loro misericordia, e mandasse per la terra. Lo re insuperbito no·lli volle torre a misericordia, che di certo a queto avea la terra e poi tutta l'isola, però ch'erano i Missinesi e Ciciliani isproveduti, e non ordinati a difensione, né con nullo capitano; ma fellonescamente gli disfidò lo re a morte loro e' loro figliuoli, siccome traditori della Chiesa di Roma e della corona, ch'elli si difendessono, s'avessono podere, e mai con patti gli venissono innanzi; onde lo re fallò troppo apo Idio, e in suo danno; ma a cui Iddio vuole male gli toglie il senno. I Missinesi udendo la crudele risposta del re, non sapeano che·ssi fare, e per IIII dì istettono in contesa tra·lloro d'arrendersi o di difendersi con grande paura.

LXVI
Come la gente del re ebbono Melazzo, e come i Missinesi mandarono per lo legato per trattare accordo col re Carlo.

Avenne in questa stanzia che lo re fece passare co suo' uscieri per lo Fare dinanzi a Messina il conte di Brenna e quello di Monforte con VIIIc cavalieri e più pedoni, dall'altra parte di Messina verso Melazzo, guastando il paese d'intorno. Per la qual cosa certi di quegli di Messina venendo al soccorso di Melazzo, e per non lasciargli prendere terra, con que' di Melazzo insieme furono sconfitti dalla gente del re Carlo, e furonne morti presso di mille, tra di Messina e di Melazzo, chi alla battaglia, e molti traffelando, fuggendo verso Messina; e fu presa la terra e castello di Melazzo per la gente del re. E come i Missinesi ebbono la detta novella, incontanente mandarono nel campo al legato cardinale, che per Dio venisse in Messina per acconciargli col re Carlo. Il legato venuto, v'entrò incontanente con grande buono volere per accordargli, e appresentò le lettere del papa al Comune di Messina, per le quali gli mandava molto riprendendo della follia fatta per loro contro allo re Carlo e sua gente; e questa fu la forma: "A' perfidi e crudeli dell'isola di Cicilia, Martino papa terzo quelle salute che voi sete degni, siccome corrompitori di pace, e de' Cristiani ucciditori, e spargitori del sangue de' nostri fratelli. A voi comandiamo che vedute le nostre lettere, dobbiate rendere la terra al nostro figliuolo e campione Carlo re di Gerusalem e Cicilia per autorità di santa Chiesa, e che dobbiate lui e noi ubbidire, siccome vostro legittimo signore; e se ciò non faceste, mettiamo voi scomunicati e interdetti secondo la divina ragione, anunziandovi giustizia spirituale". E lette le dette lettere per lo legato cardinale, sì comandò che sotto pena di scomunicazione, e d'esser privati d'ogni benificio di santa Chiesa si dovessono accordare col re, e rendergli la terra, e ubbidirlo come loro signore e campione di santa Chiesa; e 'l detto legato con savie parole amonendogli e consigliandogli che ciò dovessono fare per lo loro migliore; per la qual cosa i Missinesi elessono XXX buoni uomini della città a trattare l'accordo col legato, e vennero a volere questi patti, cioè: "Che·llo re ci perdoni ogni misfatto, e noi gli renderemo la terra dandogli per anno quello che' nostri antichi davano al re Guiglielmo; e volemo signoria latina, e non Franceschi né Provenzali, e sarello obbedienti e buoni fedeli". I quali patti il legato mandò dicendo al re per lo suo camerlingo, pregandolo per Dio dovesse loro perdonare e prendere i detti patti, però che da poi saranno indurati e messisi alla difensione, ogni dì peggiorrebbe patti; ma avendo egli la terra con volontà de' cittadini medesimi, ogni dì gli potrebbe allargare: ed era sano e buono consiglio. Come lo re ebbe la detta risposta s'adirò forte, e disse fellonosamente: "I nostri suditi che contro a noi hanno servita morte domandano patti, e voglionne torre la signoria, e vogliommi rendere censo all'uso del re Guiglielmo, che quasi nonn-avea niente; non ne farei nulla; ma dapoi che al legato piacce, io perdonerò loro in questo modo, ch'io voglio di loro VIIIc stadichi quali io vorrò, e farne mia volontà, e tenendo da me quella signoria che a·mme piacerà, sì come loro signore, pagando quelle colte e dogane che sono usati; e se questo vogliono fare, sì 'l prendano, e se non, sì·ssi difendano". La qual risposta fu molto biasimata da' savi; che se·llo re non gli avea voluti prendere a' primi patti, quando si puose all'asedio, ch'erano per lui più larghi e onorevoli, a' secondi fece fallo del doppio, e non considerò gli avenimenti e casi fortunosi ch'agli assedi delle terre possono avenire, e che avennero a·llui, come innanzi faremo menzione: onde fu esempro, e sarà sempre a quegli che saranno, di prendere i patti che·ssi possono avere da' nemici, potendo avere la terra assediata. Ma cui vince il peccato universale della superbia e dell'ira in nullo caso può prendere buono consiglio.

LXVII
Come si ruppe il trattato dell'acordo ch'avea menato il legato dal re Carlo a' Messinesi.

Come i lettori di Messina ebbono l'acerba risposta dal legato, che lo re avea fatta al suo camerlingo, i detti XXX buoni uomini raunarono il popolo, e feciolla loro manifesta, onde tutti come disperati gridando: "In prima mangiamo i nostri figliuoli, che a questi patti ci arendiamo; che ciascuno di noi sarebbe di quegli VIIIc ch'egli domanda: innanzi volemo tutti morire dentro alla città nostra, colle mogli nostre e co' figliuoli, ch'andare morendo per tormenti e pregioni in istrani paesi". Come il legato vide i Missinesi così male disposti a rendersi a lo re Carlo, fu molto cruccioso, e innanzi si partisse gli pronunziò scomunicati e interdetti, e comandò a tutti i cherici che infra 'l terzo dì si dovessono partire della terra, e protestò al Comune che infra i XL dì dovessono mandare per soficiente sindaco a comparire dinanzi al papa, e ubbidire e udire sentenzia, e partissi della terra molto turbato.

LXVIII
Come Messina fu combattuta dalla gente del re Carlo, e come si difesono.

Come il cardinale fu tornato nell'oste, i più de' maggiori dell'oste ne furono molto crucciosi, perché parea loro il migliore e il più senno ad avere presa la terra ad ogni patto; ma lo re Carlo era sì temuto, che nullo gli ardiva a dire nulla più ch'a·llui piacesse. Ma tegnendo lo re consiglio di quello ch'avesse a·ffare, i più de' conti e baroni consigliaro che dapoi ch'egli nonn-avea voluta la terra a patti, ch'ella si combattesse aspramente da più parti, e spezialmente dall'una parte che·lla terra nonnavea muro, ma eravi barrata di botti e altro legname; e assai era possibile di poterla vincere per battaglia, che cominciandovisi uno badalucco, i nostri Fiorentini aveano già vinte le sbarre e entrati dentro alquanti; e se que' dell'oste avessono seguito, s'avea la terra per forza. Ma sappiendolo il re Carlo, fece suonare le trombe alla ritratta, e disse che non volea guastare sua villa, onde avea grande rendita, né uccidere i fantini, ch'erano innocenti, ma che la volea per affanno d'edificii, e per assedio aseccargli di vivanda, vincere. Ma non fece ragione di quello che potea avenire nel lungo assedio, e bene gli avenne. Ma al fallo della guerra incontanente v'è la disciplina e penitenzia apparecchiata. Per lo detto modo stette lo re con sua oste intorno a Messina da due mesi, e dando la sua gente alcuna battaglia dalla parte ove nonn-era murata, i Missinesi colle loro donne, le migliori e maggiori della terra, e con loro figliuoli piccioli e grandi, subitamente in tre dì feciono il detto muro, e ripararono francamente agli asalti de' Franceschi. E allora si fece una canzonetta che disse:

Deh, com'egli è gran pietade
Delle donne di Messina,
Veggendole scapigliate
Portando pietre e calcina.
Iddio gli dea briga e travaglia,
A chi Messina vuole guastare etc.

Lasceremo alquanto dell'asedio di Messina, e diremo quello che fece Piero d'Araona con sua armata.

LXIX
Come lo re Piero d'Araona si partì di Catalogna e venne in Cicilia, e come fu fatto e coronato re da' Ciciliani.

Nel detto anno MCCLXXXII, del mese di luglio, lo re Piero d'Araona colla sua armata si partì di Catalogna, e furono L galee e con VIIIc cavalieri e altri legni di carico assai, della quale armata fece suo amiraglio uno valente cavaliere di Calavra, ribello del re Carlo, il quale avea nome messer Ruggieri di Loria, e arrivò in Barberia nel reame di Tunisi, e a la infinta si puose ad asedio ad una terra che·ssi chiamava Ancalle per attendere novelle di Cicilia, e a quella diede alcuna battaglia, e stettonvi XV giorni. E in quella stanza, sì come era ordinato, vennero a·llui con messer Gianni di Procita ambasciadori di Messina e sindachi con pieno mandato di tutte le terre di Cicilia, a pregarlo ch'egli prendesse la signoria, e s'avacciasse di venire nell'isola per soccorrere la città di Messina, la quale dal re Carlo e da sua oste era molto stretta. Lo re Piero udendo la gente e la potenza del re Carlo, e che la sua a comparazione era niente, alquanto temette; ma per lo conforto e consiglio di messer Gianni, e veggendo che tutta l'isola era per fare le sue comandamenta, e aveano tanto misfatto al re Carlo, che di loro si potea bene sicurare, sì rispuose ch'egli era apparecchiato del venire e del soccorrere Messina. E incontanente si levò da oste da Ancolle, e ricolsesi a galee, e misesi in mare, e arrivò alla città di Trapali all'entrante d'agosto. E come giunse a Trapali, per messere Gianni di Procita e per gli altri baroni di Cicilia fu consigliato che sanza soggiorno cavalcasse a Palermo, e 'l navilio mandasse per mare; e a Palermo saputo novelle dell'oste del re Carlo e dello stato di Messina, prenderebbono consiglio. E così fu fatto, che a dì X d'agosto lo re Piero giunse nella città di Palermo, e da' Palermitani fu ricevuto a grande onore e processione sì come loro signore, e credendo scampare da morte per lo suo aiuto; e a grido di popolo il feciono loro re, salvo che non fu coronato per l'arcivescovo di Monreale, come si costumava per gli altri re, però che s'era partito e itosene al papa; ma coronollo il vescovo di Cefalù d'una picciola terra di Cicilia, ch'era rubello del re Carlo.

LXX
Del parlamento che 'l re d'Araona tenne in Palermo per soccorrere la città di Messina.

Quando il re Piero fu coronato in Palermo, fece grande parlamento sopra ciò ch'avesse a·ffare, ove furono tutti i baroni dell'isola. I baroni veggendo il picciolo podere del re d'Araona apo la grande potenzia del re Carlo, sì furono molto isbigottiti, e feciono di loro parlatore messer Palmieri Abati, il quale ringraziò molto lo re di sua venuta, e che·lla sua promessa era venuta bene fornita, se fosse venuto con più gente d'arme, però che·llo re Carlo avea più di Vm cavalieri e popolo infinito, e temiamo che Messina non sia già renduta, sì era stretta di vivanda; e consigliava che·ssi raunasse gente, e si richiedessono gli amici di tutte parti, sicché l'altre città e terre dell'isola si potessono difendere. Come il re Piero intese il consiglio de' baroni di Cicilia, ebbe grande dottanza, e parvegli esser in mal luogo, e pensò di partirsi dell'isola, se il re Carlo o sua gente venisse verso Palermo.

Avenne che stando quello parlamento, al re d'Araona venne da Messina una saettia armata con lettere, nelle quali si contenea che Messina era sì stretta di vivanda, che non si potea tenere più di VIII giorni, e che gli piacesse di soccorrergli; se non, sì·lli convenia di necessità arendere al re Carlo. Come lo re Piero ebbe le dette novelle, le mostrò a' baroni, e domandò consiglio. Levossi messer Gualtieri di Catalagirona, e disse che per Dio si soccorresse Messina, che s'ella si perdesse, tutta l'isola e eglino tutti erano in grande pericolo e aventura; e pareali che 'l re Piero con tutta sua gente cavalcasse verso Messina pressovi a L miglia, per avventura lo re Carlo si leverà da oste. Messer Gianni di Procita si levò, e poi disse che·llo re Carlo nonn-era garzone che·ssi movesse per lieva lieva, "ma colla buona e grande cavalleria ch'ha seco ci verrebbe incontro per la battaglia; ma parmi che il nostro re gli mandi suoi messaggi a dirgli ch'egli si parta di sua terra, la quale gli scade per retaggio di sua mogliera, e fugli confermata per la Chiesa di Roma per papa Niccola terzo degli Orsini; e se ciò non vuole fare, il disfidi. Ciò fatto, incontanente si mettessono in concio tutte le galee sottili, e che l'amiraglio andasse su per lo Fare, prendendo trite e ogni legno di carico ch'a l'oste portasse vittuaglia, e per questo modo con poco rischio e fatica asseccheremo il re Carlo, e sua oste converrà si parta dall'asedio; e se rimane in terra, egli e sua gente morranno di fame". Incontanente per lo re e per tutti i baroni fu preso il consiglio di messere Gianni, e furono mandati due cavalieri catalani con lettere e coll'ambasciata assai oltraggiosa e villana, e questa fu la forma della lettera.

LXXI
La lettera che 'l re d'Araona mandò al re Carlo.

"Piero d'Araona e di Cicilia re, a te Carlo re di Gerusalem e di Proenza conte.

Significhiamo a te il nostro avenimento nell'isola di Cicilia, siccome nostro giudicato reame per l'autorità di santa Chiesa, e di messer lo papa, e de' venerabili cardinali, e però comandiamo a te che, veduta questa lettera, ti debbi levare dell'isola di Cicilia con tutto tuo podere e gente, sappiendo che se nol facessi, i nostri cavalieri e fedeli vedresti di presente in vostro dammaggio, offendendo voi e vostra gente".

LXXII
Come lo re Carlo tenne suo consiglio, e rispuose al re d'Araona per sua lettera.

Come i detti ambasciadori furono nel campo e oste del re Carlo, e date loro lettere, e sposta l'ambasciata al re Carlo e a tutti suoi baroni, tennero sopra ciò consiglio, e parve uno grande orgoglio e dispetto quello che 'l re d'Aragona avea mandato a dire al maggiore o de' maggiori re de' Cristiani, e egli era di sì piccolo affare; e queste parole furono del conte di Monforte, dicendo che contro a·llui si volea fare gran vendetta. Il conte di Brettagna consigliò che il re Carlo gli rispondesse per sua lettera, comandandogli che sgombrasse l'isola, appellandolo come traditore, e disfidandolo; e così fu preso di fare. E la somma della lettera la quale mandò il re Carlo fu in questa forma.

LXXIII

Come lo re Carlo rispuose per sua lettera al re d'Araona.

"Carlo per la Dio grazia di Gerusalem e di Cicilia re, prenze di Capova, d'Angiò e di Folcalchieri e di Proenza conte, a te Piero d'Aragona re, e di Valenza conte.

Maravigliamo molto come fosti ardito di venire in su il reame di Cicilia, giudicato nostro per l'autorità di santa Chiesa di Roma; e però ti comandiamo che, veduta questa lettera, ti debbi partire del reame nostro di Cicilia, sì come malvagio traditore d'Iddio e di santa Chiesa; e se ciò non facessi, disfidianti siccome nostro nemico e traditore, e di presente ci vedrete venire in vostro dammaggio, però che disideriamo di vedere voi e vostra gente colle nostre forze".

LXXIV
Come il re d'Araona mandò il suo amiraglio per prendere il navilio del re Carlo.

Come al re d'Aragona furono per gli suoi ambasciadori apresentate le dette lettere, e disposta l'ambasciata e risposta del re Carlo, incontanente fu a consiglio per prendere partito di quello ch'avesse a·ffare. Allora si levò messer Gianni di Procita, e disse: "Signore nostro, com'io t'ho detto altra volta, per Dio, manda l'amiraglio tosto colle tue galee a la bocca del Fare, e fa' prendere il navilio che porta la vivanda all'oste, e avrai vinta la guerra; e se il re Carlo si mette a stare, rimarrà preso e morto con tutta sua gente". Il consiglio di messer Gianni fu preso, e messer Ruggieri di Loria amiraglio, uomo di grande ardire e valore, e il più bene aventuroso in battaglie in terra e in mare che fosse mai di suo essere, come innanzi faremo menzione in più parti, s'apparecchiò con LX galee sottili armate di Catalani e Ciciliani. Queste cose sentì una spia di messer Aringhino da Mare di Genova amiraglio del re Carlo, e incontanente con una saettia armata venne a Messina, e anunziò al detto amiraglio la venuta dell'armata del re d'Araona. Incontanente messer Aringhino fu al re Carlo e al suo consiglio, e disse: "Per Dio, sanza indugio pensiamo di passare colla nostra gente in Calavra, ch'i' ho novelle vere come l'amiraglio del re d'Araona viene qua di presente con sue galee armate; e io nonn-ho galee armate da battaglia, ma legni di mestieri, e disarmati; se non ci partiano, egli prenderà e arderà tutto nostro navilio sanza nullo riparo, e tu re con tutta tua gente perirai per difalta di vittuaglia; e ciò fia intra tre giorni, secondo m'aporta la mia vera spia: e però non si vuole punto di dimoro, però che ancora ci viene adosso il verno, e in Calavra nonn-ha porti vernerecci, tutti i legni con tua gente potrebbono perire a le piagge, s'avessono uno tempo contrario".

LXXV
Come allo re Carlo convenne per necessità partire dall'asedio di Messina, e tornossene nel Regno.

Quando il re Carlo udì questo, isbigottì forte, che mai per pericolo di battaglia né per altra aversità non avea avuto paura, e sospirando disse: "Volesse Idio ch'io fossi morto, dapoi che·lla fortuna m'è così contraria, ch'ho perduta mia terra avendo tanta potenzia di gente in mare e in terra; e non so perché m'è tolta da gente ch'io mai non diservì; e molto mi doglio, ch'io non presi Messina con patti ch'io la potei avere. Ma da che altro non posso", con grande dolore disse, "levisi l'oste, e passiamo; e chi m'avrà colpa di questo tradimento, o cherico o laico, ne farò grande vendetta". E il primo giorno fece passare la reina con ogni gente di mestiere e con parte degli arnesi dell'oste; il secondo dì passò il re con tutta sua gente, salvo ch'a cautela di guerra lasciò in aguato di fuori da Messina due capitani con MM cavalieri, a·ffine che levata l'oste, se quegli di Messina uscissono fuori per guadagnare della roba del campo, venissono loro adosso e entrassono nella terra; e se fatto venisse, ritornerebbe il re con sua gente incontanente. L'ordine fu bene fatto, e così fu bene contrapensato, che' Missinesi iscopersono il guato, e comandarono sotto pena della vita che nullo uscisse fuori della città; e così fu fatto. I Franceschi ch'erano rimasi in aguato, veggendosi scoperti, procacciarono di passare, e vennorne il terzo dì a lo re in Calavra, e dissono come il suo aviso era loro fallito; onde al re Carlo radoppiò il dolore, perché alcuna speranza n'avea. E così fu partita tutta l'oste da Messina, e diliberata la città ch'era in ultima stremità di vivanda, che non avea che vivere tre giorni, a dì XXVII di settembre, gli anni di Cristo MCCLXXXII. Il seguente dì giunse l'amiraglio del re d'Araona con sua armata su per lo Fare di Messina menando grande gazzarra e trionfo, e prese XXVIIII tra galee grosse e trite, intra·lle quali furono V galee del Comune di Pisa, ch'erano al servigio del re Carlo. E poi vegnendo alla Catona e a Reggio in Calavra, il detto amiraglio fece mettere fuoco e ardere da LXXX uscieri del re Carlo, ch'erano alle piagge disarmati, e questo vide il re Carlo e sua gente sanza potergli soccorrere, onde gli radoppiò il dolore. E avendo il re Carlo una bacchetta in mano, com'era sua usanza di portare, per cruccio la cominciò a rodere, e disse: "Ai Dius, molt m'aves sofert a sormonter; gie t'en pri che l'avallee soit tut bellamant". E così si mostra che senno umano né forza di gente non ha riparo al giudicio d'Iddio. Come lo re Carlo fu passato in Calavra, diede commiato a tutti gli suoi baroni e amici, e molto doloroso si ritornò a Napoli. Lo re Piero d'Araona avuta la novella della partita del re Carlo e di sua oste da Messina, e come il suo amiraglio avea operato, fu molto allegro; e di presente si partì da Palermo con tutti i baroni e cavalieri, e venne a Messina a dì X d'ottobre della detta indizione, e da' Missinesi, uomini e donne, fu ricevuto a grande processione e festa, siccome loro novello signore, e che gli avea liberati delle mani del re Carlo e de' suoi Franceschi. Lasceremo alquanto dello stato in che rimase l'isola di Cicilia, e lo Regno di qua dal Fare, e diremo della progenia del detto re di Raona, perché séguita materia grande de' suoi fatti e de' suoi figliuoli.

Carlino o *Saluto* d'argento di Carlo I.
Nel 1278 Carlo in sostituzione dei vecchi nominali, che vennero aboliti, creò una moneta in oro puro, il *Carlino*, detto anche *Saluto* per la rappresentazione dell'Annunciazione, e il suo corrispettivo in argento dal peso di g 3,341, con un fino di 934 millesimi; il *Carlino* in oro pesava invece g 4,43

APPENDICE 2:
ALBERO GENEALOGICO DELLA CASA D'ANGIO'.

o **Carlo I d'Angiò-Sicilia** *1226-1285* &1246 **Beatrice d'Aragona** *1234-1267*
o *Carlo I d'Angiò-Sicilia 1226-1285* &1268 **Margherita di Borgogna** *1250-1308*
o **Luigi d'Angiò-Sicilia** *1248-1248*
o **Bianca** *Caterina* **d'Angiò-Sicilia** *1250-1271* &1266 **Roberto III di Dampierre** *1249-1322...*
o **Beatrice d'Angiò-Sicilia** *1252-1275* &1266 **Filippo I° de Courtenay** *1243-1283* ...
o **Carlo II** *lo Zoppo* **d'Angiò-Sicilia** *ca 1254-1309* &1270 **Maria (Árpád)** *1257-1323*
o **Carlo I** *Martello* **d'Angiò-Sicilia** *1271-1295* &1281 **Clemente d'Asburgo** *1262-1293*
o **Caroberto d'Angiò-Sicilia** *1288-1342* &ca 1305 **Maria di Galizia** *†1309*
o *Caroberto d'Angiò-Sicilia 1288-1342* &1306 **Maria de Bytom** *†1317*
o *Caroberto d'Angiò-Sicilia 1288-1342* &1318 **Beatrice del Lussemburgo** *1305-1319*
o *Caroberto d'Angiò-Sicilia 1288-1342* &1320 **Elisabetta (Piast)** *1305-1380*
o **Carlo d'Angiò-Sicilia** *1321-1321*
o **Ladislao d'Angiò-Sicilia** *1324-1329*
o **Luigi il Grande d'Angiò-Sicilia** 1326-1382 &1342 **Margherita del Lussemburgo** 1335-1349
o *Luigi il Grande d'Angiò-Sicilia 1326-1382* &1353 **Elisabetta di Bosnia** *ca 1340-1387*
o **Maria d'Angiò-Sicilia** *ca 1365-1366*
o **Caterina d'Angiò-Sicilia** *ca 1370-1378*
o **Maria I d'Angiò-Sicilia** *1371-1395* &1385 **Sigismondo del Lussemburgo** *1368-1437*
o **Edvige d'Angiò-Sicilia** *ca 1372-1399* &1382 **Guglielmo d'Asburgo** *1370-1406*
o *Edvige d'Angiò-Sicilia ca 1372-1399* &1386 **Ladislasao II** *Jagellone* **di Lituania** *ca 1355-1434*
o **Andrea d'Angiò-Sicilia** *1327-1345* &1333 **Giovanna d'Angiò-Sicilia** *1326-1382*
o **Carlo Martello d'Angiò-Sicilia** *1345-1348*
o **Caterina d'Angiò-Sicilia** *†1355* &1338 **Henryk II di Świdnica** *1316..1324-1343..1345...*
o **Stefano d'Angiò-Sicilia** *1332-1354* &1350 **Margherita di Wittelsbach** *1325-1374*
o **Elisabetta d'Angiò-Sicilia** *1352-1380* &1370 **Filippo II di Taranto** *1329-1374*
o **Giovanni d'Angiò-Sicilia** *1354-1363*
o **Beatrice d'Angiò-Sicilia** *1290-1354* &1296 **Giovanni II de La Tour du Pin** *1280-1319...*
o **Clemente d'Angiò-Sicilia** *1293-1328* & **Luigi X** *l'Attaccabrighe* **(Capetingi)** *1289-1316...*
o **Margherita d'Angiò-Sicilia** *ca 1273-1299* &1290 **Carlo I° di Valois** *1270-1325...*
o **Luigi d'Angiò-Sicilia** *1274-1297*

o **Roberto I** *il Saggio* **d'Angiò-Sicilia** *1278-1343* &*1297* **Iolanda d'Aragona** *1273-1302*

o **Roberto d'Angiò-Sicilia** *†/1342*

o **Carlo d'Angiò-Sicilia** *ca 1298-1328* &*1316* **Caterina d'Asburgo** *1295-1323*

o *Carlo d'Angiò-Sicilia ca 1298-1328* &*1324..1324* **Maria di Valois** *1309-1328*

o **Giovanna d'Angiò-Sicilia** *1326-1382* &*1333* **Andrea d'Angiò-Sicilia** *1327-1345...*

o *Giovanna d'Angiò-Sicilia 1326-1382* &*1352* **Luigi di Taranto** *1320-1362*

o *Giovanna d'Angiò-Sicilia 1326-1382* &*1362* **Giacomo IV di Maiorca** *1336-1375*

o *Giovanna d'Angiò-Sicilia 1326-1382* &*1376* **Ottone V di Brunswick-Grubenhagen** *†*

o **Maria d'Angiò-Sicilia** *1328-1368* &*1343* **Carlo di Durazzo** *1323-1348...*

o *Maria d'Angiò-Sicilia 1328-1368* & **Filippo II di Taranto** *1329-1374*

o *Roberto I° il Saggio d'Angiò-Sicilia 1278-1343* &*1304* **Sancie di Maiorca** *1285-1345*

o **Bianca d'Angiò-Sicilia** *ca 1278-1310* &*1295* **Giacomo II** *il Giusto* **d'Aragona** *1267-1327...*

o **Filippo I di Taranto** *1278-1332* &*1294* **Thamar Angelo** *ca 1277-1311...*

o *Filippo I di Taranto 1278-1332* &ca *1311* **Giovanna** *la Zoppa* **di Borgogna** *ca 1293-1349*

o *Filippo I di Taranto 1278-1332* &*1313* **Caterina II di Valois** *1301-1346...*

o **Giovanni d'Angiò-Sicilia** *1283-*

o **Eleonora d'Angiò-Sicilia** *1289-1343* &*1300* **Filippo di Toucy** *†*

o *Eleonora d'Angiò-Sicilia 1289-1343* &*1302* **Federico di Sicilia** *1272-1337...*

o **Maria d'Angiò-Sicilia** *1290-* &*1304* **Sancho I di Maiorca** *1276-1324*

o *Maria d'Angiò-Sicilia 1290-* &*1326* **Giacomo III d' Ejerica** *1298-1335*

o **Giovanni di Durazzo** *1294-1335* &*1318* **Matilde d' Avesnes** *1293-1331*

o *Giovanni di Durazzo 1294-1335* &*1321* **Agnese di Périgord** *†...*

o **Beatrice d'Angiò-Sicilia** *1295-1321* **Azzo VIII d' Este** *†1308*

o *Beatrice d'Angiò-Sicilia 1295-1321* &/*1309* **Bertrand III des Baux** *†/1351...*

o **Tristano d'Angiò-Sicilia** *†*

o **Raimondo-Berengario d'Angiò-Sicilia** *†1305*

o **Pietro** *Tempesta* **d'Angiò-Sicilia** *†1313*

o **Filippo d'Angiò-Sicilia** *1256-1277* &*1271* **Isabella di Villehardouin** *ca 1260-1312*

o **Roberto d'Angiò-Sicilia** *1258-1266*

o **Isabella d'Angiò-Sicilia** *1261-1290/* &*1272* **László IV** *il Cumano* **(Árpád)** *?1262-1290*

o *Carlo I d'Angiò-Sicilia 1226-1285* &*1268* **Margherita di Borgogna** *1250-1308*

BIBLIOGRAFIA ESSENZIALE.

AA. VV.,*Guerre e assoldati in Toscana 1260-1364*, Firenze, 1982.
AA. VV., *Guida all'Italia leggendaria misteriosa fantastica*, IV, *Toscana, Lazio, Umbria*, Milano, 1971.
AA. VV., *La società mediterranea all'epoca del Vespro. Atti dell'XI Congresso di storia della Corona d'Aragona, Palermo-Trapani-Erice 1982*, Palermo, 1984.
AA. VV., *Nobiltà e ceti dirigenti in Toscana nei secoli XI-XIII strutture e concetti*, Monte Oriolo (Impruneta), 1983.
M. Amari, *La guerra del Vespro siciliano*, I-II, Palermo, 1969.
G. Amatuccio, "Arcieri e balestrieri nella storia militare del Mezzogiorno medievale", *Rassegna Storica Salernitana (nuova serie)*, XII, 2, dicembre 1995.
G. Amatuccio, "Organizzazione militare", *Enciclopedia Federiciana*, II, Roma, 2005.
G. Amatuccio, "Balestre e balestrieri nel sistema difensivo del Mezzogiorno angioino del XIII secolo", in P. Perduto, A.M. Santoro (curr.), *Archeologia dei castelli nell'Europa Angioina (secc. XIII-XV)*, Borgo S. Lorenzo, 2011.
M. Ascheri, *Le città- Stato. Radici del municipalismo e repubblicanesimo italiani*, Bologna, 2006.
S. Asperti, *Carlo d'Angiò e i trovatori. Componenti «Provenzali» e angioine nella tradizione manoscritta della lirica trobadorica*, Ravenna, 1995.
D. Balestracci, *La festa in armi*, Roma- Bari, 2001.
D. Balestracci, *La battaglia di Montaperti,* Roma- Bari, 2017.
U. Balzani, *Le cronache italiane nel Medioevo*, Milano, 1909.
A. Bergmann, *König Manfred von Sizilien: Seine Geschichte vom Tode Urbans IV bis zur Schlacht bei Benevent 1264-1266*, Heidelberg, 1909.
P. Bontempi, *La battaglia di Tagliacozzo ovvero dei Campi Palentini: studio storico-critico*, Casamari, 1968.
G. L. Borghese, *Carlo I d'Angiò e il Mediterraneo: politica, diplomazia e commercio internazionale prima dei Vespri* , Roma, 2009.
G.P. Brogiolo, S. Gelichi, *La città nell'alto Medioevo italiano*, Laterza, Roma-Bari, 2004.
V. Buonsignori, *Storia della Repubblica di Siena*, 1, Siena, 1856.
L. Cadier, *Essai sur l'administration du Royaume de Sicile sous Charles Ier et Charles II d'Anjou*, Paris, 1891.
R. Caggese, *Roberto d'Angiò*, Firenze, 1922.
F. Canaccini, *Ghibellini e ghibellinismo in Toscana. da Montaperti a Campaldino (1260-1289)*, Roma, 2009.
A. Cantelmi, *E là da Tagliacozzo ove senz'armi vinse il vecchio Alardo*, Pescara, 1975.
B.Capasso*, Historia diplomatica regni Siciliae inde ab anno 1250 ad annum 1266*, Napoli, 1874.
B. Capasso, *Le fonti della storia delle provincie napoletane dal 568 al 1500*, Napoli, 1902.
L. Capo, *La cronachistica italiana dell'età di Federico II*, Rivista Storica Italiana, 114 (2002)
F. Cardini, *L'acciar de' cavalieri. Studi sulla cavalleria nel mondo toscano e italico (secc. XII-XV)*, Firenze, 1997.
F. Cardini, *Quell'antica festa crudele. Guerra e cultura dal Medioevo alla Rivoluzione*

francese, nuova ed., Bologna, 2013.

F. Cardini, M. Tangheroni (curr.), *Guerre e guerrieri nella Toscana medievale*, Firenze, 1990.

F. Cardini, M. Montesano, *Storia Medievale*, Firenze, 2006.

G. Cherubini, *Le città europee del Medioevo*, Milano, 2009.

M. Citarelli, M. Cozza, A. Fabri, *La battaglia di Tagliacozzo 1268*, Trezzano sul Naviglio, 2017.

G. Colasanti, *Il passo di Ceprano sotto gli ultimi Hohenstaufen*, "Archivio della Società Romana di Storia Patria " XXXV (1912).

G. Colasanti, *La sepoltura di Manfredi lungo il Liri*, "Archivio della Società Romana di Storia Patria " XLVII (1924).

E. Cuozzo, *Trasporti terrestri militari*, in *Strumenti, tempi e luoghi di comunicazione nel Mezzogiorno normanno-svevo*. Atti delle XI giornate normanno-sveve (Bari, 26-29 ottobre 1993), a cura di G. Musca-V. Sivo, Bari 1995, pp. 31-66.

D.e De Luca, R. Farinelli, "Archi e balestre. Un approccio storico-archeologico alle armi da tiro nella Toscana meridionale (secc. XIII-XIV)", *Archeologia Medievale* XXIX, 2002.

R. Davidsohn, *Geschichte von Florenz*, I-IV, Berlin, 1896-1927 (trad. it. *Storia di Firenze*, I-VIII, Firenze 1972-1973).

S. Defraia, *Fonti storiche in epoca medievale: memorie, ombre e tracce*, Chiesa e Storia. Rivista dell'Associazione Italiana dei Professori di Storia della Chiesa, 2 (2012).

G. Del Giudice, *Codice diplomatico del regno di Carlo I e II d'Angiò,* I -II , Napoli, 1863-1902.

G. Del Giudice, *Il giudizio e la condanna di Corradino. Osservazioni critiche e storiche, con note e documenti*, Napoli, 1876.

G. Del Giudice, *La famiglia di re Manfredi*, Napoli, 1880.

S. Diacciati, L. Tanzini (a cura di), *Società e poteri nell'Italia medievale. Studi degli allievi per Jean-Claude Maire Vigueur*, Roma, 2014.

A. Di Stefano (ed.), *La storiografia umanistica. Convegno internazionale di studi (Messina, 22-25 ottobre 1987)*, I-II, Messina 1992.

L. Douglas, *Storia Politica e Sociale della Repubblica di Siena*, Siena, 1926 (n. ed. ivi 2000).

P. Durrien, *Les Archives Angevines et Naples*, Parigi, 1886.

G. Esposito, *Le guerre dei Comuni contro l'Impero. Organizzazione, equipaggiamento e tattiche*, Gorizia, 2017.

C. Fernández Duro, *El apelativo y la patria del almirante Roger de Lauria*, in *Boletín de la Real Academia de la historia*, XXXVIII (1901).

P. Fiorani, *La battaglia di Tagliacozzo,* Roma, 1968.

Fonti medioevali e problematica storiografica. Atti del congresso internazionale tenuto in occasione del 90° anniversario della fondazione dell'Istituto Storico Italiano (1883-1973), Roma 22-27 ottobre 1973, I. Relazioni, Istituto Storico Italiano per il Medio Evo, Roma, 1976.

F. Franceschi, I. Taddei, *Le città italiane nel Medioevo, XII-XIV secolo*, Bologna, 2012.

A. Frediani, *Le grandi battaglie del Medioevo*, Roma, 2009.

E. Gentile, *La "Curia generale" del regno di Carlo d'Angiò,* Roma, 1917.

P.E. Giudici, *Storia dei comuni italiani*, Firenze, 1966.

Ghibellini, guelfi e popolo grasso. I detentori del potere politico a Firenze nella seconda metà del Dugento, Firenze 1978.

J. Göbbels, *Das Militärwesen im Königreich Sizilien zur Zeit Karls I. von Anjou (1265-1285)*, Stuttgart, 1984.
J. Göbbels, *Der Krieg Karls I. von Anjou gegen die Sarazenen von Lucera in den Jahren 1268 und 1269*, in *Forschungen zur Reichs-, Papst- und Landesgeschichte. Peter Herde zum 65. Geburtstag von Freunden, Schülern und Kollegen dargebracht*, a cura di K. Borchardt-E. Bünz, I, Stuttgart, 1998.
F. Gregorovius, *Storia della Città di Roma nel medioevo*, Torino, 1973.
P. Grillo, *L'aquila e il giglio. 1266: la battaglia di Benevento*, Roma, 2016.
W. Hagemann-A. Zazo, *La battaglia di Benevento,* Benevento, 1967.
K. Hampe, *Geschichte Konradins von Hohenstaufen*, Innsbruck, 1894.
I. Heath, *Armies of Feudal Europe 1066-1300*, St. Peter Port, 1989.
P. Herde, *Die Schlacht bei Tagliacozzo. Eine historisch-topographische Studie*, in Id., *Gesammelte Abhandlungen und Aufsätze*, II, *Studien zur Papst- und Reichsgeschichte, zur Geschichte des Mittelmeerraumes und zum kanonischen Recht im Mittelalter*, Stuttgart 2002 (tr. it. *La battaglia di Tagliacozzo. VII centenario della battaglia di Tagliacozzo, 23 agosto 1268/ 23 agosto 1968*, s.n.t. [ma Pescara 1968]).
C. Hopf, *Storia di Carlo d'Angiò e della guerra del Vespro siciliano. Brani della storia inedita del regno di Romania scritta tra il 1328 ed il 1333 da marino Sanudo Torsello il Vecchio*, Napoli, 1862.
G. Iorio, *Note di Storiografia angioina tra Ottocento e Novecento*, (2005)
G. Iorio, *Il Giglio e la Spada. Cavalleria, strutture, organizzazione castrense e iconograzia militare nel meridione angioino*,s.l., 2011.
G. Iorio *La battaglia di Benevento (26 Febbraio 1266) nei cronisti coevi*, Schola Salernitana - Annali, XXI (2016).
G. Iorio, *Carlo I d'Angiò re di Sicilia*,s.l., 2017.
G. Jehel, *Charles d'Anjou (1226-1285) : un Capétien en Méditerranée*, Amiens, 2005.
E. Jordan, *Les origines de la domination angevine en Italie*, I, Paris, 1909.
E. Jordan, *L'Allemagne et l'Italie aux XII et XIII siècles*, Paris, 1939.
M. L. Lenzi, *La pace strega. Guerra e società in Italia dal XII al XVI secolo*, Montepulciano, 1988.
E. Léonard, *Gli Angioini di Napoli*, tr.it. Varese, 1967.
R. Licinio, *Castelli medievali. Puglia e Basilicata: dai Normanni a Federico II e Carlo d'Angiò*, Bari, 1995.
J. C. Maire Vigueur, *Cavalieri e cittadini. Guerra, conflitti e società nell'Italia comunale*, tr.it. Bologna, 2004.
S. Malaspina, *Storie delle cose di Sicilia (1250-1285)*, Cassino, 2014.
C. Manfroni, *Storia della Marina italiana dal trattato di Ninfeo alla caduta di Costantinopoli*, Livorno, 1902.
C.A. Mangieri, *Le ossa di Manfredi*, "Critica Letteraria", XXIII (1995).
A. Meomartini, *La battaglia di Benevento*, Benevento, 1895.
C. Merckel, *L'opinione dei contemporanei sulla impresa di Carlo I d'Angiò*, "Memorie dell'Accademia Nazionale dei Lincei " (1889).
M. Meschini, *Battaglie medievali*, Milano, 2005.
C. Minieri Riccio, *Alcuni studi storici intorno a Manfredi e Corradino della imperiale casa di Hohenstauffen,* Napoli, 1850.
C. Minieri Riccio, *Genealogia di Carlo I di Angiò: prima generazione,* Napoli, 1857.
C. Minieri Riccio, *De' grandi uffiziali del Regno di Sicilia dal 1265 al 1285,* Napoli,

1872.

C. Minieri Riccio, *Cenni storici intorno i grandi uffizii del Regno di Sicilia durante il regno di Carlo I d'Angiò*, Napoli 1872.

C. Minieri Riccio, *Itinerario di Carlo I. d'Angiò ed altre notizie storiche tratte da' registri angioini del grande Archivio di Napoli*, Napoli, 1872.

C. Minieri Riccio, *Diario angioino dal 4 gennaio 1284 al 7 gennaio 1285 formato su' registri angioini del grande archivio di Napoli,* Napoli, 1873.

C. Minieri Riccio, *Alcuni fatti riguardanti Carlo I di Angiò dal 6 di agosto 1252 al 30 di dicembre 1270, tratti dall'archivio Angioino di Napoli,* Napoli, 1874.

C. Minieri Riccio, *Il Regno di Carlo I d'Angiò negli anni 1271 e 1272,* Napoli 1875.

C. Minieri Riccio, *Il Regno di Carlo I d'Angio: dal 2 gennaio 1273 al 31 dicembre 1283,* in Archivio Storico Italiano 1875-1881.

C. Minieri Riccio, *Memorie della guerra di Sicilia negli anni 1282, 1283, 1284 tratte da' registri angioini dell'Archivio di Stato di Napoli,* Napoli ,1876.

C. Minieri Riccio, *Nuovi studii riguardanti la dominazione angioina nel Regno di Sicilia,* Napoli 1876.

C. Minieri Riccio, *Della dominazione angioina nel Reame di Sicilia: studii storici estratti da registri della Cancelleria Angioina di Napoli,* Napoli 1876.

C. Mirto, *Il Regno dell'isola di Sicilia e delle isole adiacenti dalla sua nascita alla peste del 1347-1348*, Messina, 1997.

E. Momigliano, *Manfredi*, Milano, 1963.

S. Morelli, *Il risveglio della storiografia politico-istituzionale sul regno angioino di Napoli*,Reti Medievali, I (maggio-dicembre 2000).

R. Morghen, *Il tramonto della potenza sveva in Italia*, tr.it. Roma, 1936.

L.V. Mott, *The Battle of Malta 1283*, in *The Circle of war in the Middle Ages*, D.J. Kagay - L.J.A. Villalon (curr.), Woodbridge, 1999.

L.V. Mott, *Sea power in the Medieval Mediterranean*, Gainesville-Talahassee, 2003.

M. Müller, *Die Schlacht bei Benevento*, Berlin, 1907.

J. M. Najemy, *Storia di Firenze. 1200-1575*, Torino, 2014.

D. Nicolle, *Italian Medieval Armies 1300- 1500.*, Oxford, 1983.

D. Nicolle, *French Medieval Armies 1000- 1300*, Oxford, 1991.

D. Nicolle, *Italian Medieval Armies 1000- 1300*, Oxford, 2002.

D. Nicolle, *Medieval Warfare Sourcebook. Warfare in Western Christendom*, London, 1999.

D. Nicolle, *Italian Militiaman 1260- 1392*, Oxford, 1999.

C. Oman, *A History of the Art of War in the Middle Ages*, London, 1924.

N. Ottokar, *Il Comune di Firenze alla fine del Dugento*, a cura di E. Sestan, Torino, 1962.

E. Pontieri, *Ricerche sulla crisi della monarchia siciliana nel secolo XIII*, Napoli, 1950.

G. Piccinni (cur.), *Fedeltà ghibellina affari guelfi. Saggi e riletture intorno alla storia di Siena tra Due e Trecento*, 2 voll., Pisa, 2008.

P. Pieri, *Il Rinascimento e la crisi militare italiana*, Torino 1952

P. Pieri, "I Saraceni di Lucera nella storia militare medievale", in ASP, VI (1953).

P. Pieri, *L'evoluzione delle milizie comunali italiane*, in *Scritti vari*, Torino, 1966.

Pietro da Eboli, *Liber ad honorem Augusti sive de rebus Siculis*, a cura di Th. Kölzer-M. Stähli, Sigmaringen, 1994.

H. Pirenne, *Le città del Medioevo*, tr.it. Laterza, Roma-Bari, 2007.

J.-H. Pryor, *The naval battles of Roger of Lauria*, in *Journal of Medieval history*, IX

(1983).
P. Romeo di Colloredo Mels, M. Venturi, *La battaglia di Montaperti*, 2 voll., Bergamo 2019.
P. Runciman, *The Sicilian Vespers*, Cambridge, 1958.
P. Sabin, *Lost Battles: Reconstructing the Great Clashes of the Ancient World*, London-New York, 2007.
A. de Saint-Priest, *Histoire de la conquête de Naples par Charles d'Anjou, frère de saint Luis,* I-IV, Paris ,1847.
A. Santosuosso, *Barbari, predoni e infedeli: la guerra nel Medioevo*, Roma, 2005.
F. Savelli, *Manfredi di Sicilia*, s.i.l., 2011.
M. Scandigli, *Le battaglie dei cavalieri. L'arte della guerra nell'Italia medievale*, Milano 2012.
S. A. Scaramella, *Le guerre tra Guelfi e Ghibellini*, Roma, 2015.
H.M. Schaller, *Zur Verurteilung Konradins*, "Quellen und Forschungen aus Italienischen Archiven und Bibliotheken", 37, 1957.
D. Scipioni, *Battaglia di Tagliacozzo o di Scurcola? Considerazioni storiche*, Avezzano, 1909.
A. Settia, *Comuni in guerra. Armi ed eserciti nell'Italia delle città*, Bologna, 1993.
A. Settia, *Rapine, assedi, battaglie. La guerra nel Medioevo*, Roma- Bari, 2009.
Syillabus membranarum ad Regiae Siciliae Archivium pertinentium, I, Napoli, 1824.
S. de Sismondi, *Storia delle repubbliche italiane*, tr. it. Torino, 1996.
E. Sthamer, *Die Reste des Archivs Karls I. von Sizilien im Staatsarchiv zu Neapel,* in *Quellen u. Forsch. aus italien. Archiven u. Bibliotheken,* XIV(1911).
E. Sthamer, *Dokumente zur Geschichte der Kastellbauten Kaiser Friedrichs II. und Karls I. von Anjou,* I-II, Leipzig, 1912-26.
E. Sthamer, *Die Verwaltung der Kastelle im Königreich Sizilien unter Kaiser Friedrich II. und Karl I. von Anjou,* Leipzig, 1914.
N.-Y.s Tonnerre , É. Verry (curr.), *Les Princes angevins du XIII au XVsiècle : un destin européen*, Rennes, 2003
S. Tramontana, *Il Regno di Sicilia*, Torino, 1999.
J. Trenchs, *Almirantes y vicealmirantes de la Corona de Aragón (1118-1462)*, in *Miscellánia de textos medievals*, V (1989).
R. Trifone, *La legislazione angioina,* Napoli, 1921.
J.F. Verbruggen, *The Art of War in Western Europe during the Middle Ages*, Woodbridge,1997.
G.Villani, *Nuova Cronica*, edizione critica a cura di Giovanni Porta, 1, Parma 1991
P. Villari, *I primi due secoli della storia di Firenze*, Firenze, 1905.
N. Visser in "The Sicilian Crucible and *Lucaera Saracenorum*, A case of socio-cultural and military integration", *Medieval Warfare*, I, 4.
D. P. Waley, "The armies of the Florentine Republic", in *Florentine studies: politics and society in renaissance Florence*, London 1968.
H. Wierasgowski, *Conjuraciones y alianzas políticas del rey Pedro de Aragón contra Carlos de Anjou antes de las Vísperas Sicilianas*, Madrid, 1935.
H. Wieruszowski, *Politics and Culture,* in *Medieval Spain and Italy,* Roma, 1971.
M. Zabbia, *I notai e la cronachistica cittadina italiana nel Trecento*, Roma, 1999.
H. Zug Tucci, *Prigionia di guerra nel Medioevo. Un altura in mezzo alla pianura: l'Italia dell'"incivilimento"*, Venezia, 2016.

www.ingramcontent.com/pod-product-compliance
Lightning Source LLC
Chambersburg PA
CBHW080613230426
43664CB00019B/2877